普通高等学校"十四五"规划汽车类专业精品教材

智能网联汽车功能安全和预期功能安全

主　编　黄琳森　杨智宇　李建华
副主编　雷剑梅　张　豪　张　威

华中科技大学出版社
中国·武汉

内 容 简 介

随着智能网联汽车的蓬勃发展,我们见证了它从概念到商业化的飞速进步。智能网联汽车在自动驾驶和车联功能的集成方面取得了显著进展,市场前景广阔。然而,随着技术的不断复杂化,智能网联汽车功能安全问题凸显,软件和系统集成仍是急需解决的难题。

本书深刻契合党的二十大精神,将科技创新理念巧妙融入新能源汽车行业,贴近人民需求,关注汽车(预期)功能安全等问题。本书通过对 ISO 26262、ISO 21448 等标准的深入解读,为读者提供较为全面的汽车(预期)功能安全知识。

本书适合智能车辆工程专业的学生、相关行业从业者以及对智能网联汽车感兴趣的科技爱好者阅读,旨在使其更好地理解智能网联汽车(预期)功能安全问题的全貌,深入了解智能网联汽车(预期)功能安全这一新兴领域,更好地应对未来智能网联汽车领域的挑战。

图书在版编目(CIP)数据

智能网联汽车功能安全和预期功能安全 / 黄琳森,杨智宇,李建华主编. -- 武汉 : 华中科技大学出版社, 2024. 11. -- ISBN 978-7-5772-1415-3

Ⅰ. U463.61

中国国家版本馆 CIP 数据核字第 2024VU6951 号

智能网联汽车功能安全和预期功能安全

Zhineng Wanglian Qiche Gongneng Anquan he Yuqi Gongneng Anquan

黄琳森　杨智宇　李建华　主编

策划编辑:王　勇

责任编辑:刘　飞　周　麟

封面设计:廖亚萍

责任监印:朱　玢

出版发行:华中科技大学出版社(中国•武汉)　　电话:(027)81321913
　　　　　武汉市东湖新技术开发区华工科技园　　邮编:430223

录　　排:武汉三月禾文化传播有限公司

印　　刷:武汉科源印刷设计有限公司

开　　本:787mm×1092mm　1/16

印　　张:11

字　　数:275 千字

印　　次:2024 年 11 月第 1 版第 1 次印刷

定　　价:39.80 元

本书若有印装质量问题,请向出版社营销中心调换

全国免费服务热线:400-6679-118　竭诚为您服务

版权所有　侵权必究

前　　言

　　建设交通强国是以习近平总书记为核心的党中央做出的重大战略决策，是新时代推进交通运输工作的总抓手。在党的二十大精神的指引下，我国交通事业迎来了前所未有的发展机遇。习近平总书记明确提出了建设交通强国的目标，强调发展智能交通，提高科技创新能力，为推动汽车行业向更高水平迈进提供了有力引领。随着生产和科学技术的发展，我们身处智能网联汽车的崭新时代，对汽车功能安全和预期功能安全的需求日益增加。汽车作为现代社会的重要交通工具，不再仅仅是机械结构的简单组合，而是融合了先进电子、计算机和网络技术的智能系统。随着智能驾驶、车辆通信和自动驾驶系统等创新技术的广泛应用，我们迎来了更为复杂的挑战和更高的期望。为了实现交通强国和科教强国的宏伟目标，我们迫切需要关注和提升汽车功能安全，确保车辆在面对各种复杂情境时能够安全、可靠地运行。

　　"智能网联汽车功能安全与预期功能安全"是智能车辆工程专业本科阶段重点关注的前沿专业领域。本书在编写过程中充分考虑到课程中关于标准的解读，以 ISO 26262 和 ISO 21448 标准为主要研究对象，从国际标准和国内标准的基本结构等多个方面进行组织和编写，旨在为读者提供一本科学性强、可读性佳、富有新颖性的大学教材。

　　本书在编写过程中力求达到科学性、前沿性、针对性、时效性等多方面的统一。本书共 6 章，内容包括智能网联汽车概述、智能网联汽车功能安全概述、智能网联汽车功能安全的系统级产品开发、智能网联汽车功能安全的硬件级产品开发、智能网联汽车功能安全的软件级产品开发、智能网联汽车预期功能安全。书中概念阐述力求准确严密，内容安排深入浅出、循序渐进，各章内容相互依托与关联，便于教师教学和学生自学。更为重要的是，本书在关注智能网联汽车的功能安全与预期功能安全的同时，对精密机械设计与现代汽车技术的交汇点进行深度探讨，以满足学科交叉的需求。希望本书能够为读者提供深入理解和应用智能网联汽车技术的知识基础。

　　本书可作为智能车辆工程专业等工科类本科生的教材。教师可根据实际的培养方案对教学内容进行取舍，也可对相关知识的讲授顺序进行调整。本书也可作为相关工程技术人员的自学参考书。

　　本书由重庆工商大学机械工程学院黄琳淼、杨智宇、李建华担任主编，雷剑梅、张豪和张威担任副主编。

　　本书为重庆工商大学资助建设教材，得到了重庆工商大学机械工程学院的支持与帮助。本书同时参考和引用了若干文献的内容，在此一并表示衷心的感谢。

　　限于水平，虽经努力，书中疏漏与不妥之处仍在所难免，诚恳欢迎读者批评、指正。

编　者

2024 年 6 月

目 录

1 智能网联汽车概述 ·· (1)
  1.1 智能网联汽车概况 ·· (1)
  1.2 智能网联汽车的测试评价 ·· (15)
  1.3 本章小结 ·· (20)
  课后习题 ·· (21)

2 智能网联汽车功能安全概述 ··· (22)
  2.1 前言 ·· (22)
  2.2 发展历程 ·· (27)
  2.3 汽车功能安全发展方向 ·· (29)
  2.4 ISO 26262 概述 ··· (36)
  2.5 术语 ·· (41)
  2.6 概念阶段设计 ·· (45)
  2.7 ASIL 分解 ·· (51)
  2.8 安全文化 ·· (53)
  2.9 本章小结 ·· (57)
  课后习题 ·· (58)

3 智能网联汽车功能安全的系统级产品开发 ·· (59)
  3.1 系统级产品开发的启动 ·· (60)
  3.2 技术安全需求的制定 ·· (62)
  3.3 系统架构设计 ·· (67)
  3.4 集成和测试 ··· (75)
  3.5 安全确认与生产发布 ·· (83)
  3.6 新能源"三电"系统领域功能安全实践 ··· (84)
  3.7 本章小结 ·· (87)
  课后习题 ·· (87)

4 智能网联汽车功能安全的硬件级产品开发 (88)
4.1 硬件级产品开发的启动 (88)
4.2 硬件级产品设计 (92)
4.3 硬件安全评估 (98)
4.4 硬件集成和测试 (105)
4.5 本章小结 (109)
课后习题 (110)

5 智能网联汽车功能安全的软件级产品开发 (111)
5.1 软件开发计划 (111)
5.2 软件安全需求规范 (115)
5.3 软件架构设计 (116)
5.4 功能实现和安全测试 (124)
5.5 本章小结 (135)
课后习题 (135)

6 智能网联汽车预期功能安全 (136)
6.1 预期功能安全概述 (137)
6.2 预期功能安全设计 (149)
6.3 预期功能安全的危害识别和风险评估 (153)
6.4 预期功能安全修改 (159)
6.5 预期功能安全的验证和确认 (160)
6.6 本章小结 (167)
课后习题 (167)

参考文献 (168)

1　智能网联汽车概述

1.1　智能网联汽车概况

多年来,人们一直梦想着制造出自动驾驶汽车。1958年,通用汽车公司联合美国无线电公司(radio corporation of America,RCA)开发了一种面向未来的"汽车自动导航技术",它通过车载线圈接收由道路下埋设的电线发射的信号,从而实现自动驾驶——埋线与汽车进行通信,还能够告知司机车辆当前行驶道路的限速,同时预警前方的障碍物。在1958年,工程师们展示了这项技术。一年后,通用汽车公司推出了在当时颇具未来感的概念车"火鸟Ⅲ"(FirebirdⅢ),能和这项技术无缝衔接,甚至可以实现"双手离开方向盘"的巡航。然而,真正的自动驾驶汽车是在20世纪80年代由卡内基梅隆大学的导航实验室与美国政府的自主陆地车辆项目合作研发而成的。这些车辆最快只能以每小时6英里的速度行驶2.8英里的距离(1英里≈1.61千米),但已经具备了自动驾驶的功能。2004年,美国国防部高级研究计划局组织了一场名为"大挑战"的比赛,要求自动驾驶汽车能够在莫哈韦沙漠的142英里道路上行驶。乐观的参赛人员将当时可用的传感器和控制装置组装到各种车辆上。然而,最终只有一辆车行驶了7英里,大多数参赛车辆在离开起点不久后就发生了故障。到了2005年,共有五辆汽车成功完成了这一挑战。截至2018年,多家公司仍在竞争,希望成为第一家拥有可在任何道路或条件下行驶的全自动乘用车公司。尽管自动驾驶汽车的研究取得了许多进展,但两起致命事故使整个行业感到"寒意"。随后的一年,人们开始更加关注安全和高级驾驶辅助系统(advanced driving assistance system,ADAS),这是一种更加保守的策略。

展望未来,智能网联汽车的发展将变得更为务实。行业将注重在强调安全的前提下逐步发展,并对内部流程进行优化,对高级驾驶辅助系统的重视将继续增加,同时,还可能会引入不同类型的操作工具。针对消费者的高需求,自动紧急制动、车道偏离识别和自动泊车等功能将在普通汽车中得到广泛应用。此外,增强现实和车载虚拟助手等人工智能系统也可能变得更加普及。虽然类似于计算机识别的技术已经存在多年(例如面部识别和自助收银机),但在2024年,这些技术可能会在自动驾驶汽车领域得到显著的扩展。计算机视觉扩展技术的发展将帮助自动驾驶汽车更好地观察和理解世界,并能够识别与汽车有关的物体和符号。

智能驾驶和功能安全密切相关,因为它们都直接关系到车辆和乘客的生命安全。功能安全的目标是确保系统在发生故障或错误时仍能提供安全的操作。智能驾驶系统中的每个部件和功能都必须符合功能安全的标准,以最大限度地减少事故发生的可能性。举例来说,智能驾驶系统必须能够检测和纠正传感器故障、算法错误或控制器故障等问题。同时,智能驾驶系统还需要考虑到物理环境、路面状况和其他车辆的影响,以便在不可预见的情况下提供安全和可靠的操作。因此,智能驾驶系统的开发必须严格遵循功能安全标准。只有满足相应的功能安全标准,智能驾驶系统才能为驾驶员和乘客提供安全和可靠的操作,并最终实现自动驾驶的愿景。

我国在发展智能网联汽车领域展现了巨大的决心和雄厚的实力。

(1) 5G技术的引领作用。中国在5G技术的研发和应用上取得了显著进展,成为全球领先者。智能网联汽车依赖于高速、低延迟的通信网络,而中国强大的5G基础设施为实现这一目标提供了坚实的支持。

(2) 自动驾驶技术的创新。中国的科技公司积极投入到自动驾驶技术的研发中,推动了智能网联汽车的发展。一些中国企业已经在自动驾驶技术方面取得了显著的突破。

(3) 大数据和人工智能的应用。中国在大数据和人工智能领域的投资和创新为智能网联汽车提供了强大的支持。通过实时数据分析和深度学习算法,中国的汽车技术公司正在推动汽车智能化水平的提升。

(4) 政府支持和政策引导。中国政府通过一系列政策和支持措施,积极推动智能网联汽车产业的发展。其中包括财政激励、技术创新基金,以及为智能网联汽车开展测试和示范应用提供的便利条件。

(5) 产业合作与开放创新。中国的汽车制造商、科技公司和研究机构之间的合作日益密切,形成了一个开放的创新生态系统。这种合作有助于加速技术的迭代和推动整个行业的发展。

根据2021年4月麦肯锡公司发布的《2021汽车消费者洞察》报告,越来越多的消费者在考虑购买下一辆车时将自动驾驶功能作为重要的考虑因素。消费者认为自动驾驶功能比辅助驾驶功能更有价值,并表现出了更高的支付意愿。此外,华为公司发布了搭载自动驾驶系统ADS(华为高阶智能驾驶系统)的宣传片,记录了北汽极狐在上海街头展示的无保护左转、礼让行人、敏捷并线、自动泊车等功能。随后,工业和信息化部在同年8月发布了《关于加强智能网联汽车生产企业及产品准入管理的意见》,其中强调了与汽车安全相关的内容。这些内容要求坚持以习近平新时代中国特色社会主义思想为指导,深入贯彻党的十九大和十九届二中、三中、四中、五中全会精神,落实立足新发展阶段、贯彻新发展理念、构建新发展格局、推动高质量发展的要求。其中包括加强汽车数据安全、网络安全、软件升级、功能安全和预期功能安全(SOTIF)管理,保证产品质量和生产一致性,推动智能网联汽车产业高质量发展。这些举措将推动智能网联汽车行业实现更高层次的技术创新和市场发展,并为未来智能网联汽车的推广应用奠定更加坚实的基础。

近年来,我国新能源和智能网联汽车行业迅猛发展。特别是在2022年,新能源汽车的年销量取得了爆发式增长,市场渗透率提前三年实现了"十四五"规划中20%的目标。自主品牌企业在新能源和智能网联转型方面表现出色,产品竞争力不断提升。然而,汽车行业正在经历着前所未有的变革,尤其是汽车电子化和智能化方面。车规可靠性和功能安全成为衡量汽车电子部件成熟度和可量产性的基本条件。在全球范围内,汽车功能安全作为汽车行业重要的组成部分,一直受到各国政府和企业的高度关注。作为全球最大的汽车市场之一,中国汽车行业在汽车功能安全领域的发展也备受关注。汽车功能安全已经成为与传统主/被动安全有所不同的新安全要求,它已成为汽车行业重要的管理流程和技术要求,也是自主品牌企业健康持续发展的重要基石,甚至是引领全球汽车产业发展的重要基础。

2017年,汽车行业迎来了一场前所未有的变革。当时,全球知名企业积极参与智能网联汽车的竞争,包括英特尔收购 Mobileye、百度推出 Apollo 计划、英伟达发布 Xavier 平台、特斯拉发布具备无人驾驶技术的全电动卡车 Semi 等。这些事件引起了国内众多大型车企和初创公司的高度关注,进而催生了"汽车安全"这一细分领域的兴起。智能网联汽车和自动驾驶技术的不断发展使得更多决策权移交给了人工智能系统。目前的趋势是通过数据学习的方式,系统能在不同环境下进行驾驶并做出决策。然而,随着人工智能技术的不断进步,网络安全问题也逐渐凸显。因此,人工智能系统需要具备识别和抵御攻击的能力。

为了确保智能网联汽车适合上路,车辆采用了车载传感器来收集大量数据,并在开发阶段进行了数百小时的测试。对于汽车开发者而言,面对如此庞大的数据量,他们需要解决有效收集、存储和分析数据的问题。因此,在自动驾驶竞赛中,那些拥有更好数据管理实践的公司将占据优势。预计到 2030 年,电动汽车的比例将超过 50%。在这个过程中,电动汽车和自动驾驶技术将会相互促进。由于安全性监管的限制以及重型卡车长时间在高速公路上行驶的需求,自动化卡车运输成为一个理想的目标。奔驰公司推出其 Arocs 半自动卡车,该车可以在开放的高速公路上实现自主行驶,但在人口密集的城市地区则需要司机接管控制。这个系统还专门为车队进行了设计,为人类司机带头组成的自主卡车车队提高运输效率。

关于智能网联汽车功能安全方面,尽管在 2018 年之前已经有相关的新闻报道,但根据美国汽车协会和美国国际集团的调查,公众对此仍表示了担忧。调查结果显示约 70% 的美国受访者对乘坐自动驾驶汽车心存担忧,40%~50% 的受访者也对与其他车辆共享道路的自动驾驶汽车表示了担忧。作为自动驾驶汽车的乘客,人们也是期望能够安全到达目的地的。尽管自动驾驶汽车的风险标准尚未制定,但我们可以参考航空公司的安全标准来进行评估。美国联邦航空管理局提出了一些指导原则,即每一架飞机发生事故造成损失或死亡的风险应该是十亿分之一。这样的比较可以帮助我们更好地理解自动驾驶汽车的安全性。

功能安全以及国际标准组织(ISO)发布的标准 ISO 26262 被视为传统的"汽车安全"代表,并且是被广泛关注的汽车安全话题。功能安全指的是不存在由电子/电气系统(E/E 系统)的功能异常表现引起的危害而导致不合理的风险,其源头可以追溯到 20 世纪的工业安全标准 IEC 61508。在被广泛应用的 SAE 自动驾驶分级标准中,针对 L3 级及以上的定义,人不再作为系统故障的"备份",自动驾驶关键系统从"失效安全"系统演变为了"失效可控"系统。因此,对于自动驾驶汽车来说,对功能安全的要求大幅提高,在转向、制动、动力、电源等方面都有了新的要求。这也成为汽车厂商解决自动驾驶安全问题的首要难题。

在自然科学中,安全的标准是将风险水平控制在极低的程度,避免对人的身体、生命以及财产或环境造成严重破坏。在汽车领域,功能安全旨在确保电子/电气系统能够正确运行和响应输入,或以可预测和可接受的方式发生故障。因此,国际标准组织发布了 ISO 26262 作为汽车领域的功能安全标准。该标准基于非汽车领域的 IEC 61508 和航空无线电技术委员会的 DO-254 标准,以确保电子/电气系统的功能安全。最初,ISO 26262 仅适用于一定重量级别的乘用车。但在 2018 年的大更新中,ISO 26262 的适用范围扩展到了其他车辆,包括卡车、公共汽车和摩托车,并增加了半导体和网络安全等方面的指导,以满足不断发展的行业需求。

安全是自动驾驶汽车成功的关键因素。如果公众认为自动驾驶汽车不具备安全性,他们就不会接受或支持这种新技术进入市场。这一新兴行业的核心是电子/电气系统,而这些系统的正常运行对于确保安全至关重要。成熟的汽车制造商已经意识到,在所有操作条件下都能发挥预期功能的硬件是非常必要的。然而,现代移动出行解决方案和车辆的发展越来越依赖电子/电气系统,尤其是软件系统。确保这些不断发展的软件系统的功能安全,以及它们与硬件组件的安全交互,是一个持续的挑战。

自从爆发排放丑闻以来,绝大多数汽车制造商已宣布加强对电动动力系统的研究和开发,以修复声誉。虽然短期内电动汽车不会完全取代传统汽车,但该技术有望进一步发展。未来,电动汽车、互联技术和自动驾驶将提供全新的移动出行解决方案,并推动技术之间的相互发展。电动汽车更容易实现计算机控制,自动驾驶技术更容易将其作为实现的载体。此外,车辆之间的无线通信技术将成为实现全自动驾驶的一个重要推动因素。然而,电动动力系统和联网车辆的增加也带来了一些挑战。未来几年,汽车制造商将面临功能安全和数据安全方面的挑战,以确保新技术的安全性。这涉及确保电动动力系统的可靠性和稳定性,以及保护车辆联网功能所涉及的数据免受恶意攻击。因此,尽管电动汽车市场正在快速发展,但汽车制造商需要不断努力提升功能安全和数据安全,以确保未来发展的可持续性。除了技术挑战,建立对自动驾驶技术的信心也需要相当长的时间。监管机构和消费者逐渐接受了自动驾驶汽车的概念,尽管一些人早已声称通过物联网通信的自动驾驶汽车实际上比人类驾驶的汽车更安全。关于自动驾驶汽车的法规仍不明确,测试仍局限于特定区域和封闭的测试轨道。监管机构正在努力制定全面的标准,以明确现代汽车技术的功能安全需求。汽车制造商和供应商必须为当前正在开发的产品需要遵守日益严格的法规做好准备。

在移动行业的变革中,功能安全对智能网联汽车产生了重大影响。随着汽车系统变得越来越复杂,满足不断发展的功能安全标准的要求变得更加具有挑战性。在开发安全系统的过程中,汽车公司需要证明在产品开发期间采取了所有合理措施以满足系统安全目标的需求,这是汽车公司(无论是原始设备制造商还是供应商)所面临的挑战。ISO 26262 是汽车行业中最重要的安全标准。该标准名为《道路车辆功能安全》,规定了车辆生产中电气、电子和可编程电子系统的功能安全标准。ISO 26262 覆盖了产品硬件和软件的整个生命周期,以确保功能安全。ISO 26262 提供了术语以消除歧义,并制定了一套目标,以及汽车电子、电气和软件系统在组件发生故障的情况下还能安全运行的指导。因此,对于汽车制造商来说,遵守 ISO 26262 的规定是确保功能安全的重要步骤。他们需要开发符合该标准要求的系统,并提供相应的证据,以证明他们在产品开发期间采取了必要的措施来满足功能安全需求,确保汽车系统在运行过程中的安全性和可靠性。

功能安全主要关注电子/电气系统,因此机械或液压等设计不在其研究范围内。换言之,一个产品即便按照功能安全流程开发,也不意味着其整体就是安全的。现实生活中的危害多种多样,包括人身伤害和财产损失。功能安全所关注的危害特指电子/电气系统故障对驾驶员或车辆周边人员的人身伤害,核心目标是保护人的安全。例如,车门设计不合理容易造成财物损失,这不属于功能安全的范畴。任何系统都无法实现百分之百的安全,即便可以无限接近,但其成本会极高,难以实现量产上市。因此,功能安全的定义强调的是避免"不合理"的风险。评估风险是否可接受,可以从危害的严重性和发生频率两个维度来考虑。例如,尽管飞机失事通常会造成严重后果,但由于其发生概率低,因此不能认为飞机的设计是不合理的。

随着公众对安全问题的日益关注,各国政府和相关企业也开始越来越重视智能网联汽车的安全性。ISO 26262 引入了汽车安全生命周期概念和汽车安全完整性等级(automotive safety integration level，ASIL)概念。汽车安全生命周期为电子/电气系统功能安全开发提供了指导，并在产品的整个生命周期的各个阶段提出了管理方法、流程要求、技术规范和测试验证方法。而汽车安全完整性等级根据风险事件进行分类，以确定安全目标，并提供解决汽车电子/电气系统故障导致的危害的方法。实施这些措施，可以提高汽车电子/电气系统的安全性和可靠性，降低事故发生的风险。这对于满足公众对智能网联汽车安全性的需求非常重要，也有助于建立起全球统一的安全标准和规范。

自动驾驶汽车如果得到合适的推广应用，将给社会带来巨大的收益。在公路安全方面，驾驶员在美国交通事故中死亡的占比最大，其中30%由于超速驾驶，30%由于酒后驾驶，16%由于分心驾驶导致驾驶员死亡。自动驾驶汽车将从驾驶决策中排除主观因素，不会受到人类驾驶员注意力不集中、态度恶劣或操作失误的影响。此外，具有情境意识的自动驾驶汽车可以比人类更有效地将车辆保持在适当的位置，从而大大减少伤害和死亡。在交通流量和道路容量方面，自动驾驶汽车可以更好地利用现有道路，减少因不断增长的汽车数量而进行高速公路扩建的需求。在拥堵的交通中，人类司机驾驶的路段，车辆往往过于密集地挤在一起，而自动驾驶汽车的行驶路段却有允许车辆进入高速公路和改变车道的空间。在开放、流动的高速公路上，具有情境意识的自动驾驶汽车可以在行驶中保持安全的跟车距离，并且比人类驾驶车辆所需要的安全距离小，从而允许每英里增加更多的车辆。实施以上这些措施，将有助于全面提高公路安全性和交通效率。自动驾驶汽车的引入可以减少人为因素引起的交通事故，提供更稳定和安全的驾驶环境。此外，它们还能够更充分地利用现有道路资源，改善交通拥堵问题，为人们带来更加便利的出行体验。这对于社会的发展和人们生活质量的提升具有积极的影响。

功能安全的开发遵循ISO 26262标准，而在中国则依照GB/T 34590标准。因此，功能安全要解决的问题与这两个标准所要求解决的问题一致。随着汽车向电动化快速发展，汽车上的电子/电气系统日益复杂，相关的功能安全问题也不断增加。在电子控制单元(ECU)相对简单的时期，工程师可以解决一些安全问题。实际上，在大型企业中，为了确保开发的质量和效率，通常会有一套方法论，例如代码编写规范和电路设计检查清单。然而，这些方法论往往是个别企业的内部规范。汽车作为一个复杂系统，整个产业链上下游都需要一个共同认可的方法论来指导生产和经营活动。对于整车厂来说，确保供应商遵循的标准与自己一致，能够增强自己的信心，同样的，供应商也希望只需要遵循一套标准，就能满足多家客户的要求。ISO 26262正是这样的一个专门针对汽车电子领域的标准，它涵盖了汽车电子/电气系统的所有方面，其中包含12个部分。该标准实际上为产品的整个生命周期提供了方法论。例如，该标准要求公司建立功能安全文化、配置功能安全团队并管理这些团队人员。对于研发人员来说，该标准可能显得抽象，但功能安全本身就是一个方法论，提供了一个明确的方向，具体的实施细节则需要从事功能安全的人员根据实际情况进行理解和落实。

1.1.1 智能网联汽车的基本概念

智能汽车的"智能"模式主要有两种，一种是自主式智能汽车，依靠车辆搭载的传感器进行环境感知，通过车载控制器进行决策和控制，实现自动驾驶。另一种则是网联式智能汽车，通过V2X(vehicle to X，车用无线通信技术)获取外界环境信息来帮助车辆进行决策和控制。这两种智能模式在各自进步的同时不断融合,即智能网联汽车。当"智能"和"网联"一词同时出现时,"智能"一般指狭义的自主式智能,而"智能"单独出现时则是广义的智能概念,包含了自主式和网联式的智能。车内网、车际网和车云网的构成基础是采用标准化通信协议和数据交换标准实现车与人、车、路、云等系统进行无线电通信和信息交换的大系统网络,是实现智能交通管理、智能动态信息服务和车辆智能化控制的一体化网络。

车联网是由车内网、车际网和车云网三个网络层次构成的,只有三网融合才能构成完整的"车联网"概念。其定义为装载了先进的车载传感器、控制器和执行器的装置,融合了现代通信与网络技术,实现了车与人、车、路、云等系统之间进行智能化的信息交换和共享。车联网具备复杂的环境感知、智能决策和协同控制等功能,是实现安全、高效、舒适、节能行驶,并最终实现自动驾驶的智能网络。

汽车的智能化分级是一个逐步推进的过程。从需要驾驶员全神贯注驾驶到不需要驾驶员驾驶,需要经历多个阶段。工业界目前采用最多的标准是由国际自动机工程师学会(SAE international,SAE)制定的,分为6级。L0级,车辆没有辅助系统,驾驶员需要全神贯注、手眼并用。L1级,车辆有横向或纵向辅助系统,但仍需要驾驶员集中注意力、手眼并用。L2级,车辆有横向和纵向辅助系统,驾驶员可以临时解放手和眼,但仍需要观察环境。L3级,车辆在紧急情况下会发出请求驾驶员接管的提醒,驾驶员需要全程有接管意识。L4级,车辆即使在紧急情况下也不会发出请求驾驶员接管的提醒,驾驶员不需要有接管意识,可以解放双手和大脑。L5级,车辆可以实现完全自动驾驶,不需要驾驶员,并且将不再需要方向盘、制动和加速踏板、后视镜等设备。

1.1.2 智能网联汽车国内外发展历程

2016年,工业和信息化部组织汽车行业加紧制定智能网联汽车的发展战略、技术路线图和标准体系,交通运输部在实行"两客一微"的车辆管理方面也已经为智能交通管理积累了丰富经验。

2018年3月1日上午,由上海市经济和信息化委员会、市公安局和市交通委员会联合制定的《上海市智能网联汽车道路测试管理办法(试行)》正式发布,全国首批智能网联汽车开放道路测试号牌发放。上汽集团和蔚来汽车拿到了上海市第一批智能网联汽车开放道路测试号牌,当天下午,两家公司研发的智能网联汽车就从位于嘉定的国家智能网联汽车(上海)试点示范区科普体验区(E-Zone)发车,在博园路展开首次道路测试。2018年12月,天津市交通运输委员会、市工业和信息化局和市公安局联合启动天津市智能网联汽车道路测试,天津市西青区和东丽区开放了首批智能网联测试道路。同时,天津卡达克数据有限公司和北京百度网讯科技有限公司获得了天津市首批路测牌照。

2020年,中国L2级智能网联乘用车的市场渗透率达到15%,L3级自动驾驶车型在特定场景下开展测试验证。高精度摄像头、激光雷达等感知设备已达国际先进水平,为多款主流车型供货,智能驾驶计算平台、车规级AI(人工智能)芯片在多个车型上进行装车应用。多地加快部署5G通信、路侧联网设备等基础设施建设,加大交通设备数字化改造力度,开展车路协同试点,支持企业进行载人载物示范应用。2020年2月,中央网信办等11部门联合发布《智能汽车创新发展战略》,明确提出要确保用户信息、车辆信息、测绘地理信息等数据安全可控。完善数据安全管理制度,加强监督检查,开展数据风险、数据出境安全等评估。2020年12月,住房和城乡建设部、工业和信息化部联合发布《开展智慧城市基础设施与智能网联汽车协同发展》文件。2021年2月24日,《国家综合立体交通网规划纲要》印发,提出建设融合感知平台,推动智能网联汽车与现代数字城市协同发展。2021年4月,为进一步推动智能网联汽车产业健康有序发展,加强道路机动车辆生产企业及产品准入管理,工业和信息化部组织起草了《智能网联汽车生产企业及产品准入管理指南(试行)》,提出了智能网联汽车功能安全、预期功能安全、网络与数据安全及车联网卡实名等有关要求,并向社会公开征求意见。2021年5月6日,住房和城乡建设部官网公布智慧城市基础设施与智能网联汽车("双智")协同发展首批试点城市,北京、上海、广州、武汉、长沙、无锡6市入选。2021年7月13日,中国互联网协会发布了《中国互联网发展报告(2021)》,在车联网领域,2020年智能网联汽车的年销量超过了303万辆,同比增长了107%。车联网为汽车工业产业的升级提供了驱动力,已被提到国家战略的高度,我国车联网标准体系建设已经基本完成。2021年7月27日,工业和信息化部、公安部、交通运输部印发了《智能网联汽车道路测试与示范应用管理规范(试行)》的通知。

美国将发展智能网联汽车作为美国发展智能交通系统的一项重点工作内容,通过制定国家战略和法规,引导产业发展。于2016年发布的《美国自动驾驶汽车政策指南》,引起了行业广泛关注。图1-1所示为第一辆被美国国家公路交通安全管理局批准的自动驾驶汽车Nuro R2。日本较早开始研究智能交通系统,政府积极发挥跨部门协同作用,推动智能网联汽车项目实施,并于2020年开始在限定地区解禁无人驾驶的自动驾驶汽车,计划到2025年在国内形成完全自动驾驶汽车市场的目标。欧盟支持智能网联汽车的技术创新和成果转化,其通过发布一系列政策以及自动驾驶路线图等,推进智能网联汽车的研发和应用,引导各成员国发展智能网联汽车产业。

图1-1 Nuro R2

在新一轮科技革命与产业变革的推动下,人工智能与信息通信技术赋能汽车产业。抢抓智能网联汽车发展的重大历史机遇,将助力解决汽车社会面临的交通安全、道路拥堵、能源消耗、环境污染等问题,并实现汽车产业转型升级,建立新的产业生态。在党的十八大以来的11年间,我国探索出一条中国智能网联汽车创新发展路径,取得了阶段性成果。

1. 我国主流车企已实现乘用车 L2 级智能驾驶大规模商业化应用

2021年,我国乘用车新车市场中具备 L2 级智能驾驶功能的汽车销售 476.6 万辆,渗透率达到 23.5%,同比增长 57.2%。同时,自主品牌的传统和新势力车企均加强了智能化技术应用,在 L2 级智能驾驶的基础上拓展功能配置和应用场景。覆盖高速/快速路、城市道路、低速封闭环境的停车场(库)三大场景的自动驾驶功能开始在量产车上集中搭载。未来,L3 及以上等级的量产型智能网联汽车将逐步有序地进入市场。

2. 多种关键零部件取得突破,逐步形成与国际并跑的趋势

在车载感知定位方面,华为、速腾聚创等企业发布的多款半固态激光雷达开始前装应用,整机性能达到国际先进水平;基于北斗的高精度定位技术逐步扩大应用领域。在车载计算芯片方面,以华为、地平线、黑芝麻、芯驰等为代表的国内厂商推出了车规级 AI 芯片产品,产品在芯片算力、能效比等方面与进口芯片产品差距缩小;底盘线控制动、线控转向技术逐渐成熟,系统产品的自主化比例提升。

3. C-V2X 技术快速发展,产业体系全球领先

我国确立了依托 C-V2X 技术发展车路云一体化融合的智能网联汽车中国方案。C-V2X 技术行业在标准体系建设、技术研发与产业化等方面快速发展。工业和信息化部批准 5905~5925 MHz 作为车联网直连通信专用频段;围绕 C-V2X 芯片、终端和系统全产业链,构建产业生态体系;组织开展 C-V2X "三跨"和"四跨""新四跨"互联互通测试活动,验证 C-V2X 技术和相关标准,结合高精地图和定位开展大规模网联应用。

4. 智能网联汽车公开道路测试实现突破

近两年,随着政策的放开,智能网联汽车测试实现从测试场到开放道路的重大突破。截至 2022 年 3 月,全国近 30 个城市累计为 80 余家企业发放超过 900 张道路测试牌照,开放智能网联汽车测试道路超过 5000 km,安全道路测试累计里程超过 1300 万千米。

5. 多场景高等级智能网联汽车在全国多地示范运行

我国主机厂、自动驾驶企业已经在 Robotaxi(自动驾驶出租车)、Robobus(自动驾驶公交)、物流、矿山、环卫、通勤等场景下开展了多样化测试与示范应用,探索商业化路径。目前,广州、长沙、上海、武汉、北京、深圳、重庆等地开展了自动驾驶载人、载物测试,为各类场景的示范运行乃至商业化试运营提供了政策环境。

6. 基础平台打通原始创新、应用研究、成果转化与产业化应用全链条

以国家智能网联汽车创新中心为代表的一批智能网联汽车产业创新基地和创新平台相继成立,从原始创新到技术成果转化与产业应用的全技术产业链生态正逐步形成。计算基础平台方面,以国汽智控(北京)科技有限公司为代表,形成汇聚芯片厂商、软硬件企业、主机厂的新型产业生态;云控基础平台方面,在北京冬奥会场馆、上海嘉定等地开展了示范应用,实现城市级车路云一体化落地应用;高精动态地图基础平台方面,在北京首钢园区、亦庄等地实现高精地图与定位服务建设,基础地图服务平台实现迭代开发。

经过 10 年的发展,我国智能网联汽车无论是技术水平还是产业发展都有了长足进步,逐步从全面落后和追赶态势,发展为与欧、美、日等汽车强国并跑,部分领域领跑的态势。

2013年前后,我国智能网联汽车产业还存在明显短板。一是尚未形成国家层面的发展战略,缺乏大型国家项目支撑;二是技术基础薄弱,在车载高性能传感器以及汽车电子、电控系统、专用芯片等关键基础零部件领域,核心技术与产品主要都被国外企业掌握;三是自主零部件企业相对弱小,行业缺乏有效协同研发机制;四是标准法规及测试能力建设相对滞后。

如今,我国智能网联汽车在整车集成、关键技术研发及产业化等方面进步明显,关键技术与智能网联整车产业化节奏保持协同。关键部件方面,毫米波雷达、车规级激光雷达、大算力计算芯片等已取得自主突破,已进入量产前装,逐步对国际产品形成替代。网联化技术方面,我国已形成C-V2X芯片、终端和系统全产业链。整车集成方面,国内多数车企量产了L2级辅助驾驶汽车,实现大规模商业化应用。

同时,我国发挥市场与体制优势,实践车路云融合发展路径。我国明确提出并坚持智能化与网联化充分融合的技术发展路线,基于中国的基础设施标准、联网运营标准、新架构汽车产品标准,探索出中国智能网联汽车的发展路径。该路径可以从多维度提升车辆感知、决策与协同控制能力,赋能自动驾驶、智能交通,实现车路云融合的协同创新发展。通过组织成立国家智能网联汽车创新中心,联合国内外企业开展共性基础技术研究、技术转移扩散、首次商业化应用和创新公共服务,我国智能网联汽车及相关产业在全球价值链中的地位有所提升。此外,智能化与网联化融合路径也逐渐成为全球共识。欧美近两年提出的网联自动驾驶路线图和行业标准表明,通过车路云互联互通支撑自动驾驶发展的理念,正得到越来越多国家的认可。

我国在智能网联汽车领域的改革措施是多方面的。

(1) 政策支持与导向性文件。我国政府出台了一系列支持智能网联汽车发展的政策文件,例如《智能网联汽车创新发展战略》等。这些文件明确了政府对智能汽车产业的支持态度,并为企业提供了发展方向。政府的明确政策为企业提供了安全、稳定的发展环境。

(2) 产业基金和财政激励。我国政府设立了一些专项基金,用于支持智能网联汽车领域的研发和创新。此外,还有一些财政激励政策,例如税收减免和研发补贴,为企业提供了资金上的支持,促使企业更积极地进入智能网联汽车领域。

(3) 测试示范区的建设。在全国范围内设立了一些智能网联汽车测试示范区,例如北京、上海、深圳等。这些示范区为企业提供了合适的测试环境,有助于验证智能网联汽车的安全性和可行性。这样的示范区可以吸引更多企业进入该领域,形成创新的集聚效应。

(4) 产业联盟和合作机制。政府鼓励汽车制造商、科技公司和研究机构之间进行合作,形成产业联盟。这种合作有助于资源共享、技术创新、降低研发成本,并推动智能汽车产业链的协同发展。

(5) 标准体系的建设。我国积极参与智能网联汽车领域的国际标准制定,并推动建立国内标准体系。标准体系的建设有助于提高智能网联汽车的安全性和互操作性,为产业提供了统一的技术规范。

上述举措带来的积极影响是非常深远的。

(1) 创新动力的增强。制定的政策和产业基金的支持激发了企业的创新热情,推动了智能汽车关键技术的研发。

(2) 市场竞争力的提升。测试示范区和合作机制的建设有助于提高企业的技术水平和产品质量,增强了中国智能汽车在国际市场上的竞争力。

(3) 产业协同发展。产业联盟的形成促使整个智能汽车产业链协同发展,推动了汽车制造商、技术公司和研究机构之间的合作,形成了更加完整的产业生态系统。

(4) 国际影响力的提升。积极参与国际标准的制定使得中国在全球智能汽车领域的影响力逐渐提升,为中国企业进军国际市场创造了有利条件。

1.1.3 智能网联汽车关键技术

在当前的汽车行业中,自动驾驶领域的研究与产品开发正日益受到各大OEM(原始设备制造商)的关注。他们倾注了大量的人力和物力在该领域的活动中,以期在未来汽车的自动驾驶领域取得具有竞争力的能力。

SAE J3016《驾驶自动化分级》标准中明确地将自动驾驶等级分为了L0至L5共6个等级,以帮助汽车行业根据驾驶自动化分级目标来进行开发,如图1-2所示。

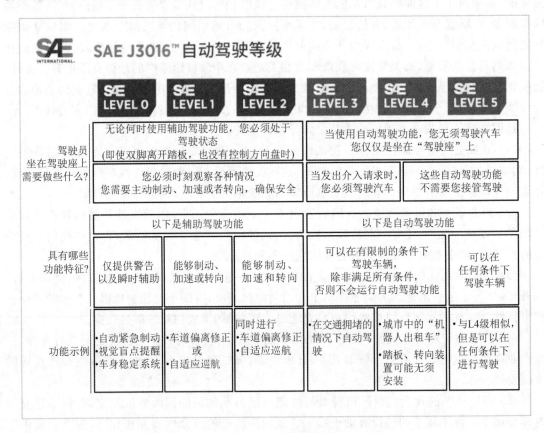

图1-2 SAE J3016《驾驶自动化分级》

1) 环境感知技术

环境感知包括车辆本身状态感知、道路感知、行人感知、交通信号感知、交通标识感知、交通状况感知、周围车辆感知等。

其中车辆本身状态感知包括行驶速度、行驶方向、行驶状态、车辆位置等;道路感知包括道路类型检测、道路标线识别、道路状况判断、是否偏离行驶轨迹等;行人感知主要判断车辆行驶前方是否有行人,包括白天行人识别、夜晚行人识别、被障碍物遮挡的行人识别等;交通信号感知主要是自动识别交叉路口的信号灯、判定如何高效通过交叉路口等;交通标识感知主要是识别道路两侧的各种交通标志,例如限速、弯道等,以便及时提醒驾驶员注意;交通状况感知主要是检测道路交通拥堵情况、判断是否发生交通事故等,以便车辆选择通畅的路线行驶;周围车辆感知主要是检测车辆前方、后方、侧方的车辆情况,避免发生碰撞,也包括交叉路口被障碍物遮挡的车辆。

在复杂的路况交通环境下,单一的传感器无法完成全部的环境感知,必须整合各种类型的传感器,利用传感器融合技术,为智能网联汽车提供更加真实可靠的路况环境信息。

2) 无线通信技术

长距离无线通信技术用于提供即时的互联网接入,主要用 4G/5G 技术,特别是 5G 技术,有望成为车载长距离无线通信专用技术。短距离无线通信技术有专用短程通信技术(dedicated short range communication,DSRC)、蓝牙、Wi-Fi 等,其中 DSRC 的重要性较高且亟须发展,它可以实现在特定区域内对高速运动的移动目标的识别和双向通信,例如车辆与车辆(vehicle-to-vehicle,V2V)、车辆与基础设施(vehicle-to-infrastructure,V2I)的双向通信,实时传输图像、语音和数据信息等。

3) 智能互联技术

当两辆车距离较远或被障碍物遮挡,导致无法完成直接通信时,两车之间可以通过路侧单元进行信息传递,构成一个无中心、完全自组织的车载自组织网络。车载自组织网络依靠短距离无线通信技术实现 V2V 和 V2I 之间的通信,它使得在一定通信范围内的车辆可以相互交换各自的车速、位置等信息和车载传感器感知的数据,并自动连接,建立起一个移动的网络,典型的应用包括行驶安全预警、交叉路口协助驾驶、交通信息发布以及基于通信的纵向车辆控制等。

4) 车载网络技术

目前汽车上广泛应用的网络有 CAN(控制器局域网)、LIN(局部互联网络)和 MOST(面向媒体的系统传输)总线等,它们的特点是传输速率小、带宽窄。随着越来越多的高清视频应用进入汽车行业,例如高级驾驶辅助系统、360 度全景泊车系统和蓝光 DVD(高密度数字视频光盘)播放系统等,它们的传输速率和带宽已无法满足需要。以太网是最有可能进入智能网联汽车环境下工作的,它采用星形连接架构,每一个设备或每一条链路都可以专享 100 M 带宽,且传输速率达到万兆级。同时以太网还可以顺应未来汽车行业的发展趋势,即开放性、兼容性原则,从而可以很容易地将现有的高清视频应用到新的系统中。

5) 先进驾驶辅助技术

先进驾驶辅助技术通过车辆环境感知技术和自组织网络技术对道路、车辆、行人、交通标志、交通信号等进行检测和识别,对识别信号进行分析处理,再传给执行机构,保障车辆安全行驶。先进驾驶辅助技术是智能网联汽车重点发展的技术,其成熟程度和使用频率代表了智能网联汽车的技术水平,是其他关键技术应用的具体体现。

6) 信息融合技术

信息融合是指在一定准则下用计算机技术对多源信息进行分析和综合,以实现不同应用的分类任务而进行的处理过程。信息融合技术主要用于对多源信息进行采集、传输、分析和综合,将不同数据源在时间和空间上的冗余或互补信息依据某种准则进行组合,产生出完整、准确、及时、有效的综合信息,智能网联汽车采集和传输的信息种类多、数量大,必须采用信息融合技术才能保障实时性和准确性。

7) 信息安全与隐私保护技术

智能网联汽车接入网络的同时,也带来了信息安全的问题。在应用中,每辆车及其车主的信息都将随时传输到网络中被感知,这种暴露在网络中的信息很容易被窃取、干扰甚至修改等,从而直接影响智能网联汽车系统的安全,因此在智能网联汽车中,必须重视信息安全与隐私保护技术的研究。

8) 人机界面技术(human machine interface,HMI)

人机界面技术,尤其是语音控制、手势识别和触摸屏技术,将在未来全球汽车市场上被大量采用。全球领先的汽车制造商,比如奥迪、宝马、奔驰、福特以及菲亚特等都在研究人机界面技术。

不同国家汽车的人机界面技术发展的重点不尽相同。美国和日本侧重于远程控制,主要通过呼叫中心实现;德国则把精力放在车主对车辆的中央控制系统上,比如奥迪的 MMI、宝马的 iDrive、奔驰的 COMMAND。

智能网联汽车人机界面的设计,其最终目的在于提供好的用户体验,增强用户的驾驶乐趣或驾驶过程中的操作体验,同时,它更加注重驾驶的安全性,这也使得人机界面的设计必须在好的用户体验和安全之间做好平衡,始终将安全放在第一位。智能网联汽车人机界面应集成车辆控制、功能设定、信息娱乐、导航系统、车载电话等多项功能,方便驾驶员快捷地查询、设置、切换车辆系统的各种信息,从而使车辆达到理想的运行和操纵状态。未来,车载信息显示系统和智能手机将无缝连接,人机界面提供的输入方式将会有多种选择,通过使用不同的技术,驾驶员能够根据不同的操作、不同的功能自由切换人机界面。

9) 高精地图与定位技术

10) 异构网络融合关键技术

11) 交通大数据处理与分析关键技术

12) 交通云计算与云存储关键技术

智能网联汽车在节能减排、环境保护等方面具有较大优势,能更好地实现绿色出行,低碳生活。

(1) 电动汽车的推广:强调智能网联汽车中电动汽车技术的推广,电动汽车相较于传统燃油汽车具有零排放的特点,可以显著减少尾气排放,有助于改善城市空气质量,保护环境。

(2) 智能能源管理系统:智能网联汽车中的智能能源管理系统可以根据车辆状态和行驶环境实时调整动力系统,提高能源利用效率,从而减少能源浪费和碳排放。

(3) 智能导航系统的节能导向:智能网联汽车配备了智能导航系统,该系统能够根据交通状况、道路条件和能源消耗等因素,为驾驶员提供最节能的行车路线,降低碳排放。

(4) 车辆共享模式的环保优势:强调智能网联汽车在共享经济模式下的环保优势。车辆共享可以减少汽车制造数量,减轻资源压力,同时也能够更好地优化车辆利用率,减少交通拥堵,降低碳排放。

(5) 智能驾驶的燃油经济性:智能驾驶系统可以通过智能的加速、制动和驾驶策略,提高燃油经济性,减少燃油消耗,降低碳排放,实现绿色出行。

(6) 智能交通管理的环保效果:强调智能网联汽车在交通管理方面的创新,比如智能交叉口控制、实时路况监测等,有助于减少交通堵塞,降低车辆空转时的能源浪费,从而减少尾气排放。

1.1.4 智能网联汽车的主要特点

智能网联汽车与传统汽车装备相比有至少四个显著特点。第一是互联互通,这是其基本特征。第二是软件定义,智能网联汽车由原来的机械驱动转变为数据驱动,这一点非常重要。许多公司宣布投入巨资来开发自己的汽车操作系统,例如大众汽车宣布投入35亿欧元,特斯拉的软件成本占到整车成本的40%。特斯拉的S系列汽车操作系统的代码行数甚至超过了4亿行。很多企业也成立了自己的软件科技公司,开发自己的操作系统和应用程序,以适应软件定义汽车的潮流。未来的智能网联汽车至少60%的价值将来自于软件,因此,智能网联汽车将成为新型的信息技术终端。第三是自动驾驶,自动驾驶在不同级别和场景下有着广泛的应用,自动驾驶汽车技术概况如图1-3所示。第四是绿色低碳,未来的智能网联汽车主要以电动汽车为主,非常符合国家对于"双碳"的相关要求和布局。

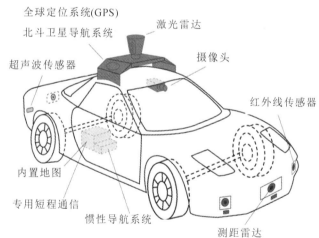

图1-3　自动驾驶汽车技术概况

此外,我们还对智能网联汽车产业链进行了初步分析,涵盖从上游的元器件和软件到下游的内容、平台、数据,以及与出行、保险、租赁、维修等相关的服务提供商。整个产业链的构建和重塑正在不断演进。

智能网联汽车的起源可以类比于软件定义网络(software defined network,SDN)、软件定义存储(software defined storage,SDS)、软件定义无线电(software defined radio,SDR)等概

念。2016年5月,百度与芜湖市政府签署了共同建设"全无人驾驶汽车运营区域"的合作协议。当时,百度高级副总裁兼自动驾驶事业部负责人王劲指出:"决定未来汽车价值的是以人工智能为核心的软件技术,而不再是传统的技术与性能指标。"随后,在2019年,大众汽车前首席执行官赫伯特·迪斯表示大众汽车将成为一家软件驱动的汽车公司。这被广泛认为是面向软件的汽车工业转型开始的标志。特斯拉则通过OTA(over-the-air,空中下载技术)持续升级车载控制器的软件,并将其中的部分软件功能作为商品单独销售。其完全自动驾驶(full self-driving,FSD)功能在2019年的收入超过5.6亿美元,成为软件驱动发展的重要标志之一,如图1-4所示。

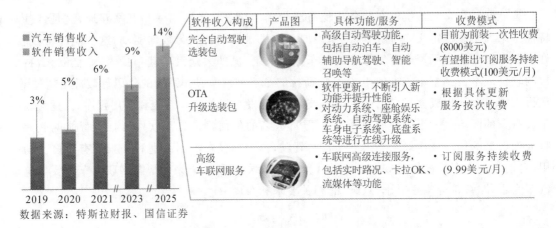

图1-4 软件收入未来有望成为特斯拉营收的重要来源

全球的汽车企业越来越重视汽车中软件的作用,主要原因有四个。首先,软件相关成本占比增加,从现在平均不到10%的物料清单(bill of material,BOM)成本发展到超过50%。其次,软件成为新功能的主要来源,大众汽车前首席执行官赫伯特·迪斯曾公开表示:"未来汽车90%以上的新增功能都将与软件相关。"再者,软件是保证性能的重要手段。最后,软件是车辆开发周期的重要影响因素。这些原因集中体现了软件在汽车行业中的重要地位,也展现了软件在未来汽车行业中的潜力。

传感器数据和人工智能算法被广泛应用于自动驾驶汽车的多项功能。车辆必须获取数据、规划路线,才能按照相应的指示行驶。这些指示的生成需要采用非传统的软件开发方法和机器学习(machine learning,ML)等人工智能技术。

汽车控制自动化的首次尝试可以追溯到20世纪20年代。钱德勒公司(Chandler Company)推出了一款无线电遥控车,操作员在紧随其后的车辆上操控前车。虽然这与汽车自动驾驶无关,但这是第一次在没有工作人员的情况下在道路上驾驶汽车。1956年,通用汽车公司在试验性的"火鸟Ⅱ"车型上安装了接收器,通过放置在未来高速公路上的电线来引导信号。1979年,斯坦福大学的一辆实验性小车利用一种视觉图像处理方法,能够在封闭的空间内行驶,而不需要与人互动。这种方法基于"积木世界"规划方法,包括将图像还原为边缘集合。然而,由于存在大量复杂的形状和颜色,这种方法不适合在室外使用。

1.2 智能网联汽车的测试评价

自动驾驶汽车有望在很大程度上改善公路安全。根据美国高速公路交通安全管理局(NHTSA)的一项研究,2018年机动车交通事故导致36560人死亡,其中94%的事故是人为错误引起的。为了衡量自动驾驶汽车的能力,需要构建一个全面的自动驾驶测试与评价体系。这个体系通过指标化的评价项目来全面系统地评价自动驾驶能力,指导自动驾驶车商的量产工作。

1.2.1 智能网联汽车测试与评价的意义和必要性

自从汽车行业首次引入ECU以来,整车的机电一体化和电气化水平取得了显著的提升。最初,ECU仅用于控制发动机操作,但随后扩展到底盘悬挂、车身电子控制以及与车辆性能无关的信息娱乐和网络通信等车载装置。现如今,每个车载功能都对应一个或多个ECU。随着近年来燃油经济性、安全性、舒适性和娱乐性等需求的提高,ECU的数量不断增加,豪华品牌汽车中的L2级车型已经装配了100多个ECU。

在机电一体化发展的早期阶段,整车电子/电气架构(electronic/electrical architecture, EEA)通常采用分布式模式。这种分布式电子/电气架构将传感器、ECU和执行器相互对应,以确保系统的抗干扰性和独立性。然而,随着汽车向智能化和网联化发展,传统的基于单片机的分布式电子/电气架构已经难以满足未来智能网联汽车产品的开发需求。

以下是分布式电子/电气架构存在的几个问题。

(1) 算力束缚:单片机的算力有限,无法满足处理大量复杂数据和算法的需求。

(2) 通信效率缺陷:分布式电子/电气架构中的通信机制可能导致数据传输效率低下和延迟问题。

(3) 不受控的线束成本黑洞:随着ECU数量的增加,所需的线束数量和复杂性也会增加,导致了线束成本的不可控性。

为了解决这些问题,新一代智能网联汽车需要采用更先进的电子/电气架构,如集中式架构和域控制器架构,以提供更高的车载计算能力、更高效的通信和更可控的线束布局。这些新架构将为智能网联汽车的发展提供更好的基础。

首先,分布式电子/电气架构无法满足未来对更高车载计算能力的需求。ECU是基于微控制器(microcontroller)和嵌入式系统的电子控制单元。MCU是一种微型计算机,而嵌入式系统主要用于控制而不适用于计算。因此,单个ECU只能处理数据量较小的运算和控制任务,如发动机控制、电池管理和电机控制等局部功能。然而,随着智能网联和自动驾驶技术的发展,整车开发面临爆炸式的数据处理需求和更高的运算速度需求。尤其是自动驾驶技术的发展,将导致出现复杂的逻辑运算和非结构化数据处理场景。目前,L2级自动驾驶软件的计算量已达到10TOPS(tera operations per second,处理器运算能力单位),预计L4级所需的算力将超过100 TOPS。很明显,当前微控制器的算力无法满足这一需求。分布式电子/电气架构的缺陷还在于各控制器之间的算力无法共享。由于每个传感器都与一个封闭的ECU对应开发,各控制模块之间的算力也就无法共享,这意味着在处理类似功能逻辑时,算力资源无法实现最优分配,从而造成大量算力资源浪费。

其次,推动电子/电气架构升级的另一个因素是对更高通信效率和更大带宽容量的追求。当前的电子/电气架构是基于信号设计的,各ECU之间通过CAN总线进行信号传输。CAN总线技术具有简洁稳定、低成本、抗干扰性强和高安全性的优点,单个节点的故障不会影响整个网络。然而,随着车内传感器数量的增加,车载网络带宽和延迟的需求也随之增加。不仅数据传输需求剧增,而且还需要以更高速率进行数据通信。例如,在自动驾驶的多传感器融合方案下,不同传感器(如激光雷达、雷达和摄像头)需要进行实时信息处理和协同工作,这就要求更大的带宽和更高的传输速率。目前,CAN总线可以实现每秒兆比特的传输速率,而新的以太网通信技术可以实现每秒千兆比特的传输速率。

最后,成本管控也是驱使EEA升级的一个因素。随着车内ECU和传感器数量的增加,整车线束成本和布线难度也大幅提高。在实现L3级及以上高级自动驾驶时,车内将引入更多的硬件传感器。除了ECU数量的增加外,还需要重新进行线束布置和安装。过于复杂的线束布置将导致更高的机械结构成本,增加整车物料清单成本,并影响自动化生产效率。因此,不管是为了实现更强大的算力部署、更高的信号传输效率,还是出于车身减重和成本控制的考虑,汽车电子/电气架构都需要向传统分布式架构转变为"集中式、轻量精简、可拓展"的方向发展。汽车电子/电气架构演变图如图1-5所示。(车载信息娱乐系统,in-vehicle infotainment,IVI)

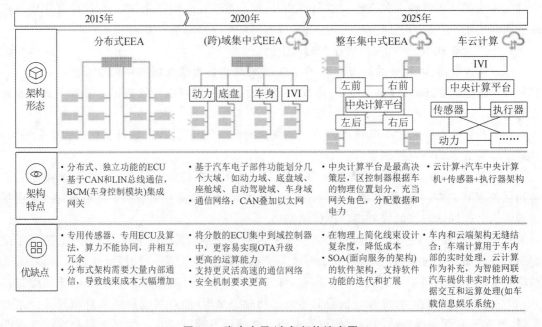

图1-5 汽车电子/电气架构演变图

汽车电子系统是应用于汽车的各种电子系统的总称,通常包括传感器、ECU和执行单元。这些系统通过引脚(直连总线)读取传感器的信号,并进行计算,生成相应的控制信号,完成车内各个功能的调控。现如今,一辆乘用车通常拥有数百个ECU,它们之间传输上千个信号,协同完成车内各项功能。

机器学习是一种利用计算机算法和统计模型使计算机能够从数据中自动学习的方法。通过训练模型,计算机可以提取输入数据的特征,并在给定新数据时完成分类、回归、聚类等任务。深度神经网络是一种机器学习模型,它由多个相互连接的层组成,每一层都对输入数据进行一些特定的处理,并将结果传递给下一层。在图像分类问题中,卷积神经网络是一种深度神经网络,它利用卷积操作提取图像中的局部特征,并通过多个卷积层和池化层逐步提取图像的更高级别特征,在全连接层上输出分类结果。

与传统计算技术相比,机器学习具有更强的自动化和泛化能力,可以自动从数据中学习特征和规律,而不需要人工干预。这种自动化的学习方法已经在图像、语音、自然语言处理等领域取得了巨大成功,并在自动驾驶、医疗诊断等领域得到了广泛应用。然而,机器学习也存在问题,比如无法对事物内部进行识别。以猫和狗的图片识别为例,是该通过体型比例还是通过胡须的特征或尾巴的形状来进行识别?如果特征混乱,机器学习能否准确识别?尽管机器学习在可靠性较低的场景中能够相当准确地识别人、停车标志、汽车等物体,但对于需要更高可靠性的性命攸关的系统安全来说,机器学习可能还无法完全令人放心,因为它本质上是一种基于统计学的方法,精度很难超过99%。虽然机器学习在精度上已经取得了不错的成绩,但对于某些系统安全而言,可能还不够可靠。

作为一款标志性的电动车型,初代大众ID.3已经下线了超过1万辆车,而系统软件仍在赶工,每天都会出现多处漏洞,数百名软件测试员忙于修复这些漏洞。据称,这些漏洞主要源于软件的基本架构,由于架构研发过于仓促,许多系统部件无法相互兼容,最终导致系统崩溃。有传言称,软件问题的重点在于底层操作系统,可能是其搭载由大众Car.Software.Organization(car.sw.org)牵头研发的vw.OS系统在硬件模组之间存在信息沟通障碍,导致不同的功能单元无法相互应答。

在ID.3的开发中,最大的软件问题是空中下载技术没有做好,虽然这个问题现在已经基本解决了,但软件问题进一步暴露了大众汽车软件研发人才不足的问题。在软件研发从业者看来,时任CEO赫伯特·迪斯对外表示要以写多少亿行代码来衡量问题,说明他对软件研发的理解还处于初级阶段。软件是否优秀并不是以代码行数的多少来衡量的。汽车在未来必将成为一种消费类电子产品,是更注重安全性的消费类电子产品。在迭代周期非常快的消费类电子产品研发时期,企业需要的是具有综合能力的研发人才,研发人才必须深刻理解软硬件。想要成为顶级的软件开发者,应该对硬件的了解也有相当水平。

新能源汽车制造商面临的问题不仅仅是要开发一个完全基于计算机的驱动程序,还需要推动汽车内部的大规模架构变化,其中一些变化涉及电动汽车的转型。总的来说,这些变化与从相对较小的分布式计算机系统向大型计算联合体的转变有关。大型计算联合体将许多不同的汽车功能集成到同一计算平台上,这引发了一个巨大的集成和验证问题。过去,这些问题由供应商管理,但现在,由于系统集成商的失误,这些问题已经成为制约新能源汽车制造商发展的障碍。面对使用难以验证的新算法来突破计算能力的极限,以及在集成和验证方面管理越来越复杂的软件的压力,新能源汽车制造商需要具备更强大的软件研发能力。尽管大众汽车在硬件制造方面表现出色,但软件研发能力并不是其强项。整车厂的组织框架使他们习惯于制定标准,并将其以发标的方式交给供应商完成,而自身缺乏软件设计和开发能力。

2018年,当优步(Uber)在美国亚利桑那州坦佩市进行自动驾驶测试时发生了一起致命事故。媒体认为这是糟糕的软件设计决策导致的。美国国家运输安全委员会表示该自动驾驶系统没有考虑到行人可能会在指定的十字路口内穿越马路。在事故发生前的19分钟里,Uber的自动驾驶系统完全掌控着汽车。距离撞击发生还有5.6 s时,自动驾驶系统记录下了一辆前方的车辆,但未向车上的安全员发出警报。随后,系统否定了它最初的评估,因为它不知道这个物体是什么。在距离撞击发生还有2.6 s的时候,系统将其识别为自行车。在距离撞击发生还有1.5 s的时候,它又将其分类为其他物体。最后系统再次将其识别为自行车,还生成了一个计划,试图绕过这个物体,但最终判定无法避让。在距离撞击发生还有0.2 s的时候,汽车发出了警报,提醒安全员减速。在撞击前的0.002 s内,汽车以39 mile/h的速度行驶,安全员抓住了方向盘,使汽车退出了自动驾驶状态,进入手动模式。

NIO Pilot是一种驾驶辅助系统,具有辅助驾驶功能,不是自动驾驶,其全配包售价为3.9万元,包括领航辅助(navigate on pilot,NOP)、交通拥堵缓解和自适应巡航控制等功能。然而,蔚来汽车的工作人员指出,2021年的系统版本还无法识别雪糕筒,以及车辆前方的静态障碍物,例如动物、行人、摩托车等。用户手册中也明确警告:与其他辅助驾驶功能一样,领航辅助无法响应静态障碍物(比如路障、三角警示牌等)。因此,在遇到事故或施工区域等情况时,驾驶员需要立即接管车辆以控制方向和速度。视觉的鲁棒性一直是一个难题,例如光照、车道线、锥筒的颜色高度和隔离带植物的阴影都可能影响视觉识别能力。在十次识别中,可能只有一次能够识别成功,而有时候则能够连续十次识别成功。

在事故发生后,车主们普遍认为事故不是他们自己操作失误造成的,而是车辆本身存在某些故障。一旦进入鉴定环节,车主们往往不认可鉴定结果。他们不认可鉴定结果的原因是车辆原始数据存储在厂家后台,厂家对车辆数据具有绝对的掌控权。车主怀疑厂家提供的后台数据并不真实可信,以及存在人为篡改数据的可能性。智能电动车使用先进的电子/电气架构,搭载了许多先进的传感器和智能应用。因此,它能够收集到比传统燃油车更多的相关数据,例如车辆的状态和用户行为等数据,这些数据都会被车辆记录并实时发送到汽车厂商的汽车事件数据记录系统(event data recorder,EDR)。由于这些原因,人们将现代的智能电动车比作"一个大号的智能手机"。

组织结构和人才供给是汽车向软件转型的一大短板。为了从根本上重塑主机厂的组织结构,主机厂需要将面向功能的组织转型为平台型开发组织。一些主机厂自宣布面向软件驱动以来,已启动了组织结构层面的调整。例如,大众汽车在2019年6月创建了全新的Car.Software软件部门,计划招聘软件相关人员近5000人,并宣布未来3~5年内在软件组织架构方面整体投入70亿欧元。丰田是另一家实质性地推进向软件转型的主流汽车制造商,2020年7月丰田宣布将于明年年初成立一家新的控股子公司Woven Planet Holdings和两家运营子公司,专注于自动驾驶、新的汽车操作系统以及高精地图等软件业务的开发。各主机厂正在积极引入软件复合型人才,包括软件、算法、车联网、自动驾驶、AI工程、电子工程等领域人才,以确保能够快速调整现有人才队伍结构,增加软件工程师的比例,确保企业在向软件转型和产品创新过程中具有竞争力。国内方面,上汽集团是少数几家向软件方向战略转型的主机厂之一。2020年初,上汽集团成立了软件中心——"零束",未来将聚焦于智能驾驶系统工程、软件架构、基础软件平台和数据工厂等项目。其他几家国内主机厂虽然未成立独立的软件子公司,但从最新的招聘岗位来看,相当高比例的岗位是与软件相关的。例如,广汽研发中心超过90%的招聘岗位是与软件开发相关的。

关注人民群众的需求和利益,确保智能网联汽车的安全、便捷和舒适。

(1) 智能驾驶辅助系统的安全性。强调智能网联汽车配备先进的驾驶辅助系统,比如自动紧急制动、车道保持辅助等,以提高车辆在复杂交通环境中的安全性,减少事故风险,确保人们的生命安全,满足人们对交通安全的迫切需求。

(2) 交互界面的人性化设计。强调智能网联汽车的交互界面采用人性化设计,使驾驶者和乘客能够更便捷地掌握车辆信息和功能。其中包括语音识别、触摸屏控制等功能,以提高车辆使用的便捷性和用户体验。

(3) 智能化交通管理对拥堵的缓解。强调智能网联汽车的智能交通管理系统,该系统通过实时路况信息和智能导航,帮助驾驶员选择最优路径,减少拥堵。这有助于提高交通流畅度,减少行车时间,提高出行的便利性。

(4) 车内环境舒适度的提升。强调智能网联汽车在车内环境控制方面的创新,比如智能空调调节、座椅舒适性调整等。确保车内空间的舒适度,满足人们对长途出行的舒适需求。

(5) 用户数据隐私和安全保障。强调智能网联汽车在数据隐私和安全方面的保障措施。确保用户的个人信息不被滥用,强化车辆网络的安全性,保障人们在使用智能网联汽车时的隐私。

(6) 可持续发展和环保。强调智能网联汽车在可持续发展和环保方面的努力,比如电动汽车技术的推广和智能能源管理系统的应用,减少对环境的影响,满足人们对可持续发展的需求。

1.2.2 智能网联汽车测试与评价的体系理论

半导体技术的革新正在改变人类的出行方式。随着人工智能和自动驾驶等产业的发展,高级自动驾驶车辆(SAE L3+)将大规模使用车规级芯片,预计芯片数量将达到上千颗。这样巨大的需求规模必然会促使更多芯片企业转向车芯领域,以跟随智能制造和智能出行的行业发展浪潮。

ISO 26262作为汽车芯片的准入门槛之一,也被芯片厂商所重视。我们可以看到,今年有许多芯片厂商开始涉足功能安全领域,它们纷纷为"功能安全认证"买单。无论是实际的产品认证,还是流程认证,芯片公司都在为自身争取更多融资的机会,增加竞争优势。即使步伐较慢的公司,也开始组建功能安全团队,招聘功能安全人员,为功能安全的实施打下基础。

在功能安全领域,我们面临着喜忧参半的情况。喜的一面是,受国内外法规政策的影响,企业对功能安全越来越重视。无论是主机厂还是芯片公司,都开始加大人才招聘力度。这也导致目前功能安全人员严重不足,甚至一些芯片公司会从主机厂招聘功能安全人员,这也间接导致许多技术人员转向功能安全领域。忧的一面是,在国内实施功能安全仍然存在很多困难。对于主机厂而言,虽然国内一些强制性标准逐渐引入了对功能安全的要求,工业和信息化部在

《道路机动车辆生产准入许可管理条例(征求意见稿)》中也对功能安全提出了强制要求,但是还存在其他问题:一方面,如果完全按照 GB/T 34590 或 ISO 26262 的要求来实施功能安全,将会增加许多研发成本,对大多数国内一级厂商来说并不现实;另一方面,功能安全的开发涉及企业的核心技术知识,这给审查增加了一定难度。

我国在智能网联汽车领域积极参与国际标准的制定。例如,中国汽车工业协会与国际汽车工程师协会等组织合作,共同制定了一系列国际标准,推动全球汽车产业的发展,体现了我国与国际合作伙伴在智能网联汽车领域的交流与合作,展示了我国开放包容的态度。

1.3 本章小结

智能网联汽车是汽车产业发展的新方向,结合了车联网通信技术和自动驾驶技术,实现了车辆的智能化。

本章首先介绍了智能网联汽车的发展历程,从早期的概念验证到近年来在商业化应用方面的进展。重点阐述了我国在智能网联汽车领域的发展路径与成果,比如 C-V2X 的应用、自动驾驶测试获批等。

随后,本章概述了智能网联汽车的关键技术,包括环境感知、无线通信、车载网络、先进驾驶辅助等技术。这些技术为实现智能决策和车辆控制提供了基础。本章还分析了智能网联汽车的主要特点,即互联互通、软件定义、无人驾驶和绿色低碳。

最后,本章讨论了智能网联汽车测试与评价的意义,分析了当前汽车电子/电气架构存在的问题,以及软件可靠性与人工智能安全性方面的考量,并提出智能网联汽车需要通过完善的测试体系来评价其性能与安全性,以确保未来的商业化应用。

总体来说,智能网联汽车推动了汽车产业的转型升级,但也带来了技术、规范、安全等方面的挑战,还需要持续研发与积累经验,以促进智能出行产业化进程。

功能安全是一个非常有价值的标准,它具有以下意义。

(1)提升企业安全研发水平:功能安全标准的意义在于帮助企业提升安全研发水平。这并不是简单地套用功能安全标准,建立一个空洞的流程来获取虚假的"流程认证",而是通过深入理解功能安全流程中每一步的意义,并结合企业实际情况,有序地改进研发流程。

(2)建立安全保证体系:功能安全标准建立了一套完整的安全保证体系,涵盖了安全标准需要达到的水平、如何达到以及如何评定的方方面面。这对于以分布式开发为主的汽车产业来说具有极大的价值。

(3)提供技术方法的建议和指导:功能安全标准为技术方法提供了宝贵的建议和指导。针对硬件随机故障的检测,功能安全标准提供了大量的工程实践指南,为解决这一问题提供了有效的方法。

功能安全标准不仅能够提升企业的安全研发水平,还能够建立全面的安全保证体系,并为技术方法提供指导,为智能汽车产业的发展提供有力支持。

课后习题

习题1：简述智能网联汽车的驾驶自动化分级。

习题2：下列哪项技术不是智能网联汽车的关键技术？

A. 环境感知技术　　　　　　　　B. 车载网络技术

C. 云计算技术　　　　　　　　　D. 先进驾驶辅助技术

习题3：智能网联汽车测试与评价的意义是什么？

习题4：智能网联汽车的关键技术有哪些？其中的环境感知技术主要包括哪些方面？

习题5：功能安全标准的实施有哪些意义？

习题6：简述功能安全和预期功能安全的定义。

2 智能网联汽车功能安全概述

2.1 前言

2021年,工业和信息化部印发了《关于加强智能网联汽车生产企业及产品准入管理的意见》(以下简称《意见》),要求加强汽车数据安全、网络安全、软件升级、功能安全和预期功能安全管理,保证产品质量和生产一致性,并推动智能网联汽车产业的高质量发展。根据2021年7月发布的《中国互联网发展报告(2021)》,2020年我国智能网联汽车销量达到303.2万辆,同比增长107%,渗透率保持在15%左右。而2021年第一季度,L2级半(L2.5+)自动驾驶智能网联汽车的市场渗透率已经达到17.8%,新能源车中的L2级智能网联汽车市场渗透率更高,达到30.9%。预计到2025年,我国L2、L3级智能网联汽车销量将占全部汽车销量的50%。

作为汽车产业与人工智能、大数据、物联网等新一代信息技术深度融合的产物,智能网联汽车是汽车与交通出行领域智能化、网联化发展的主要方向。它有助于解决交通安全、道路拥堵、能源消耗、环境污染等问题。然而,汽车智能化和网联化的发展不仅带来了便利,也衍生出一系列数据安全、网络安全和道路交通安全等方面的问题。这些问题包括未经授权的个人信息和重要数据的采集、利用,网络攻击和侵入,以及由驾驶自动化系统故障和功能不足引发的道路交通安全问题,还有在线升级可能引发的安全风险。因此,迫切需要加强对智能网联汽车生产企业及其产品的准入管理。

智能网联汽车作为汽车产业的发展方向,其安全管理的重要性不言而喻。加强准入管理,包括数据安全、网络安全、软件升级、功能安全和预期功能安全的管理,能够确保智能网联汽车的质量和安全性,为行业的高质量发展提供有力支持。从国际上看,智能网联汽车作为跨界融合的新兴事物,尤其还是具备自动驾驶功能的车辆,世界各国都在积极探索其有效的管理模式。为此,2019年联合国世界车辆法规协调论坛成立了自动驾驶车辆工作组,并审议通过《自动驾驶汽车框架文件》,明确了具有L3级及以上自动驾驶功能的车辆的安全原则。欧洲、美国和日本也以安全为核心,相继发布了指南文件,明确了法规制定与协调方面的原则要求,加快推进自动驾驶相关法规的制定与协调工作。

智能网联汽车面临着数据安全、网络安全、软件升级、功能安全和预期功能安全五个主要安全问题。在数据安全领域,智能网联汽车不仅能够收集驾乘人员的面部表情、动作、目光、声音等数据,还能够收集车辆的地理位置、车内外环境以及车联网使用情况等数据。如果在数据采集和使用等环节缺乏有效的管理,车企随意采集车内驾乘人员的语音图像、车辆位置以及周边环境等信息,就可能导致个人信息被泄露、滥用,甚至危及公共安全和国家安全。随着越来越多的汽车功能由电子化控制,汽车电子系统的复杂度也越来越高。单个ECU的代码量已从几百万行增加到数亿行;传统的十几个ECU和两三条CAN总线的架构已演变为数十个ECU、以太网、FlexRay、CAN FD和数十路LIN总线的复杂架构。消费者对车辆的科技含量越来越关注,39%的消费者表示更看重车辆的科技含量(数据来源:埃森哲,2013年12月),而只有14%的消费者在意车辆的动力和操控性能。随着消费升级,车辆的安全性将越来越受到消费者的重视。ISO 26262是衡量产品质量的重要维度,也是OEM进行免责论证的重要保证。业界专家介绍,当前智能网联汽车通常具有多达150个EDU和大约1亿行代码,预计到2030年将达到约3亿行代码。相比之下,一架客机只有1500万行代码,一架现代战斗机约有2500万行代码,而个人电脑操作系统则有接近4000万行代码。因此,智能网联汽车复杂的电子/电气架构和算法逻辑,加上多变的外部环境,导致其软件故障异常复杂。此外,安全隐患不仅存在于汽车自身,还存在于汽车的全生命周期和各类基础设施上,同时还有元器件电磁兼容难度的提升所引发的电磁干扰问题和黑客攻击的风险等。

如图2-1所示,ISO 26262本质就是一份检查清单,定义了要做什么以及怎么做,比如公司安全管理、流程追踪、汽车安全完整性等级的定义、安全分析、设计原则、硬件指标、软件架构、测试等。

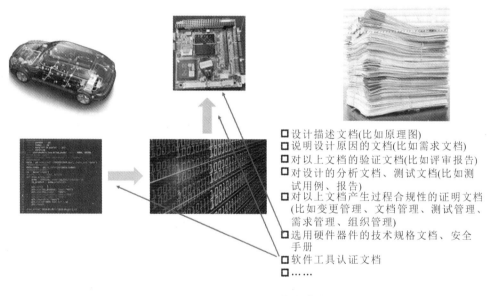

图2-1 ISO 26262检查清单

那么,ISO 26262和IEC 61508有什么不同呢?实际上,ISO 26262可以被视为IEC 61508的一个变体,专门为汽车行业量身定制。IEC 61508最初是为大型工业安全关键系统(比如化工厂、核反应堆等)而设计的。对于这类系统来说,安装过程是安全过程的主要组成部分。而汽车嵌入式系统通常作为OEM产品进行销售,并且安装过程对设备的安全性影响并不是非常大。因此,ISO 26262放弃了IEC 61508中许多关于安装的标准要求。作为一个较新的标准,ISO 26262添加了在汽车嵌入式系统开发中常见的许多操作,尤其是使用MATLAB或LabVIEW等工具进行基于模型的开发。最后,IEC 61508给出了有关文件要求的准则,而ISO 26262对所需提交的文件有更为详细的规定。

ISO 26262是专注于汽车电子/电气系统安全的国际标准。该标准的目标是确保为公路车辆(汽车、卡车、摩托车等)开发的嵌入式系统在设计上严格符合预期应用要求。

那么，ISO 26262中所提到的"适当的严格程度"是什么意思呢？实际上，ISO 26262涵盖了系统开发的两个方面：安全性和内在质量。安全性的重点是确保系统软件中的故障不会导致对人造成伤害的(外部)情况发生。而内在质量则强调"好"的设计，包括简单性、健壮性、可维护性和可测试性等。显然，这些因素之间存在紧密的关系：高内在质量的设计更有可能安全地运行，也更容易被证明是安全的。

在ISO 26262中，每个开发过程都应以某种形式包含V模型上显示的元素，但有时包含了也有可能并不完全符合ISO 26262的要求。遵循ISO 26262的要求通常意味着将现有的设计工件映射到ISO 26262的工作产品上。

那么ISO 26262对于开发安全系统有哪些附加限制呢？其主要关注点是正在开发的系统的安全方面，并强调确保系统符合其安全要求。在每个特定的工艺步骤中，通常需要考虑以下方面。

（1）工具：开发人员必须考虑需要的具体工具、工具的适用性以及如何使用工具。

（2）技术：ISO 26262为每个子阶段都推荐了一套技术，比如代码检查等。完整性级别越高，推荐的技术和必需的技术也就越多。

（3）方法学：ISO 26262没有指定特定的方法，但开发人员必须为每个子阶段指定记录方法、最佳实践或指南，比如使用面向对象设计等。

（4）人工制品：人工制品用于捕捉设计过程的输出工作，ISO 26262将这些工作称为"产品"，并规定在每个子阶段必须生成工作产品。

（5）安全方面：安全方面是指与系统安全直接相关的输入或分布方法，而不是系统本身的内在质量。

通过遵循ISO 26262的相关要求和限制，开发人员能够更好地确保开发的汽车电子/电气系统的安全性和内在质量。

ISO 26262是一项针对汽车电子/电气系统功能安全的标准，旨在通过分析危害和评估与电子/电气系统故障或失效相关的风险来制定措施，确保系统安全性达到可接受的水平。该标准适用于整个汽车系统、硬件和软件的生命周期，包括汽车、卡车、摩托车等。对于普通消费者来说，车辆的安全性是购买新车时最重要的考虑因素之一。在自动驾驶汽车中，大量电子设备和计算机必须能够正确、可靠地感知、解释和行动，以确保乘客的安全。功能安全是确保个别电子/电气组件引发的安全风险落在可接受范围内的基础，它为建立公众信任提供了基准或一致的衡量标准，因此开发商必须最大限度地支持这些标准，并正确实施。在实施ISO 26262时，构成汽车电子/电气系统的其他元件必须安全，并明确标准的应用场景，以从整体上确保汽车电子/电气系统的安全性。总体来说，ISO 26262是由电子、电气及可编程器件功能安全基本标准IEC 61508派生出来的一项汽车功能安全标准，它提供了整个汽车电子/电气产品功能安全的技术体系框架。

ISO 26262是由多家国际一线整车及零部件企业共同起草的基于风险的安全标准，该标准共有12个部分，其中第1部分定义了标准的语言和术语，第2部分从项目和组织的角度指导安全要求的整体管理，第3部分则重点关注初始项目定义、危害分析与风险评估。此外，第4~6部分分别涉及系统、硬件和软件层面的设计、集成、评估和验证。第7部分详细说明了对系统生产、运行、维护和报废的要求。第8部分概述了支持开发的过程，包括配置管理、变更管理、文档管理等。第 9 部分主要以汽车安全完整性等级定义了安全风险分析。第 10 部分总结了该标准及其一般概念,以提高读者对该标准的整体理解。第 11 部分提供信息,以支持半导体制造商开发 AV 组件。最后,第 12 部分涉及标准对摩托车的适应性。

为了实现系统功能的安全开发,ISO 26262 规定汽车安全生命周期涵盖了智能网联汽车电子/电气产品生命周期中各个阶段有关功能安全的活动,包括概念阶段、产品开发、生产、运行、维护和报废。此外,该标准还制定了功能安全开发流程,包括术语、功能安全管理、概念阶段、产品开发(系统级)、产品开发(硬件级)、产品开发(软件级)、生产、运行、维护和报废,以及支持过程、以汽车安全完整性等级为导向和以安全为导向的分析、ISO 26262 指南、ISO 26262 半导体应用指南以及适用于摩托车的 ISO 26262。

为了确保汽车电子/电气系统的安全性,需要按照国际 ISO 标准的 ISO 26262 和 ISO 21448 进行系统的设计、开发和验证。功能安全流程涉及危害分析与风险评估,并为系统分配一个汽车安全完整性等级的属性。对于高度安全相关的功能,需要实施特定的冗余措施,以确保系统在发生故障时不会产生不合理的安全风险。这种情况可以分为三类:一是"故障运行",即其中一个传感器可能发生故障,但冗余传感器可以继续保证系统的安全运行;二是"故障降级",即系统仍然可以运行,但可能无法提供全部功能;三是"故障安全",即系统停止运行,但故障不会导致不安全的情况发生。

针对图 2-2 的数据进行思考:传统汽车事故中有超过 75% 的事故由人为因素引起,自动驾驶汽车可以大幅降低事故率,但由车辆因素引发的事故率却大幅增加,可能有哪些原因?

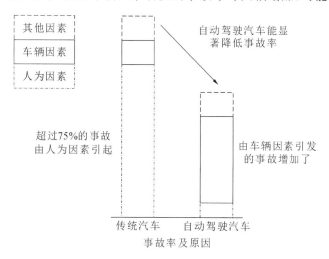

图 2-2 传统汽车与自动驾驶汽车事故率及原因对比

如图 2-3 所示,自动驾驶安全系统工程由下至上,分别是系统工程、安全分析、安全需求、安全措施、安全论证。

ISO 26262 利用了汽车行业常用的 V 模型,对智能网联汽车功能安全的整个生命周期进行设计。V 模型是电子/电气系统软件开发中常用的模型,主要包括需求分析、系统设计和测试验证三个关键部分。其特点是需求分析与测试验证一一对应,相互依存。

V 模型的测试验证包括了软硬件级集成测试、系统级集成测试、整车级集成测试和安全

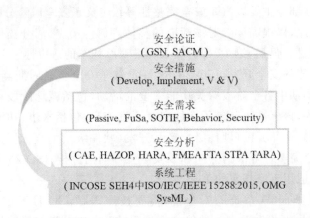

图 2-3　自动驾驶安全系统工程（图片来源：吉林大学张玉新教授）

确认等环节。V 模型的需求分析则包括了相关项的定义、功能安全需求、系统级技术安全需求、软硬件级技术安全需求。

在功能安全开发流程中应用 V 模型，能够简化开发流程，缩短开发所需时间，并且在开发后期能通过测试验证来确保安全目标的实现。这种方法能够有效提高开发效率，并保证智能网联汽车的功能安全。

在 2013 年之前，国内从事汽车安全领域工作的人员只有几十人，大多集中在博世、大陆、海拉、天合等国际供应商公司，少数在 TÜV 南德、中汽研等标准组织。

然而，从 2015 年开始，随着国内标准 GB/T 34590 的推行和新能源汽车的发展，自主研发产品安全性的需求迅速增加。在这两个因素的共同影响下，功能安全行业进入了快速发展期。以 TÜV 莱茵、TÜV 南德、SGS（瑞士通用公证行）为首的第一方认证公司迅速崛起，宁德时代和上汽等国内企业也培养了越来越多优秀的功能安全从业者。到了 2016 年，一些大型的功能安全行业会议已经可以吸引几百位功能安全从业者参会了。

2017 年，随着自动驾驶概念的兴起，功能安全行业正式进入了发展的黄金时期。此时，国内许多公司仍然倚重国际大型供应商。比较典型的说法是 A（AUTOLIV，瑞典奥托立夫公司，后来智能化业务剥离出来并改名为 Veoneer）、B（BOSCH，罗伯特·博世有限公司）、C（Conti，大陆集团）、D（Delphi，美国德尔福公司，后来智能化业务剥离出来并改名为 Aptiv）这四家国际大型供应商。这些公司非常重视功能安全，导致国内许多期望从事自动驾驶的公司对功能安全工程师的需求量极大，造就了功能安全岗位的巨大缺口，甚至出现了一种行业现象，即与自动驾驶领域无关的工程师经过 1~2 年的学习后快速转型为功能安全工程师，然后进入自动驾驶领域。

功能安全行业的迅猛发展一直持续到 2020 年。一方面，国内一些大型主机厂与"A、B、C、D"公司合作的自动驾驶产品接连失败，而特斯拉、蔚来、小鹏等汽车以功能体验为主导的辅助驾驶功能却取得了成功。这让越来越多的国内公司意识到，自动驾驶时代还相对遥远，但辅助驾驶的功能安全已经相对成熟。

另一方面，预期功能安全概念的兴起使越来越多的企业意识到：功能安全并不等同于安全，更重要的是提升产品性能和识别理想与现实之间的安全性能界限。预期与失望之间的巨大落差，让越来越多的企业和从业者陷入思维的漩涡。许多非自动驾驶领域的功能安全从业者希望转型到自动驾驶领域，而一部分在自动驾驶领域的功能安全从业者也面临着困惑和转型的思考。其他系统工程师和算法工程师对功能安全更多的是不理解和质疑。

在国内汽车功能安全行业处于迷茫状态时，一些为功能安全和汽车安全行业赋能的组织兴起。这些组织聚集了国家级智库、技术学术领域的领军人物以及行业内资深技术人员和从业者，汇集了一批有远见的人士。这些组织为整个行业的技术发展提供了研究、探索、交流和学习的平台。这些组织以技术为导向，对国内外的安全技术进行研究、学习和创新，成为推动中国汽车安全事业发展的中坚力量。

汽车功能安全标准化促进中心（汽车功能安全中心）设立了专项管理办公室、专家委员会、国际专家组等部门，面向国内外资深行业专家。该中心的目标是为国内汽车行业和相关工作提供标准性和准则性规范，并提供技术咨询和建议等支持。该中心的研究内容主要基于 ISO/PAS 8800《道路车辆　人工智能安全》、GB/T 34590《道路车辆　功能安全》和 GB/T 43267《道路车辆　预期功能安全》等标准，致力于自动驾驶安全和人工智能安全的研究。鉴于当前功能安全行业的现状，汽车功能安全中心目前主要关注国际标准 ISO/PAS 8800，并对其中的关键课题进行研究和讨论。其目的是迅速推动形成符合中国国情的国家标准，并在行业内推广，为企业的正向发展提供支持和参考。

目前，预期功能安全问题是智能网联汽车所面临的重大挑战，也是智能网联汽车研发和商业化的最大难题。在这样的背景下，中国智能网联汽车产业创新联盟智能网联汽车预期功能安全工作组于 2020 年 5 月 29 日成立，清华大学车辆与运载学院的李骏院士担任工作组组长。该工作组的目标是促进国内外预期功能安全相关方的协同工作和高效沟通，同时加速智能驾驶相关产品的快速应用和落地。工作组的使命是组织和协同推进中国智能网联汽车预期功能安全技术的研究、创新、发展、推广和应用。

2.2　发展历程

在介绍汽车功能安全的发展历程时，常提及从 IEC 61508 到 ISO 26262 的转变过程。从事工程领域的工作人员需注重理解学科的发展，以便在面对新问题或复杂问题时能够提供全面的解决方案。因此，本章将从系统安全学科领域转化为功能安全学科领域，以及 IEC 61508 到 ISO 26262 的演化这两个方面展开讨论，探讨汽车功能安全的发展历程。

首先是系统安全(system safety,SS)，系统安全是运用科学和工程技术手段，辨识、消除或控制系统中的危险源，包括系统危险源辨识、危险性评价和危险源控制等内容。也就是说，在系统初步设计阶段开始时，就要进行安全分析和危险控制活动，并在后续的生产、试验、使用和废弃处理阶段中持续进行。

第二次世界大战后，经济快速恢复，各种复杂工业系统逐渐建立。在这样的背景下，系统安全学科应运而生。在这个阶段，核能、石油化工、航空航天等领域纷纷开展相关研究，系统安全作为保障工程安全的一种独特方法在这些行业中逐渐兴起。

1950 年，美国在开发阿特拉斯导弹时，18 个月内就有 4 枚导弹在发射台测试时发生了爆炸事故。空军对这些事故进行了调查，发现大部分事故都是设计、生产和管理上的缺陷引起的。人们开始意识到从系统的角度看待安全问题的重要性。1967年,阿波罗1号发生了火灾事故,3名宇航员遇难。美国航空航天局委任通用电气公司和其他公司制定了系统安全政策和程序,这些政策和程序后来成为民航飞行安全的行为准则。杰罗姆·莱德勒先生被任命为美国航空航天局首席系统安全专家,他建立了一个更广泛的系统安全项目。从那时起,系统工程和系统安全逐渐发展起来(系统安全是系统工程的一个分支学科)。

实施系统安全需要进行两类活动:系统安全工程(system safety engineering,SSE)和系统安全管理(system safety management,SSM)。系统安全工程主要涉及工程技术开发,而系统安全管理则侧重于体系化运营管理。在系统安全的分析过程中,有几种常用的危险分析技术,包括失效模式与影响分析(failure mode and effect analysis,FMEA)、能量跟踪与屏障分析(energy track ban analysis,ETBA)、危险与可操作性分析(hazard and operability study,HAZOP)、故障树分析(fault tree analysis,FTA)、事件树分析(event tree analysis,ETA)和管理疏忽与危险树(management oversight and risk tree,MORT)。在美国航空航天领域代表着系统安全工程和管理标准的"MIL-STD-882E"和"DO-178C"是最早也是最成熟的标准。这些标准的持续应用和迭代可以追溯到20世纪60年代。

功能安全是系统安全学科的一个分支,最早的标准IEC 61508的制定也是系统安全经验积累的结果。IEC 61508是功能安全的母标准,衍生出了各个行业的功能安全标准(见图2-4)。提到汽车功能安全的发展史,就不得不提到IEC 61508。该标准于2000年5月由国际电工委员会正式发布,名为《电气/电子/可编程电子安全系统的功能安全》。IEC 61508定义的安全生命周期包含16个阶段,大致可分为3个部分:1~5阶段描述了分析过程,6~13阶段描述了实现过程,14~16阶段描述了运营过程。所有阶段都关注系统的功能安全。IEC 61508由7个部分组成,其中1~3部分为标准需求,4~7部分为开发过程的指导和示例。IEC 61508是针对由电气/电子/可编程电子部件构成的系统或起到安全作用的电气/电子/可编程电子系统而建立的评价方法,涵盖了整个安全生命周期。其目的是基于电子的安全系统提供一个一致且合理的技术方案,统一考虑单个系统(比如传感器、通信系统、控制装置、执行器等)中的元件和安全系统组合可能导致的安全问题。IEC 61508的核心是风险概念和安全功能。风险是指危害事件的发生频率(或可能性)以及事件后果的严重性。应用包括电气/电子/可编程电子系统等技术构成的安全功能能将风险降低到可以接受的水平。

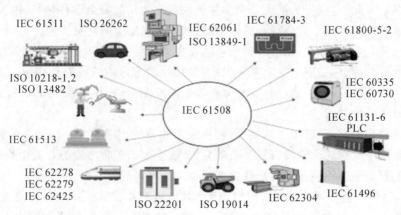

图2-4 由IEC 61580标准衍生出的其他功能安全标准

ISO 26262 是从 IEC 61508 派生出来的，主要针对汽车行业中的特定部件，如电气器件、电子设备、可编程电子器件等，是提高汽车电子电气产品功能安全的国际标准。它为汽车安全提供了一个生命周期（概念阶段、产品开发、生产、运行、维护和报废）的理念，并为这些生命周期阶段提供必要的支持。该标准覆盖了功能安全方面的整体开发过程，包括需求定义、设计、实施、集成、验证、确认等。第一版于 2011 年发布，第二版于 2018 年发布。

美国高速公路交通安全管理局在文章 *Assessment of Safety Standards for Automotive Electronic Control Systems* 中也对早期的系统安全标准和汽车功能安全标准进行了比较。从比较中可以看出，在技术的演进过程中，汽车功能安全在大系统安全理念中扩展出了汽车属性。

事实上，在 ISO 26262 发布之前，"功能安全"这个概念已经存在。随着计算机、集成电路等技术的发展，对电子/电气系统的安全和可靠性的要求也越来越高。

虽然 IEC 61508 适用范围较广，但并未引入汽车行业，直接将其应用于汽车领域存在很多局限性。主流的国内外 OEM 虽然在汽车功能安全的开发实践中有过探索和实践，但难以形成行业体系。

另外，随着计算机和集成电路技术的发展，不断涌现的汽车被动安全和主动安全系统在拯救无数生命的同时，也存在着因功能异常表现而对生命构成潜在威胁的风险（比如安全气囊的非预期起爆）。与此同时，在汽车智能化的浪潮下，汽车上的电子/电气系统也变得越来越复杂。汽车行业迫切需要一个适用于汽车电子/电气系统的通用安全评估体系和安全开发指南。在这样的背景下，ISO 26262 基于 IEC 61508 的理论框架衍生而来，并于 2011 年正式发布了第一版。它旨在为汽车安全生命周期的各个阶段提供功能安全方法的指导。自此以后，基于 ISO 26262 的系统指南使得汽车功能安全真正融入了国内外主流 OEM 的开发体系。

综上所述，20 世纪 60 年代经济的快速发展推动了大规模复杂系统的建设。同时，航空航天、石油化工等领域发生的相关安全事故引发了大家对系统安全的关注。在这两个背景的交织下，系统安全学科逐渐形成，建立了基本的系统安全工程和系统安全管理思维以及技术标准。工业功能安全在这一背景下逐步发展，并形成了基础性安全标准 IEC 61508，随后衍生出汽车功能安全标准 ISO 26262、铁路功能安全标准 EN 50128 等。我国也在不断推进汽车功能安全标准的实施，中国国家标准化管理委员会于 2017 年基于 ISO 26262 的框架体系发布了《道路车辆 功能安全》GB/T 34590 标准，该标准的发布对中国汽车行业中功能安全的落地起到了积极作用。

2.3 汽车功能安全发展方向

2.3.1 汽车功能安全与预期功能安全

近年来，随着电子/电气系统在汽车领域的广泛运用，电子/电气系统的功能安全在汽车安全中扮演着重要的角色。一些安全关键系统和安全相关功能，比如驾驶辅助系统、动力控制系统、主动安全系统和被动安全系统等，发生功能失效或异常时可能导致车祸，并对人身安全造成严重威胁。

随着自动驾驶系统复杂性的增加,硬件故障和系统失效的风险也在增加。如何将系统功能失效的风险降低到可接受的范围,从而减少安全问题引起的巨大损失,成为越来越多学术机构和汽车相关厂商关注的重要问题。

尽管国际标准 ISO 26262 为道路车辆提供了整个安全生命周期的指导,但其在自动驾驶汽车中的应用仍存在许多限制。因为除了需要避免由电控系统故障引起的安全风险外,还需要考虑电控系统在正常工作时的安全风险。例如,对于那些依靠传感器输入环境信号进行决策和控制的系统,如果传感器无法正确识别道路场景,处理算法可能会基于错误的信号做出危险的决策,从而引发安全风险。

美国加州交通管理局(DMV)统计的自动驾驶测试车辆的"脱离报告"提到,大多数脱离事件的原因包括:与车辆对环境的感知能力相关、与测试车辆的决策逻辑相关、测试车辆的车载软硬件故障、数据传输延迟、GPS(全球定位系统)定位丢失、与各类传感器的感知和协调功能相关、行人过多、交通标识不清晰,以及环境复杂度(天气、路面状况)超出自动驾驶测试车辆的能力等。可以看出,大多数自动驾驶模式脱离的原因并非系统、硬件或软件故障,而是与感知、定位、决策等功能的局限性有关,或者是外部突发事件导致执行系统响应不及时,这些都超出了功能安全的范畴。

2022 年 6 月,ISO 21448 标准正式发布,涵盖了自动驾驶汽车功能和系统的规格定义、风险识别和评估、预期功能安全需求开发、预期功能改进、验证和确认策略制定、产品预期功能安全发布方法和准则等。该标准还考虑了机器学习、路径规划、人机交互等对自动驾驶安全的影响,并提出了更多先进的测试方法来对上述各方面进行验证。预期功能安全问题将成为未来高级别自动驾驶安全性研究的重要方向。

目前可预见的自动驾驶系统功能局限包括:(1)对目标使用场景考虑不周全,导致系统无法准确识别环境要素;(2)道路条件、周边事物、环境天气等多种因素都可能干扰自动驾驶系统,导致系统在环境识别、驾驶决策和运动控制方面无法准确可靠;(3)功能仲裁逻辑不合理,导致系统做出错误的决策;(4)执行器响应能力不足,导致运动控制偏离预期;(5)V2X 预警交互信息传输不准确,导致自动驾驶汽车的交互通信出错;(6)人为可预见的系统误用等。

在企业工程实践中,功能安全和预期功能安全的开发活动可以在各个阶段(包括整车、系统、子系统、部件)协同进行。例如:在开发过程的早期,预期功能安全规范定义和设计可以与功能安全的相关项定义协同开展;识别和评估预期功能安全引起的危害可以与功能安全的危害分析与风险评估(HARA)协同进行;用于降低预期功能安全风险的功能修改可以与功能安全 V 模型的开发活动协同开展;在评估预期功能安全硬件和软件层面的性能局限和潜在触发条件时,功能安全的硬件和软件开发活动也可以协同进行;预期功能安全的验证和确认可与功能安全 V 模型的活动协同进行;预期功能安全的现场监控流程可以与功能安全中要求的现场监控流程协同开展。

随着 L2.x 及 Robotaxi、Robotruck(自动卡车)的普及,预期功能安全将成为智能网联汽车领域在未来 3~5 年里急需突破的技术方向。其中包括分析、测评、认证以及相关的工具链。

2.3.2 汽车功能安全与网络安全

随着网联化的不断发展，汽车从一个信息封闭的安全世界逐渐走向了一个信息相对开放的危险世界。自 2015 年吉普自由光遭受黑客入侵事件以来，汽车网络安全问题开始越来越多地引起汽车研发人员的关注，因此该年被称为"汽车网络安全元年"。

保护自动驾驶汽车免受黑客攻击是汽车制造商和服务提供商最关心的问题。一次广为人知的黑客入侵传统汽车的事件向公众证明了这种破坏是可能发生的。黑客甚至可以利用十几个入口进入传统汽车的电子系统(见图 2-5)，包括看似无害的入口，比如安全气囊、汽车照明系统和胎压监测系统(TPMS)。

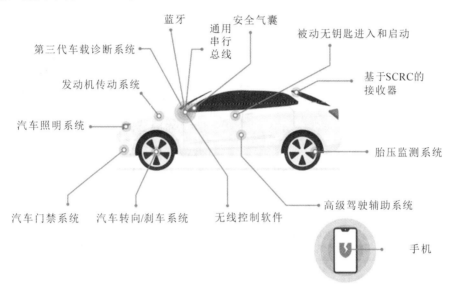

图 2-5 黑客攻击车辆的潜在入口

为了解决这些问题，国外 OEM 成立了汽车信息共享与分析中心(Auto-ISAC)。该中心于 2016 年发布了一套网络安全原则。交通运输部的自动驾驶汽车政策将 C-Auto-ISAC 指定为制造商与汽车行业的其他企业共享网络安全事件、威胁和违规报告的中央信息交换中心。除黑客外，许多合法实体人员也希望访问车辆数据，包括车辆和零部件制造商、提供技术和传感器的供应商、车主和乘客、城市规划者、保险公司、执法部门和急救人员(发生事故时)。与车辆数据收集有关的问题包括：车辆测试碰撞数据的存储方式以及访问权；数据所有权，即谁拥有车辆软件和计算机收集的大部分数据；消费者隐私，即消费者和车主对数据访问的透明度。

功能安全和网络安全是从不同的技术视角考虑的。前者旨在确保系统按照设计要求正常运行，尽量减少因系统设计问题而导致的功能失效，并尽可能保证功能的预期实施。而后者则主要关注外部攻击，更加注重系统在遭受外部攻击时能够进行抵御，保证系统正常运行，避免财产损失，且不会对个人的隐私和安全造成影响。功能安全与网络安全的开发要点对比如表 2-1 所示。(ASPICE，汽车软件过程改进及能力评定；CSMS，网络安全管理体系认证)

表 2-1 功能安全与网络安全的开发要点对比

项目	功能安全	网络安全
目的	功能安全的目的是分析潜在安全风险,在系统设计时建立安全机制,解决安全风险或降低由安全风险引起的危害	网络安全的目的是消除由攻击者引起的潜在威胁
风险评估	风险评估是基于危害事件发生的暴露率、可控度和严重度,最终消除风险或采用措施把风险控制在可以接受的范围内	风险评估识别的是威胁,威胁可能是故意的、有计划的攻击。威胁分析要从攻击者的角度去思考,考虑攻击者的知识领域、攻击意图,使网络安全得到保护,免受黑客的攻击
额外因素考量	/	攻击者获取的知识(私人途径或者公众途径);攻击者的经验水平;根据攻击者进入系统的途径,分析攻击者必备的特殊装备等
分析方法	故障树分析	攻击树分析(ATA)
静态代码分析	静态代码分析被用于帮助识别直接影响基础功能的程序错误	静态代码分析被用来识别代码中潜在的网络安全漏洞(从安全角度看,合法或者正确的代码可能仍然会有网络安全漏洞)
测试方法	故障注入测试	攻击(漏洞)测试或者渗透测试
流程要求	ASPICE+ISO 26262	ASPICE+CSMS

2.3.3 软件定义汽车

确保安全驾驶是自动驾驶汽车成功的关键。在向公众开放之前,自动驾驶汽车必须经过大量的培训和测试,以确保不会对乘客或其他交通对象(比如行人、骑自行车的人、车辆等)造成危害。在实际推出之前,全面测试是必要的。由于自动驾驶汽车受软件控制,软件也必须经过培训,以保证其在任何情况或条件下都能表现良好。在开发自动驾驶汽车软件时,需要考虑以下几点。

(1) 基础设施。自动驾驶汽车必须在现有的基础设施内运行,而大多数道路和交通基础设施都是为人类设计的,要让软件轻松适应现有的道路基础设施是一项具有挑战性的任务。

(2) 交通状况。实时交通状况难以预测,软件几乎不可能适应所有的交通状况。然而,基于人工智能的算法应该能够随着时间和经验的积累而自我学习,以便更好地适应各种交通情况。

(3) 天气状况。天气状况会影响自动驾驶汽车的驾驶能力。在恶劣天气下,各种传感器和摄像头的输入信息可能会受损,道路信息可能会被隐藏。在开发自动驾驶汽车导航系统时,需要考虑各种天气状况,并在不同天气状况下对其进行训练和测试。

(4) 软件安全。自动驾驶汽车完全依赖于软件,而软件可能受到黑客攻击或计算机病毒感染。计算机病毒可能导致意外故障,尤其是在车辆高速行驶时。因此,为了确保安全驾驶,软件需要保持安全,防止未经授权的访问和病毒感染。

在过去几年中,智能手机和计算机行业的标准化硬件逐渐接近物理极限,推动了这些行业从以硬件升级为主导的产品创新转向由软件开发和迭代带来的硬件设计更新和升级。然而,与智能手机和计算机行业相比,汽车产业具有其特殊性。无论是从硬件的标准化程度还是车辆的技术特点差异来说,汽车产业都尚未具备完全复制智能手机和计算机行业规律的客观条件。尽管如此,随着硬件标准化的推进和技术差异的减小,汽车产业也可能经历类似的转型过程。

无论是受制于客观因素,比如受限于生产工艺水平或材料物理特性,还是由于主观因素——消费者对应用软件带来的创新体验需求日益增强,汽车产业都在寻求通过软件技术来进行变革和发展的方法,以赋予硬件技术更多的软件价值和特色。

在这个背景下,"软件定义汽车"的概念开始在汽车产业中流行起来。特斯拉被认为是这一趋势最典型的实践者,他们通过面向消费者的OTA服务、自动驾驶套餐和围绕软件的差异化营销,以及灵活的软硬件开发架构和中央计算平台等,成为业界研究和讨论的焦点。结合特斯拉的创新案例,软件定义汽车给行业带来了两个显著冲击:首先,软硬件解耦使得汽车的物理开发和数字开发可以同时进行,但更多的差异化是由软件来定义;其次,实现了软件商品化,无论是通过每月软件更新带来的性能提升和新功能,还是类似SaaS(软件运营服务)的订阅收费,特斯拉所代表的新商业模式都尽可能延长了汽车的生命周期和价值周期。

一部分意识超前的主机厂已经开始战略转型,加快软件能力的建设;而一部分企业出于资金投入、内部转型难度等多方面的考虑,对向软件转型持谨慎乐观态度。为此,本章试图帮助车企厘清软件定义汽车的由来、发展背后的推动力、对行业带去的各类变化、转型的阻力、新涌现的行业机会等,并根据各产业链上利益主体所处的行业位置、能力构成,提供了几种可行的应对模式和转型路径。

自2018年开始,全球汽车产业开始探讨软件定义汽车的概念。2019年,大众汽车的时任首席执行官赫伯特·迪斯提出大众将成为一家由软件驱动的公司,这正式标志了汽车产业向软件转型的开始。自那时起,市场对于软件定义汽车有各种解释,包括集中在整车OTA系统的建设和自研操作系统,以及对电子/电气架构和基础软件平台的详细拆解。

首先,软件和汽车电子在整车研发成本中的比重逐步提高,车内软件和电子硬件的价值有望超过其他硬件,成为整车价值的核心。根据预测,到2030年,软件成本在整车物料清单成本中所占的比重将从目前不到10%增长到50%。需要指出的是,这里的软件不仅包括应用程序开发,还包括AI算法、操作系统以及高度集成的控制器、芯片等电子硬件。

其次,软件和软件更新带来的性能和功能变化将决定未来汽车的差异性。软件的更新和维护是主机厂提供差异化体验和提升客户满意度最经济、最便捷的方式。前提是硬件提供冗余,然后通过软件实现迭代。

最后,包括主机厂和零部件企业在内的整个产业链上的企业将加强软件能力建设,并围绕软件定义汽车展开内部变革,涉及产品开发模式、组织架构、人员构成和运营体系等方面。此外,新兴的软件公司将利用软硬件协同能力,兼容产业链上下各方的需求,成为汽车产业链上新一级的供应商。

汽车的"新四化"离不开软件和算法。随着新四化的深入发展,汽车正加速从机械设备向高度数字化、信息化的智能终端转变。从监测控制电动车电池组温度,到运行中控屏上的应用程序,再到人机交互体验和自动驾驶汽车对周围物体的探测与分类等功能的实现,都离不开软件开发和算法构建。以自动驾驶汽车为例,它是一个高度集成的软硬件终端,软件可以被看作是自动驾驶汽车的"大脑",它让各类传感器硬件收集的信息变得有意义,通过分析这些信息,帮助车辆做出最优的驾驶决策。随着更高级别(L3级及以上)自动驾驶的复杂性的显著增加,机器学习算法和深度神经网络模型等的重要性也更加突出。从市场实践来看,不仅高科技和互联网的跨界竞争者深入汽车产业,传统主机厂也在跨越"边界"来布局"颠覆性业务"。随着人工智能、5G、虚拟现实、云计算、元宇宙等颠覆性技术的快速发展,汽车产业正在经历近半个世纪以来最激烈的产业变革,消费者要求获得跨各智能终端的统一数字体验,而汽车则成为延伸手机等移动体验的一部分。科技、互联网等非传统汽车企业强势进入,将汽车产业推向新的竞争赛道。

中国拥有全球最高的智能手机渗透率,达到了近60%。随着硬件性能的过剩,智能手机的竞争也逐渐转向了对软件生态的丰富性、前沿技术的创新应用以及对用户价值的深度挖掘。近几年来,我们可以看到手机厂商对车机端的加速渗透以及汽车制造商对智能、互联、人机交互的研发投入。这表明消费者在智能手机上的用户体验和使用偏好已延伸至车载环境,这意味着手机端的竞争发力点也将复制到车机端。

硬件加速"商品化",软件才能实现更高附加值。汽车产业正像智能手机等其他硬件制造产业一样经历着"硬件商品化"的过程。这意味着硬件所能实现的差异性越来越小,硬件销售的利润也越来越低。在这种情况下,那些依赖于内燃机业务的全球零部件巨头公司的股价在过去三年下跌了约3成。然而,与此同时,软件和服务在产业链中的重要性愈发凸显。自动驾驶全栈道软件企业、高精地图厂商、AI芯片等半导体硬件企业在资本市场上掀起了一阵热潮。根据不完全统计,2016—2019年间,全球自动驾驶企业进行了374起投融资,吸引了234亿美元的融资额。

根据麦肯锡咨询公司的测算,到2030年,车企软件驱动收入占比将从2010年的7%增长到30%。对车企来说,售卖智能驾驶相关软件将成为新的盈利增长点。从整车厂的工程师结构来看,软件的地位日益重要。根据罗兰贝格、德国工程师协会等机构披露的数据,以德国车企为例,2017—2018年汽车软件工程师规模增长了56%,而机械工程师规模下降了21%。随着软件占比的增加,软件的开发安全性和运营安全性成为需要重点解决的问题。

机器学习是对算法和统计模型的科学研究,计算机系统利用这些算法和统计模型执行特定任务时,不需要明确的指令,而是依靠模式和推理。它被视为人工智能的子集。在自动驾驶领域,机器学习广泛应用于物体检测。相对于软件代码的白盒分析和测试,神经网络的中间过程对于安全工程师来说是个黑盒,难以理解,这给代码级安全分析和测试带来了很大困难。此外,神经网络输出的结果为百分比(例如80%),在安全分析中缺乏严谨性。

随着自动驾驶技术的发展,Linux在操作系统中占据重要地位。Linux是一款开源的操作系统,由于其为宏内核架构,因此驱动、内存分配和调度都由内核完成。对于汽车电子开发者而言,如果无法完成安全分析中的控制流和数据流分析等程序,就很难进行验证测试。目前,针对 Linux 的车载应用存在两个方向,一个是 Linux 的车规化及安全性优化,另一个是 QNX(quick nuix,嵌入式实时操作系统)。

国际标准化组织道路车辆委员会电气、电子部及通用系统分析技术委员会(ISO/TC22/SC32)的专家们显然也意识到了这个问题,于是开展了多个方面的研究。在软件方面,ISO PAS 8926(*Functional safety-qualification of pre-existing software products for safety-related applications*)用于有软件产品的审核评估。在 AI 方面,ISO PAS 8800(*Road vehicles-safety and artificial intelligence*)用来解决汽车引入的 AI 算法的安全性。

对于操作系统,目前还处在持续解决阶段,有 AUTOSAR(automotive open system architecture,汽车开放系统架构)的混合兼顾方向、AGL(automotive grade linux)/ELISA (linux in safety applications)系统的改良方向,还有 QNX 方向等,相信多操作系统共存及多技术方向的安全性研究依旧会占据主流。其中,AUTOSAR 是目前应用范围最广的车载电子系统标准规范,由全球汽车制造商、零部件供应商以及各种研究、服务机构共同参与制定,并建立了一个开放的汽车控制器标准软件架构,规范了车载操作系统标准与 API(application programming interface,应用程序接口)。

软件是推动网联化、自动化、电动化和共享化发展的最底层逻辑。网联化需要支持软件 OTA、网联应用、云端互联和基础设施通信,从而对车辆和用户的实时数据进行收集、传输和分析。

2.3.4 数字化汽车功能安全

在数字化时代,计算机将我们生活中的信息转化为 0 和 1 的同时,也将数字技术推广到人类生活的各个领域。尤其在传媒领域,通过计算机的存储、处理和传播,信息得到了最快速度的推广和传播,数字技术已经成为当代各类传媒的核心和普遍技术。

数字化时代的关键特征是"数据驱动决策",在工业化技术中,数字化诊断和数字化控制进一步发展。作为汽车领域的新兴技术管理领域,功能安全在技术应用和体系化管理上的数据化进程相对较慢。

在技术领域,国际标准化组织也在进行相关研究,例如 ISO/TR 9839(*Road vehicles-application of predictive maintenance to hardware with* ISO 26262-5)是一项利用数字化手段解决硬件失效预测的标准。在管理方面,相信汽车功能安全领域将出现更多数字化工具来支持运营管理,涵盖供应链上下游和产品开发的全过程。

2.3.5 全方位体系融合

新四化技术直接引入了功能安全、网络安全和预期功能安全等相关风险。如何有效地将安全体系与企业的产品开发、运营管理和质量管理体系有机结合起来,是一个重要的挑战。另一个挑战在于售后的安全响应和建立"安全运营"体系。

除了与安全体系的融合,新四化技术与产品开发流程(GVDP/APQP)、软件质量体系(ASPICE/CMMI)、质量管理体系(IATF 16949)、信息安全相关体系(ISO 27001/TISAX)等的结合也非常重要。总的来说,智能网联的快速发展引入了新技术,对安全性提出了更高的要求。对从事汽车功能安全工作的人员来说,这是一个全面利好的趋势。未来汽车功能安全的主要发展方向包括新的技术方向和新业务所带来的新体系。

2.4 ISO 26262 概述

如图 2-6 和表 2-2 所示,ISO 26262 共分为 12 个部分。第 1 部分对专有特定词汇进行了

图 2-6 ISO 26262《道路车辆功能安全》标准框架

定义,确保在后续内容中使用统一的术语。第 2 部分详细阐述了功能安全管理的核心内容。为了符合 ISO 26262 标准,实现汽车功能安全,要求我们采取一种结构化和系统化的工作方法。我们必须确保开发流程不仅被明确定义,而且还要能够被有效地执行。在这个过程中,安全经理扮演着核心角色,他们负责策划和监督所有安全相关的活动。此外,安全经理还需要编制一份关键文档——安全案例。这份文档详细记录了判定系统为安全系统的依据。安全案例是确保我们的产品达到最高安全标准的基石。

表 2-2 ISO 26262 列表

序号	英文名称	中文名称
1	vocabulary	术语
2	management of functional safety	功能安全管理
3	concept phase	概念阶段
4	product development at the system level	产品开发:系统级
5	product development at the hardware level	产品开发:硬件级
6	product development at the software level	产品开发:软件级
7	production, operation, service and decommissioning	生产、运行、维护和报废
8	supporting processes	支持过程
9	automotive safety integrity level(ASIL)-oriented and safety-oriented analyses	以汽车安全完整性等级为导向和以安全为导向的分析
10	guidelines on ISO 26262	ISO 26262 指南
11	guidelines on application of ISO 26262 to semiconductors	ISO 26262 半导体应用指南
12	adaptation of ISO 26262 for motorcycles	适用于摩托车的 ISO 26262

通过 ISO 26262 的规范要求,开发团队可以以一种有条理且可控的方式来处理功能安全问题。定义专有术语和建立安全案例等方法有助于确保团队成员之间的顺畅沟通,同时也提供了一种有据可依的方法来验证系统的安全性。这种系统化的工作流程可以帮助开发者更好地规划和管理功能安全,确保系统在设计和实施过程中符合标准要求。

ISO 26262 的第 3~7 部分提供了关于智能汽车功能安全的指导,涵盖了从早期概念阶段到报废阶段的整个生命周期,这些部分的结构采用了系统开发生命周期的 V 模型。第 3 部分为概念阶段,是车辆和功能开发的早期阶段,通常由汽车制造商执行。该阶段会定义项目的范围,并进行危害分析与风险评估等真正的功能安全活动。通过危害分析与风险评估,开发者会评估与人类生命相关的风险。如果项目存在与该风险相关的缺陷,就会为产品定义一组被称为"安全目标"的目标,这些目标涉及需要满足的更高级别安全要求。根据风险级别,产品被划分为 ASIL A、ASIL B、ASIL C 和 ASIL D 的汽车安全完整性等级。例如,对于自适应巡航控制等项目,通常被划分为 ASIL D;而对于电子车窗升降机等项目,可能存在夹伤手指的风险,因此可能被划分为 ASIL A。确定的汽车安全完整性等级将伴随产品的整个生命周期。因此,项目大部分必要的安全活动都取决于指定的 ASIL。安全目标在开发过程中必须作为一个重要方面加以考虑。在车辆层面，操作人员必须根据安全目标来开发功能安全概念和功能安全需求。

功能安全概念的作用是描述在检测到故障情况时的应对原理。例如，一旦安全系统检测到安全气囊不再正常工作，应立即将其停用。当汽车制造商开发出功能安全概念，各种供应商就开始参与下一个级别的系统开发。通常，供应商会为其责任领域创建技术安全概念，并确定技术安全需求。安全机制被放置在适当的位置以实现这些安全需求，通常涉及硬件错误检测、软件响应确定和硬件执行响应的交互，例如断开电路。ISO 26262 的第 5~6 部分详细说明了涉及工程领域硬件和软件开发的功能安全需求。ISO 26262 包含许多需求和方法，这些需求和方法对系统、硬件和软件层面的开发过程产生影响。在开发过程中，必须进行安全分析，以准确了解故障的原因和影响。ISO 26262 的第 7 部分涵盖了生产、运行、维护和报废过程。该部分通常应用于电子设备的安全生产和安装检查，要求维修过程在车间内进行时不能构成安全风险。ISO 26262 要求对现场观察过程进行相应规划，以确保对有缺陷的零部件进行检查，从而确定是否存在与安全概念偏差相关的问题。

ISO 26262 的第 8 部分被命名为支持过程。实际上，这部分内容涉及许多不同的主题，而这些主题在生命周期的各个阶段都必须予以考虑。例如，配置管理类似于 ASPICE 标准中的要求。ISO 26262 第 9 部分主要为以汽车安全完整性等级为导向的安全分析。ISO 26262 的第 10 部分提供了一些解释，有助于更好地理解标准，尽管该部分仅供参考，但非常有帮助。第 11 部分详细介绍了半导体和微控制器在相关安全系统中的使用。最后，第 12 部分是专门为摩托车增设的，其中包含了如何以适用于摩托车的方式进行危害分析与风险评估的方法。

根据汽车安全完整性等级的不同，开发步骤和工作也会有所变化。首先根据危害分析与风险评估的结果确定汽车安全完整性等级；其次根据安全目标开发功能安全概念和功能安全需求，这些概念和需求描述了如何检测故障以及减轻故障影响的方法；然后在各个层面上实施和测试这些功能，每个相关公司都必须根据其在车辆系统硬件或软件层面上的责任做出贡献；接着进行安全分析，以了解故障的原因和影响；而后指定专人确认重要开发活动的结果；紧接着在安全案例中提供安全论证；然后采取适当措施确保车辆在整个安全生命周期中能实现功能安全；最后得出一个结论——没有安全管理就没有功能安全。

本章讨论的是公路车辆中的软件，即各种控制单元、传感器和执行器中的所有软件。功能安全意味着该软件有助于车辆的安全，并且不会对安全构成威胁。讨论的前提是该软件必须符合其设定的规范，没有错误。这就是功能安全和国际标准 ISO 26262 的内容。然而，我们并没有讨论该软件的规范本身是否足够安全，这属于另一个话题，即预期功能安全，将在本书的第 6 章涉及。

在宣传自动驾驶技术时，车辆制造商曾暗示驾驶员可以在驾驶时阅读报纸。然而，根据规范，软件无法区分停在路上的拖车和干净蓝天下的道路。尽管软件在功能安全方面可能是正确的，但在实际功能方面却可能不尽如人意。因此，在开发安全相关软件时需要考虑到 ISO 26262 的第 6 部分。首先，我们必须指出道路安全不仅取决于要遵守交通规则，而且如果车辆本身的行为不当，也会对人的生命构成威胁。例如，如果一辆汽车在没有人踩下加速踏板的情况下加速不当，这将使车辆变得越来越危险。随着自动驾驶技术的进一步发展，车辆中的软件对车辆行为的决定程度也越来越大。因此，汽车、卡车或摩托车的安全性越来越依赖于无错误的软件开发。这一结论证明了开发车辆软件与开发其他应用程序的软件必须有所不同。如果软件因为忙于清理内存而无法响应驾驶员的制动请求，这是完全不可接受的。现在，我们需要思考如何实现无错误的软件开发。

在回答这个问题时，我们需要考虑两个额外的要点。首先，软件与电子元件或存储介质不同，它不会无缘无故地出现故障。如果软件未能按照预期功能运行，这就构成了系统故障，可能的情况包括：软件在未通过所有必要测试的情况下被发布；或者算法分配给检测危险交通情况的计算时间过长，导致无法避免即将发生的碰撞；还有可能是控制单元的状态转换未被明确规定，使得软件编程变得依赖运气。为了防止这些情况发生，软件开发必须采用最新且复杂的流程。因此，软件错误应该在系统开发阶段被预防，而不是在事后进行修正。预防措施虽重要，但无法保证完全避免意外情况的发生。因此，我们需要通过容错机制来应对故障。例如，校验可以用于验证消息或存储区的完整性，或者检查软件输入功能的允许值范围。在安全微控制器上运行的软件可以监控另一微控制器上应用软件的正确执行。一旦检测到错误，在安全微控制器上运行的软件必须能够将系统和车辆置于预定义的安全状态。这些原则构成了汽车应用软件开发 ISO 26262 标准第 6 部分的基础。

目前，整车厂广泛采用 V 模型进行软件开发，这是 ASPICE 标准体系的基础。V 模型将软件开发的技术要求、需求分析、开发和测试阶段按 V 形结构排列，从整体到架构层，再到系统层和功能层进行需求分析，随后开始开发，开发完成后再逐层进行功能测试、系统测试、整车测试认证以及系统集成。通过这一模型，整车厂可以逐步深入地分析需求，在开发后再从底层向上进行层层验证测试，满足大型复杂系统和软件管理的需要。此模型在欧美车企中得到了广泛应用。自 ASPICE 标准在 2005 年发布以来，越来越多的整车厂不仅在内部研发部门使用这一模型，还要求一级供应商在软件交付时也采用 V 模型并符合 ASPICE 标准。

然而，传统的 V 模型软件开发过程过于复杂庞大，在面对灵活多变的客户需求时显得冗长拖沓。随着中央计算架构的不断发展和 OTA 的普及，终端功能应用越来越多，整车厂需要快速迭代软件版本，以满足客户需求并保持竞争优势。一个完整的 V 模型开发过程通常需要 12~18 个月的时间，而在 V 模型下进行软件更新也需要 3~6 个月，这显然难以满足客户需求。因此，整车厂开始引入敏捷开发模型，希望在部分需要快速迭代的软件功能开发上实现对客户需求的快速响应。

敏捷开发是一种闭环开发流程模型，涵盖从规划、代码编写、编译打包、测试、发布、部署到反馈、调整和持续改进的各个环节。该模型的特点在于以客户为中心，持续获得反馈，并分布式渐进式地逐步改进调整，不像 V 模型那样每次都统一处理所有需求，因此软件开发及版本迭代的时间大幅缩短。V 模型和敏捷开发模型在软件特性、开发时间、灵活度以及对客户需求的响应速度上存在差异。例如，敏捷开发模型更多用于智能驾驶舱、互联网等相关应用，而动力总成和电池等仍需要依照 V 模型进行开发，具体功能则可通过敏捷开发模型进行迭代。

对于软件开发，必须遵循 ISO 26262 中定义的参考模型，该模型采用了一个类似于 ASPICE 标准中定义的模型，但重点是针对汽车功能安全的调整。在功能安全方面，软件开发基于技术安全概念，其对软件的技术安全需求显示在左上角。开发的软件需要进入系统级的集成和测试阶段，所以实现功能安全需求的软件开发过程符合 ISO 26262 的要求是前提条件。软件开发需要按照适当的文件化过程进行，并且对该过程的信任和应用必须符合 ISO 26262

的要求。软件开发需要一个适当的开发环境,与非汽车应用程序开发没有太大差异,必须遵循编码和建模指南,ISO 26262列出了一些具体的标准。当前存在一个问题,即敏捷开发模型的软件开发和功能安全是否兼容,答案是肯定的,但前提是要考虑许多因素。其中ISO 26262要求提供一些文件,特别是与安全案例相关的文件。因此,在汽车功能安全的软件开发过程中,可以采用敏捷开发模型,但需要在敏捷开发过程中纳入必要的文件化和安全控制措施,以确保软件的功能安全性。

为了在软件中实现技术安全需求,必须将其详细描述为高质量的软件安全需求。这些需求包括操作系统基本软件和应用软件的自测和监控功能,牵涉对安全相关硬件故障的检测、指示和控制的要求。另外必须撰写明确的规定,阐述在发生故障时应何时以及如何实现和维持安全状态,或定义如何实现降级状态,以及容错的要求、测试算法的运行频率、运行时错误反应的实施速度。此外,软件开发还必须考虑硬件接口规范。

软件架构必须实现所有功能需求以及安全机制。这涉及预期功能和软件安全需求,在电子控制单元中,实际功能和安全特性是紧密相连的,通常无法分开。因此,ISO 26262的要求在很大程度上与该阶段的ASPICE重叠。在进行安全分析时,需要理解故障之间的相关性。若试图使用不同的汽车安全完整性等级实现软件的各个部分,就必须有充分的理由来解释为什么使用较低标准实现的软件(即更危险的软件)不会危及其他更关键的软件。这被称为不受干扰性分析,该分析必须考虑运行时的行为、内存区域和消息流量。最终,所有这些分析都是为了完善软件设计。

此外,必须进行安全分析,以了解软件组件之间的依赖关系并验证软件设计。在下一个阶段,同样需要进行与其他软件开发过程非常相似的工作。例如,根据ASPICE的要求,需要进行软件单元设计,同时这也可以作为基于软件模型的开发应用模型。ISO 26262还提供了适用于此的指南和标准。软件集成和测试必须详细说明,并根据适当的方法成功执行。同时,必须测量测试覆盖率,以了解测试的完整性,确保测试目标的合理性。

ISO 26262要求采用多种方法来开发测试用例,并根据汽车安全完整性等级执行特定类型的测试,以满足功能安全方面的不同期望。具体到功能安全,必须测量代码覆盖率,以证明测试已经充分且密集地执行。在下一个阶段,涉及所有进一步的集成和测试环节,直到软件完全集成。这个阶段的主题与软件单元级别的主题相同,需要确认安全机制是否已实施,是否存在非预期的软件行为,并确保有足够的资源。

测试用例和测试也需要采用系统化的方法,并且需要测量测试覆盖率。与传统的软件开发不同,功能安全开发中有一个独立的条款,要求开发的嵌入式软件必须满足目标硬件的软件安全需求,并要求在不同的环境中进行测试:首先在模拟环境中与软件一起测试硬件,即硬件在环(hardware-in-the-loop,HIL)测试,然后在真实的电子控制单元网络中进行测试,最终在原型车中进行测试。

前面讨论了汽车功能安全软件开发的具体期望,总结了以下9个关注点。

(1)随着软件在车辆中所占比例的增加以及自动驾驶技术的进一步发展,车辆的安全性越来越依赖于无错误的软件。

(2)必须通过系统开发来避免软件中的错误。

(3)故障发生的可能性必须通过容错机制来应对。

（4）软件开发过程适应 ISO 26262 的内容和要求。
（5）系统级的技术安全需求必须细化为高质量的软件安全需求。
（6）软件架构必须实现所有功能需求和安全机制。
（7）必须进行安全分析，以了解软件组件之间的依赖关系并验证软件设计。
（8）必须使用多种方法进行软件集成和测试。当然，在最终软件版本发布之前必须成功完成测试。
（9）必须测量测试覆盖率，以评估测试的完整性，并证明已实现测试目标的合理性。

2.5 术语

作为应用最广泛的汽车功能安全国际标准，ISO 26262 在很大程度上决定了汽车产品的设计、开发、集成和安全验证的方式。ISO 26262 实际上是对通用标准 IEC 61508 的改编，因此对功能安全采用了类似的基于风险的评估方法。该标准要求评估任何危险情况的风险，并要求其用户计划、记录和采取安全措施，帮助避免、检测、控制或减轻系统和随机硬件故障的影响。ISO 26262 规定了一套术语和定义，以消除功能安全管理中的歧义。表 2-3 所示为该标准中常见的一些术语及定义。

表 2-3 ISO 26262 常见术语及定义

术　　语	定　　义
架构（architecture）	代表相关项/功能/系统/元件的构造块及构造块的边界和接口，且相关的功能已经分配给了硬件/软件元件
汽车安全完整性等级（automotive safety integrity level，ASIL）	A、B、C、D 四个等级中的一个等级，规定了相关项/元件的 ISO 26262 要求和安全目标，以避免不合理风险；其中，D 代表最严格等级，A 代表最不严格等级
ASIL 能力（ASIL capability）	相关项/元件支持某个 ASIL 的系统开发的能力，包括实施的符合分配给相关项的随机硬件故障指标
ASIL 分解（ASIL decomposition）	将冗余的安全需求分摊给那些足够独立的元件，以降低这些独立元件的冗余安全需求的 ASIL
评估（assessment）	判断相关项/元素的特性是否达到 ISO 26262 目标
审计（audit）	与过程目标有关的已实施过程的检查
有效性（availability）	假设所需的外部资源可用，在特定条件、特定时间或时期内，产品处于正在执行所需功能的状态的能力
基失效率（base failure rate，BFR）	给定应用用例中元件的失效率，用作安全输入分析
基车辆（base vehicle）	安装车身前 OEM 的车辆配置

续表

术　语	定　义
基线（baseline）	正处于配置管理中的某个或多个工作产品/相关项/元件的一个版本，并作为变更管理的一个基础被用于进一步开发
车体建构（body builder，BB）	基车辆附加卡车/公共汽车/拖车/半拖车等结构
车体建构设备（body builder equipment）	安装在基车辆上的机器、车身或货物托架
分支覆盖率（branch coverage）	已执行的控制流分支占比
公共汽车（bus）	设计和配置用于运载人员和行李的机动车，包括驾驶座有九个以上的座位
标定数据（calibration data）	在开发过程中进行软件构建后作为软件可调校的参数数据
候选（candidate）	相关项/元件，其定义和使用条件与已交付运行的相关项/元件相同或高度一致
级联失效（cascading failure）	一相关项的元件失效引起同一相关项或不同相关项中的另一个或多个元件的失效（级联失效是可能导致共因失效的相关失效）
共因失效（common cause failure，CCF）	引起两个或多个元件失效的单一特定事件或元件的失效
共模失效（common mode failure，CMF）	某元件失效时导致多个元件以相同模式失效
组件（component）	由超过一个硬件部件/一个或多个软件单元组成的在逻辑上或技术上可分割的非系统级元件
配置数据（configuration data）	在元件构建期间分配的、控制元件构建过程的数据
确认评审（confirmation review）	确认工作产品提供了足够和令人信服的证据，符合ISO 26262相应功能安全目标和要求
可控性（controllability）	通过相关人员的及时反应，避免特定伤害或损害的能力，该能力可能需要外部措施的支持
耦合因子（coupling factor）	元件的共同特征或关系（导致元件失效的相关性）
专用措施（dedicated measure）	确保在评估违反安全目标概率时要求的失效率的措施
降级（degradation）	功能/性能降低的相关项/元件的状态或过渡状态

续表

术 语	定 义
相关失效 (dependent failure)	同时或者是相继发生的失效概率不能表示为每个失效独立发生概率的简单乘积的失效(相关失效包含级联失效和共因失效)
相关失效诱因 (dependent failure initiator,DFI)	耦合因子导致多个元件失效的单一根本原因
可探测故障(detected fault)	在规定时间内,由防止潜伏故障发生的安全机制探测到的故障
开发接口协议 (development interface agreement,DIA)	客户与供应商之间的协议,规定了在相关项/元件开发中各方交换活动、评审证据或工作成果的责任
诊断覆盖率 (diagnostic coverage,DC)	由已实现的安全机制检测或控制的硬件元件在某种失效模式下的失效率(硬件元件失效率)
诊断点(diagnostic point)	某元件的可观测的故障检出点或纠正点的输出信号
诊断测试时间间隔 (diagnostic test time interval)	安全机制执行诊断测试的时间间隔,包括在线诊断测试执行的时间
分布式开发 (distributed development)	在客户和供应商之间为整个相关项/元件/子系统划分开发责任,进行相关项/元件的开发工作
多样性(diversity)	满足相同需求的不同解决方案,目标是实现独立性
双点失效(dual-point failure)	两个独立硬件故障共同引起的,且直接导致违背安全目标的失效
双点故障(dual-point fault)	两个独立硬件故障共同导致双点失效的故障
电子/电气系统(E/E system)	由电子或电气元件组成的系统,包括可编程的电子元件
元件(element)	系统,组件(硬件或软件),硬件部件,软件单元
嵌入式软件(embedded software)	处理器上可执行的完全集成的软件
应急操作(emergency operation)	为某相关项在故障响应阶段后转变到安全状态期间提供安全保障的运行模式
应急操作间隔(emergency operation time interval,EOTI)	保持应急操作这一运行模式的时间跨度
应急操作间隔容差(emergency operation tolerance time interval,EOTTI)	没有不合理风险的紧急情况下,应急操作可以保持的指定的时间跨度,是应急操作间隔的最大值
错误(error)	计算、观察或测量的值或条件,与真实、规定或理论上正确的值或条件之间的差异
专家骑手(expert rider)	能够基于摩托车实际运行过程评估可控性的专家角色

续表

术　语	定　义
暴露度(exposure)	处在有危害(与分析的失效模式一致)的运行条件的状态
外部措施(external measure)	区别于某相关项,但是又可以降低或减轻该相关项风险的措施
失效(failure)	指相关项/元件需执行的功能/行为因故障终结
失效模式(failure mode)	相关项/元件失效的方式
失效率(failure rate)	元件失效的概率
故障(fault)	可能导致系统或功能失效的异常条件
故障检测时间间隔(fault detection time interval,FDTI)	从故障发生到检测到故障的时间跨度
故障处理时间间隔(fault handling time interval,FHTI)	故障检测时间间隔与故障响应时间间隔之和
故障注入(fault injection)	注入故障、错误或失效,以观测评估该相关项/元件内故障影响的方法
故障模式(fault mode)	故障引起的失效模式的表现方式
故障响应时间间隔(fault reaction time interval,FRTI)	从检测出故障到安全状态的时间跨度
故障容错时间间隔(fault tolerant time interval,FTTI)	在安全机制未被激活的情况下,从相关项中故障出现到危害事件发生的最短时间跨度
现场数据(field data)	从相关项/元件使用过程中获得的数据,包括累计运行时间、所有失效和运行中的安全异常记录
功能安全(functional safety)	不存在电子/电气系统故障引起的危害(不合理风险)
功能安全需求(functional safety requirement)	独立实施的安全行为规范或安全措施(包括安全相关属性)
危害分析与风险评估(hazard analysis and risk assessment,HARA)	用来对相关项危害事件进行识别和分类的方法,规定安全目标和 ASIL(预防或减轻相关危害),以避免不合理风险
独立失效(independent failure)	同时或连续失效发生的概率可以表示为其无条件概率的简单乘积
潜伏故障(latent fault)	不易被安全机制检测到且在故障检测时间间隔内不易被驾驶员察觉到的多点故障
改进的条件/决策覆盖(modified condition/decision coverage,MC/DC)	控制流执行中所有单独影响决策结果的单一条件集合所占的百分比

续表

术 语	定 义
多点失效(multiple-point failure)	多个独立硬件故障共同造成的失效,且该失效的发生直接导致违背相应安全目标
多点故障(multiple-point fault)	某个独立的硬件故障与其他独立硬件故障一起发生,导致一个多点失效的发生
随机硬件失效(random hardware failure)	硬件在生命周期内会发生不可预测的、符合概率分布的失效
冗余(redundancy)	某个元件拥有足够的手段来执行所需功能或表示信息之外,还拥有附加的手段能实现同样的功能和表示信息
残余故障(residual fault)	随机硬件故障的一部分,该部分故障没有被安全机制覆盖,但是这部分故障可导致硬件违反安全目标
系统性失效(systematic failure)	某种原因导致的失效以确定的方式发生,且该失效只能通过改变设计或制造工艺、操作程序、文件或其他相关因素来消除
系统性故障(systematic fault)	以确定的方式表现出失效的故障,且该故障只能通过运用流程或设计措施加以预防

2.6 概念阶段设计

ISO 26262 定义了一个汽车安全生命周期,包括汽车产品的概念阶段、产品开发、生产、运行、维护和报废。其基于风险的概念帮助用户确定汽车安全完整性等级,这反过来又定义了 ISO 26262 中可适用的部分。除了规定有助于避免不合理的(不可接受的)残余风险的要求外,该标准还规定了文件、验证和确认措施的要求,以证明汽车安全完整性已达到可接受的安全水平。最后,ISO 26262 还提供了管理供应商关系的指导。ISO 26262 的第 2 部分规定了功能安全管理的要求。它定义了功能安全的规则和流程,也定义了确定和证明那些进行功能安全活动的团队的能力和资格的方法。它还包括一个健全的质量管理体系的证据,有助于实现最终产品的功能安全。

概念阶段就是为开发者和生产者明确将要开发和生产什么样的产品,这个产品存在哪些潜在的危害,以及在开发和生产时需要满足什么样的功能安全需求才能减少、避免和预防这些危害发生,也就是为汽车电子产品的研发和生产提供高层次的安全研究。

根据智能网联汽车的汽车安全生命周期,对其电子/电气产品进行功能安全开发。首先需要进行概念阶段设计,概念阶段包括四部分内容:相关项定义、安全生命周期启动、危害分析与风险评估、功能安全概念。具体流程为对相关项进行定义,根据相关项的需求进行安全生命周期启动,再对相关项进行危害分析与风险评估,得到安全目标,将功能安全需求从安全目标中导出,形成完整的功能安全概念,从而完成智能网联汽车功能安全开发的准备工作。概念阶段初步建立了系统的架构以及基本功能,并对其进行车辆级、系统级、子系统级的风险分析,确定系统需要满足的安全目标,最后明确系统所需的安全机制。

2.6.1 相关项定义

ISO 26262 定义的汽车安全生命周期从识别产品和定义其要求开始。其中最重要的是产品的功能要求,另外,产品的非功能要求、已知的安全要求、相关的操作和环境限制也被定义。在这个阶段,功能分析有助于识别功能故障。所有这些信息都是下一步工作的输入内容,这一过程将确定一个全面的危险(潜在危险事件)清单。

相关项定义是指对需要开发的产品进行定义和描述,包括相关项的功能性需求和非功能性需求、相关项与使用环境以及其他相关项之间的相关性和交互性。这一步是后续产品开发的基础。

相关项的功能性需求和非功能性需求包括以下内容:
(1) 描述相关项的目标结果和功能,包括相关项的运行模式和状态;
(2) 相关项的运行条件和环境约束;
(3) 法律法规要求、国家标准和国际标准;
(4) 相似的功能、相关项或要素实现的行为;
(5) 相关项预期行为的假设;
(6) 相关项功能不足造成的后果和已知的失效模式及危害。

相关项与使用环境以及其他相关项之间的相关性和交互性应包括以下内容:
(1) 相关项的行为对其他相关项或要素的影响,即相关项的环境;
(2) 相关项之间的相互作用;
(3) 其他相关项、要素和环境要求本相关项应该提供的功能;
(4) 本相关项要求其他相关项、要素和环境应该提供的功能;
(5) 功能在所涉及的相关项和要素间的分配;
(6) 影响相关项功能的运行场景。

在安全产品开发时,第一件事就是项目定义,项目定义注重确认相关功能、开发进行方式。例如与感知相关的安全目标,L1、L2 级涉及防止非预期的自动紧急制动导致后车相撞,L3 级及以上涉及正确识别道路边缘信息、正确识别前方障碍物以防碰撞、正确识别设计运行范围(operational design domain,ODD)的信息以防系统进入不可知的危险状态。值得一提的是,相关项定义是整车功能,是可以跨 ECU 和子系统的。

2.6.2 安全生命周期启动

安全生命周期启动需要根据相关项定义来进行。判断是对全新开发的相关项还是对现有相关项进行改动,以此来启动相对应的安全生命周期。对现有相关项进行改动需要在识别改动部分的基础上进行影响分析,调整对应的安全生命周期活动。

影响分析需要识别以下内容:
(1) 应识别和指出因相关项的修改、相关项先前和未来的使用条件之间的修改所带来的影响，包括以下内容：

① 运行场景和运行模式；

② 与环境的接口；

③ 安装特性，比如在车上的位置、车辆配置等；

④ 一系列环境条件，比如温度、湿度、振动、电磁干扰和燃油类型。

(2) 应识别并描述修改对功能安全的影响。

(3) 应识别并描述需要更新的受影响的工作成果。

2.6.3 危害分析与风险评估

在危害分析与风险评估（HARA）过程中，诸如潜在的车辆状态（发动机关闭、车轮滚动等）、驾驶情况（城市行驶、停车等）、环境条件（干燥或潮湿的道路等）以及路面条件（隧道、斜坡、深水等）等都被考虑在内，以确定可能导致危险情况的故障。上述的每一种条件组合都要进行分析和记录。然后，所有的危险都要被评估并根据其严重度、暴露率和可控性进行等级分类。

HARA 指对汽车产品功能失效导致的危害事件进行识别和危害分类。危害指因相关项发生故障致使人受到伤害，是一种潜在伤害源。危害与危害发生时驾驶场景的组合被称为危害事件，危害分类就是对危害事件进行分类，其分类依据是 ASIL。以汽车上的安全气囊为例，它可能存在的危害为安全气囊未打开；相应的驾驶场景为应该打开安全气囊的交通事故；危害事件为交通事故发生时，安全气囊没有打开为驾驶员提供保护而使驾驶员受到伤害；危害事件所要求的安全目标为在汽车发生交通事故且满足安全气囊打开标准时，安全气囊应打开为驾驶员提供保护。

风险评估的流程主要包括场景分析，也就是在不同驾驶环境下识别风险，再根据风险参数进行危害分析，从而确定其 ASIL，明确安全目标，最后复审、验证分类的正确性和一致性。

HARA 使用方法及具体步骤如下。

(1) 相关项定义。阐述系统（相关项）的功能、边界以及哪些功能不包含在系统之内（不考虑安全机制）。

(2) 驾驶场景定义。对驾驶环境进行定义，比如路面及位置类型、路面条件、路面特性、驾驶策略、驾驶模式和整车特性等（包括正确使用车辆和可预见的错误使用车辆行为，只考虑相关的出错行为，不考虑组合）。

(3) 定义危害。在考虑驾驶场景的前提下，定义整车级和系统级的危害。

(4) 定义危害的严重度、暴露率及可控性等级。

(5) 定义安全目标，进行整合。为每一种危险定义安全目标，例如危险为安全气囊误动行，那么安全目标就是防止安全气囊误动作。

(6) 定义安全目标等级。

ASIL 作为汽车危害分类的重要依据，其评定由三个影响因子决定，分别为"严重度（severity，S）""暴露率（exposure，E）"和"可控性（controllability，C）"。通过对危害事件这三个因素进行识别和分类，最终确定功能安全风险的 ASIL。表 2-4 所示为严重度、暴露率及可控性的等级分类。

表 2-4　严重度、暴露率、可控性的等级分类

严重度(S)		暴露率(E)		可控性(C)	
S1	轻微伤害	E1	不可能	C1	简单可控
S2	严重伤害	E2	小概率	C2	一般可控
S3	致死伤害	E3	一般概率	C3	不可控
		E4	大概率		

严重度(S)指危害事件发生后对所有被卷入危害事件的人造成伤害的严重程度,分为轻微伤害(S1)、严重伤害(S2)、致死伤害(S3)。暴露率(E)指危害事件在日常行驶过程中可能发生的概率,分为不可能(E1)、小概率(E2)、一般概率(E3)、大概率(E4)。可控性(C)指危害事件发生时汽车的可操控性,分为简单可控(C1)、一般可控(C2)、不可控(C3)。

HARA 可以依据风险等级判定依据来确定 ASIL,如表 2-5 所示,ASIL 分为 A、B、C、D 四个等级,等级依次升高,等级越高说明事件的风险性越高。上述 A、B、C、D 分别代表 ISO 26262 中的功能安全等级 ASIL A、ASIL B、ASIL C、ASIL D。QM(quality management)代表质量管理,表示该功能不影响安全,通过质量管理保证即可。

表 2-5　风险等级判定依据

严重度	暴露率	可控性		
		C1	C2	C3
S1	E1	QM	QM	QM
	E2	QM	QM	QM
	E3	QM	QM	A
	E4	QM	A	B
S2	E1	QM	QM	QM
	E2	QM	QM	A
	E3	QM	A	B
	E4	A	B	C
S3	E1	QM	QM	A
	E2	QM	A	B
	E3	A	B	C
	E4	B	C	D

根据公式确定 ASIL:

$$\text{ASIL A} = S + E + C = 7 \tag{2-1}$$

$$\text{ASIL B} = S + E + C = 8 \tag{2-2}$$

$$\text{ASIL C} = S + E + C = 9 \tag{2-3}$$

$$ASIL\ D = S + E + C = 10 \tag{2-4}$$
$$QM = S + E + C < 7 \tag{2-5}$$

通过 HARA 得出 S、E、C 的数值（即对应的等级数），再通过上述公式计算确定 ASIL。HARA 完成之后，根据分析结果对功能安全进行概念设计，依据制定的安全目标导出功能安全需求。将导出的功能安全需求拆分到下一级的结构中或者通过外部因素降低风险，实现预期中的功能安全。

当一个危害事件确定了 ASIL，相应的也要为这个危害事件确定一个安全目标，即为这个危害事件确定一个最高安全需求，它代表了整车级的功能目标。ASIL 对后续的开发过程起着重要的依据作用，危害事件的 ASIL 越高，为了防止危害事件发生所需的安全机制就越多。

有一种快速计算方法：如果 S、E、C 均不为 0，则 S+E+C=10，为 ASIL D；S+E+C=9，为 ASIL C；S+E+C=8，为 ASIL B；S+E+C=7，为 ASIL A；其他情况，都是 QM。

2.6.4 功能安全概念

完成 HARA 后，需要定义功能安全。为每个危险事件确定一个安全目标，这些安全目标将继承基础危险的 ASIL，并作为功能安全概念阶段的输入内容。对于每个安全目标，将采用诸如故障注入之类的测试方法，以确定故障容错时间间隔（FTTI）。FTTI 指的是在安全机制未被激活的情况下，从相关项中故障出现到危险事件发生，系统中可能存在故障的时间范围。系统必须首先检测并确认故障的存在，然后对该故障作出反应以达到安全状态，而所有这些都需要时间。FTTI 用于描述系统达到安全状态所需的最大持续时间，以免危及安全目标。安全目标将根据架构假设生成功能安全需求。一个系统元素可以接受来自多个安全目标的功能安全需求。在这种情况下，应使用最高的 ASIL。在这个层面上，系统级的安全机制和安全状态已经被定义，因此第一个功能安全概念是已知的。

这里的功能安全是指通过安全功能和安全措施来避免不可容忍的风险的技术总称。在这方面，功能指的是监控受控对象和控制器的安全装置的作用。通常，我们将计算机视为这种安全装置，当控制器发生故障时，该计算机会关闭受控对象，并向用户发出危险警告。安全装置所实现的这种安全性作用被称为功能安全。功能安全可以说是通过使用计算机等安全装置设计的安全措施。值得注意的是，安全本身并非通过增加某种电子安全设备来保证，而是通过"去除"导致危险发生的设计或机械故障的安全机制来保证。这种安全机制被称为本质安全。我们定义安全为没有不可容忍的风险，安全本身也分为本质安全和功能安全。我们说的本质安全是指降低机器危及人命以及环境的因素，或彻底排除这个诱因。功能安全则是引入有效的改善办法，确保可容忍范围的安全。

图 2-7 所示的本质安全与功能安全示例解释了本质安全和功能安全的概念。本质安全就是可以通过包括像设立立交状态，从根本上去避免不同方向的车在行驶当中发生故障的方式。功能安全则是在不同方向的道路上设置警报器和安全栏杆，将风险降低到可容忍的范围内。本质安全的优势就在于可以彻底去除涉及危险的诱因，但大规模的改造成本很高。功能安全可以根据改善方案实现成本的降低，但必须考虑到故障的发生。

对于安全措施的评估及其量化评价是功能安全的基础。例如，在铁路道口，我们经常担心

安全＝没有不可容忍的风险	
【本质安全】 降低机器危及人命以及环境的因素，或彻底排除这种诱因。	【功能安全】 引入有效的改善办法，确保可容忍范围的安全。

例如将列车线路和常规马路设置为立交状态，可避免事故的发生。	通过在铁道口设置警报器和安全栏杆，将风险降低到可容忍的范围内。
大规模的改造成本很高，但可以确保绝对的安全 ⟷	根据改善方案可实现成本的降低，但必须考虑到故障的发生

图 2-7　本质安全与功能安全示例

的一个危险是有人或车辆进入铁道口，与火车相撞，导致人死亡。本质安全是一种从根本上避免危险的措施，即直接消除危险源。举例来说，可以通过将铁路道口改建成立交桥来实现。然而，在某些情况下或受到制约时，无法消除铁道口，因此需要考虑附加一个安全措施，这就是功能安全。由于某些限制，必须设置铁道口，同时我们仍然需要采取措施以防止这类交通事故。这时，汽车功能安全发挥作用。汽车功能安全属于汽车操作安全体系下的人身安全，它关注的危害单指电子/电气系统的故障行为引起的，对故障车辆驾驶员、路人或周边车辆内人员（注意不仅是驾驶员）的人身危害。也就是说，汽车功能安全开发的目的是避免伤人，而不是避免伤车。

功能安全标准化的运用起源于 20 世纪 90 年代。20 世纪 70 年代开始，随着各种现代化机器的使用，以及工业生产过程的自动化程度越来越高，以电气、电子、可编程电子产品的大量应用为标志的现代化控制系统越来越多地渗透到各个领域，参与各种控制过程。但是，工业文明在给人类带来利益的同时，也带来了灾难。系统设计不合理、设备元器件故障或失效、软件系统的故障等导致的事故、人身伤害、环境污染，越来越频繁地危及我们的生命和赖以生存的环境。人们开始认识到，必须采取措施，用标准和法规来规范领域内安全相关系统的使用，使技术在安全的框架内发展，使人类既能享受新技术带来的安全和舒适，同时又能掌控危险。功能安全标准研究从此展开。

功能安全概念由三个部分组成，分别为功能安全需求、功能安全需求所分配的逻辑行为和功能安全需求验证。功能安全概念的目的在于从具有 ASIL 的安全目标中导出功能安全需求，将功能安全需求分配给组成相关项的架构要素并进行相关的安全设计。当出现多个安全目标对应同一个功能安全需求时，该功能安全需求的 ASIL 取其中的最高等级；当多个功能安全需求被分配给同一个架构要素时，在不能为这些功能安全需求之间是互相独立或免于干扰提供充分证据时，架构要素应按照功能安全需求中最高的 ASIL 进行开发。功能安全概念的目的如图 2-8 所示。

为了满足安全目标，功能安全概念包括安全措施（包含安全机制），这些安全措施将在相关项架构要素中实现，并在功能安全需求中得以规范。

功能安全概念包含以下内容：

图 2-8　功能安全概念的目的

(1) 故障探测和失效减轻；

(2) 向安全状态的过渡；

(3) 容错机制,在此机制下一个故障不直接导致违背一个或多个安全目标,并且使相关项保持在安全状态(无论是否有功能降级)；

(4) 驾驶员警告,目的是将风险暴露时间降低到一个可接受的时间区间内(例如发动机故障指示灯、ABS 故障警示灯)；

(5) 仲裁逻辑,从不同功能同时生成的多种请求中选择最合适的控制请求。

图 2-9 所示为安全目标和功能安全层级,该图明确通过分层的方法从危害分析与风险评估中得出安全目标,再由安全目标得出功能安全需求。

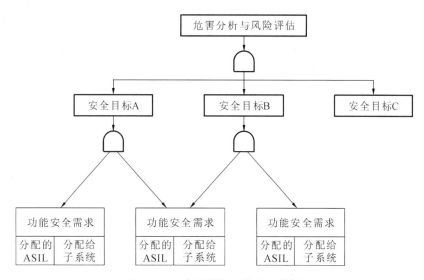

图 2-9　安全目标和功能安全层级

2.7　ASIL 分解

安全控制系统或设备在执行安全功能时的可靠性问题,限制了用户采用新技术的积极性。由于缺乏公认的评估体系,制造商难以说服用户在关系到人身和财产安全的重要领域采用新技术。此外,不同行业对安全要求的差异也制约了安全设备产业化生产规模的发展。制造商迫切需要一个公认的标准,以建立一个与用户对接的公共平台。因此,2000 年 5 月,国际电工委员会正式发布了 IEC 61508 这一标准,全名为《电气/电子/可编程电子安全系统的功能安全》。

大多数功能安全标准都以 IEC 61508 为基础。IEC 61511 是流程工业中的安全标准,而

ISO 26262 则专注于汽车系统的安全。此外，ISO 13849 是一项适用于提供安全功能的机械控制系统部件的标准，这些部件通常被称为控制系统的安全相关部件。这些标准共同构成了广泛应用于不同领域的功能安全框架。在 IEC 61508 中，系统中的安全设备（减少风险的手段）通常包括中继控制器或 PLC（可编程逻辑控制器）。我们将安全设备实现其安全功能的可靠性概率称为安全完整性等级，即 SIL(safety integrity level)。简而言之，SIL 基于这样的等级概念，即如果构成安全系统的部件失效率低，那么整个安全系统的失效率也将保持较低水平。IEC 61508 主要关注的是安全功能失效时可能产生的危害，其目标是将失效风险降低到规定水平。为实现这一目标，该标准制定了两个基本原则：首先，安全生命周期设计工程采用最佳实践方法，以识别和消除任何设计错误或遗漏；其次，通过概率故障分析来确定特定设备故障对安全的影响。这两个基本原则确保了与安全相关的系统在其生命周期内以可预测的安全方式运行或失效。

然而，有一种观点认为，在 SIL 的定义中引入概率因素并不合适。原因在于功能安全标准不仅牵涉硬件部分，还牵涉软件部分。就硬件故障发生的概率而言，除了初始故障和损耗故障外，偶发故障基本上是随机发生的，因此在这方面引入概率因素是相当合理的，尤其是在将设计错误纳入考虑时。然而，与硬件故障相对应的软件故障并不是随机的，计算其发生概率是相当困难的。以软件设计中混入漏洞为例，只要其具备发生路径和条件，软件故障的发生概率就是 100%，而这是难以通过概率模型准确计算的。

为解决这一问题，国际电工委员会对 IEC 61508 进行了全新修订，制定出了 ISO 26262。2011 年 11 月，ISO 26262 正式颁布。与 IEC 61508 不同，ISO 26262 并不是一项可靠性标准，它并未为可接受的失效概率设定明确数字。ISO 26262 采用了概率论的定量危害分析，但这一方法仅适用于硬件。其次，基于目标产品的使用条件和使用方法，ISO 26262 针对整个系统进行危害分析与风险评估，识别系统危害并对危害的风险等级 ASIL 进行评估。IEC 61508 定义了 SIL，而 ISO 26262 则专门定义了 ASIL。

由于 ASIL 贯穿整个功能安全开发过程，实现 ASIL 是满足功能安全需求的重要途径。然而，一些产品可能由于各种原因，比如产品材料问题、产品设计问题，或者技术无法满足高 ASIL 而无法达到预期的 ASIL。这种情况下进行 ASIL 分解是必要的。

在进行 ASIL 分解时应参考下列信息：ASIL 分解所在系统级、硬件级或软件级的功能安全需求；ASIL 分解所在系统、硬件或软件层面的架构信息；相关项的定义和安全目标。

如果对初始功能安全需求的 ASIL 分解导致将分解后的功能安全需求分配给预期功能及相关安全机制，则：

（1）相关安全机制宜被赋予分解后的最高的 ASIL（通常，与预期功能相比，安全机制具备更低的复杂度和更小的规模）；

（2）功能安全需求被分配给预期功能，应按照分解后对应的 ASIL 实现。

进行 ASIL 分解时，一般将每个分解前的 ASIL 标注在括号中。例如：如果一个 ASIL D 的需求分解成一个 ASIL C 的需求和一个 ASIL A 的需求，则应标注成"ASIL C(D)"和"ASIL A(D)"；如果一个 ASIL D 的需求进一步分解成一个 ASIL B 的需求和一个 ASIL A 的需求，则应标注为"ASIL B(D)"和"ASIL A(D)"。

ASIL 分解选择下列分解方案中的一种，或使用可得出更高 ASIL 的方案。

(1) 对一个 ASIL D 的需求进行分解：
① 一个 ASIL C(D) 的需求和一个 ASIL A(D) 的需求；
② 一个 ASIL B(D) 的需求和一个 ASIL B(D) 的需求；
③ 一个 ASIL D(D) 的需求和一个 QM(D) 的需求。

(2) 对一个 ASIL C 的需求进行分解：
① 一个 ASIL B(C) 的需求和一个 ASIL A(C) 的需求；
② 一个 ASIL C(C) 的需求和一个 QM(C) 的需求。

(3) 对一个 ASIL B 的需求进行分解：
① 一个 ASIL A(B) 的需求和一个 ASIL A(B) 的需求；
② 一个 ASIL B(B) 的需求和一个 QM(B) 的需求。

(4) 一个 ASIL A 的需求一般不应被进一步分解，除非需要分解成一个 ASIL A(A) 的需求和一个 QM(A) 的需求。

通过 ASIL 分解，我们可以得到架构信息的更新，以及功能安全需求和架构要素对应的 ASIL 的更新。

以电控机械自动变速箱（automated mechanical transmission，AMT）电控系统功能安全开发为例，在其开发过程中，对自动变速箱控制单元（transmission control unit，TCU）内部和外部进行危害分析。通过故障树分析，我们得出了一个功能安全需求——选、换挡位移传感器故障必须得到探测和处理，这个功能安全需求应该由选、换挡位移传感器来实现。然而，选、换挡位移传感器内部没有逻辑控制单元，因此要实现这一功能安全需求较为困难。这时，ASIL 分解为解决这一难题提供了一种方法：将一个功能安全需求分解为冗余的技术安全需求，并分别由互相独立的架构要素执行，既可以保证原始的功能安全需求得以实现，又同时降低了对应的 ASIL。这个过程允许我们在保持功能安全的同时解决了操作上的困难。

2.8 安全文化

功能安全管理的目的是保证功能安全顺利地实施，培养功能安全文化是功能安全管理的基础。基于功能安全文化，功能安全管理分为两部分：基于组织的管理和基于产品生命周期的管理。功能安全必须要有专门的组织、人员及规则来处理安全相关活动，包括安全组织、方针和沟通。

首先，功能安全管理涵盖了组织层面和项目层面，贯穿整个产品生命周期，包括发布后的维护期。其次，功能安全管理要求公司为电子产品开发应用程序。这涉及定义公司特定的生命周期、确定具体使用工具、组织配置管理的方式以及需要执行的安全分析程序。此外，建立质量保证体系是必要的，ASPICE 标准的支持更进一步推动了 ISO 26262 的实施。这意味着管理人员必须具备优秀的管理能力，确保适当的流程以便及时识别、传达和解决安全问题。总体而言，它涵盖了组织层面为实现功能安全而提供必要资源的重要性。在项目层面，功能安全管理的实施是一项复杂的任务，需要由具备相应专业知识的人员负责执行。这就要求明确定义各个角色并合理分配人员，特别是要明确负责产品功能安全的人员。通过影响分析，我们可以确定在产品开发过程中需要采取哪些措施。大多数公司并非从零开始开发，而是基于早期版本进行开发,因此影响分析的结果将用于调整产品生命周期和计划必要的安全活动。

其次,从逻辑上看,功能安全管理的任务涵盖了对计划的持续监控和对计划的必要修订。这些任务通常由安全经理负责。每个涉及安全的电子项目,都应指定一位安全经理,负责制定适用于该项目的安全规划。此外,记录安全证据也至关重要。对产品安全性进行合理论证的过程被称为安全案例,其中包括实施安全策略的适当证据,如策略的实际遵循证明以及在开发过程中产生的工作产品。

功能安全还要求防止开发团队对 ISO 26262 的曲解,这可以通过由独立方执行的确认措施来实现。确认措施包括确认审查,涉及安全计划和安全概念等关键工作产品,并需要独立人员进行确认。此外,功能安全审计用于检查项目是否实际实施了必要和规定的程序。在产品发布阶段,必须获得独立人员对项目中已实现部分的安全性的评估,这被称为功能安全评估。高完整性要求的产品,例如自适应巡航控制,必须进行功能安全评估。最终,开发结果只有在存在安全案例、经过独立方确认功能安全并在配置控制下建立了基线的情况下,才能发布并用于生产。

引入独立方的确认措施有助于防止开发团队对 ISO 26262 的曲解。最后一点涉及开发后的阶段。如果使用了功能安全管理来确保开发结果的安全性,并在车辆使用期内保持安全,那么必须确保产品的正确生产流程和质量。根据 ISO 26262 的要求,相关公司必须指定负责生产和现场监控的人员,并计划和启动必要的功能安全活动。适当的程序必须建立,例如在生产中进行的某些控制步骤,如读取闪存软件,以确保控制单元上没有位错误。

为了确保功能安全,必须使用正式的变更流程来替换车辆中的软件或硬件。为了在开发和车辆生产期间,以及整个产品生命周期中保障功能安全,必须进行适当的规划,包括现场监控流程和变更管理。

总结 ISO 26262 对汽车功能安全管理的概述,可以得出以下结论:

(1) 需要在组织层面、项目层面以及产品发布后的时间内解决功能安全管理问题;

(2) 开发组织必须具备支持功能安全的管理能力;

(3) 每个与安全相关的电子项目都应指定一名安全经理,负责该项目的安全规划;

(4) 每个项目的关键产出是一个安全案例,其中包含对产品安全性的论证;

(5) 独立方的确认措施可以防止开发团队对 ISO 26262 的曲解,包括确认审查、功能安全审计和功能安全评估;

(6) 为了确保功能安全,需要在开发和车辆生产期间,以及整个产品生命周期中进行适当的规划,包括现场监控流程和变更管理。

如下是安全文化的一些正面示例和反面示例:

(1) 在安全文化好的企业中,有完善的流程,产品开发设计的每个链条上的决策责任都是可以追溯的;而在安全文化缺乏的企业中,安全责任不具备可追溯性,使得每个人都缺乏安全感。

(2) 在安全文化好的企业中,安全具有最高优先级和一票否决权,安全管理者的决策权在产品开发设计过程中起到关键作用;而在安全文化缺乏的企业中,成本和进度总是优先于安全和质量,安全工作者的声音得不到响应。

(3) 在安全文化好的企业中,激励制度支持并奖励那些有效践行质量安全的人,惩罚那些走捷径而危及安全或质量的人;而在安全文化缺乏的企业中,激励制度更倾向于成本和进度,而不是安全和质量。

(4) 在安全文化好的企业中,组织架构保持着合理的独立性,开发和测试的独立性,安全、质量、验证、确认与项目组汇报关系的独立性,能够提供相互的制衡;而在安全文化缺乏的企业中,安全、质量及流程经常受到项目执行人员的影响。

(5) 在安全文化好的企业中,人员采取积极的安全态度,在产品生命周期的初期就重视安全和质量问题;而在安全文化缺乏的企业中,人员采取消极的安全态度,产品质量严重依赖于产品开发后期的测试,现场出现问题后才考虑应对的策略。

(6) 在安全文化好的企业中,工作所要求的资源能够分配,人员具有与分配的工作相匹配的能力;而在安全文化缺乏的企业中,工作所要求的资源不能合理规划和及时分配。

(7) 在安全文化好的企业中,流程具有多样性,在流程中探寻、评价和综合多样性,鼓励多样性的行为,能够容许不同人的声音,鼓励自我和其他人去暴露问题,持续地发现和解决问题;而在安全文化缺乏的企业中,存在小团体思维,提出异议者被排斥,被认为是"麻烦制造者"或"告密者"。

(8) 在安全文化好的企业中,所有层面能够形成一个明确的、可追溯的和受控的流程,包括管理、工程、开发接口、验证、确认、安全审核和评估;而在安全文化缺乏的企业中,流程是临时的或不明确的,工作无法做到有据可依。

(9) 在安全文化好的企业中,持续改进集成到所有的流程中,不断地追求更高的质量目标;而在安全文化缺乏的企业中,没有系统地持续改进流程、学习循环或其他形式的经验总结。

如图 2-10 所示,产品生命周期管理(PLM)是一种全面而综合的管理策略,它贯穿了产品从诞生到消亡的每一个阶段。在产品概念阶段,资源管理和过程管理是关键,确保设计团队能够高效地将创意转化为可行的产品设计。在设计和开发阶段(安全活动裁剪),项目类型的定义、开发接口协议的制定以及软硬件组件和工具使用状态的监控,都是确保技术更新和团队协作的重要环节。

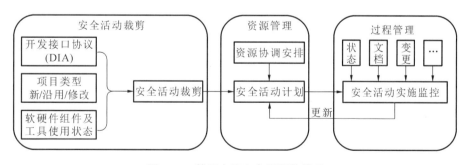

图 2-10 基于产品生命周期的管理

随着产品进入生产阶段,资源管理变得至关重要,合理分配生产资源以支持生产过程。同时,安全活动计划与安全活动实施监控确保了生产安全符合标准。产品推向市场后,安全活动裁剪和产品特性的评估变得尤为重要,决定着是推出新产品,或是沿用现有产品,还是进行产品修改,以适应不同市场的需求。

在产品服务与支持阶段,状态更新和安全活动的持续监控,不仅提升了客户满意度,也确保了产品的稳定性和安全性。最后,在产品废弃与回收阶段,过程管理确保了环保法规的遵守和可持续发展目标的实现,资源管理则通过回收和再利用废弃产品,减少了资源浪费,提高了资源利用效率。

根据具体项目的不同,可以对流程进行裁剪,包括但不限于以下方式:①在集成或切分的子阶段执行安全活动或任务;②在不同阶段或子阶段执行特定的安全活动或任务;③在新增的阶段或子阶段执行特定的安全活动或任务;④对某个阶段或子阶段进行迭代;⑤在执行安全活动的同时与其他阶段或子阶段的活动协同进行;⑥根据理由,删除某个阶段或子阶段。

以吉利汽车为例,在吉利汽车企业内部,功能安全的理念包含合规、体验和成本,这分别对应着风险导向、协同交互、流程统一、项目驱动、严格审计以及高效验收。整体而言,企业级功能安全管理追求以下目标:①建立和维护安全文化;②建立和维护企业级的功能安全流程;③建立和维护安全异常的解决处理流程;④建立和维护人员能力管理系统;⑤建立和维护质量管理系统。这些目标旨在确保企业在功能安全方面的持续合规性、卓越的用户体验以及有效的成本管理。

安全文化是企业安全流程不可或缺的组成部分。每个企业都需要建立自己的功能安全流程,并确保与其他相关部门建立有效的沟通机制,比如网络安全部门。在产品生命周期的各个阶段,执行安全任务,创建并维护相应的安全文档,提供必要的资源,并持续进行改进。在构建良好的安全文化方面,制度、流程以及逐级的文档和职责追踪,可以实现以下目标:

(1) 有明确的安全相关责任追踪机制;

(2) 将安全置于最高优先级,例如安全经理拥有对量产决策的一票否决权;

(3) 建立正向的奖惩机制;

(4) 保持安全和质量监控的独立性;

(5) 积极处理早期出现的安全和质量问题;

(6) 确保适当的资源(例如人力资源)投入;

(7) 鼓励发挥独立个体的智力多样性,避免团队意见,充分倡导个体表达;

(8) 制度、流程等可持续进行改进;

(9) 实现完整、可控、可追踪的流程。

通过以上这些目标措施,企业能够建立健全的安全文化,确保安全流程的有效性和可持续性。

安全经理的职责如图2-11所示,安全经理在功能安全管理中担负着重要的责任,包括制定、维护和监督安全计划。在安全计划中,明确定义了哪些活动属于安全活动,明确了责任人是谁,确保了目标与活动之间的相关性,同时规划了所需资源、时间节点以及各项活动的产出物。这个计划可以是一个独立的文档,也可以嵌入到项目计划中。

安全经理的职责包括:

(1) 处理DIA的接口,即分布式开发项目中功能安全的接口问题;

(2) 制定功能安全活动的计划,明确活动的执行步骤和时序;

(3) 协调功能安全活动,包括为其他团队成员分派任务,确保任务的顺利推进;

(4) 维护安全计划,及时更新并适应项目的发展需求;

(5) 监督计划的执行,确保各项活动按照计划有序进行;

(6) 安排确认措施的时间,保证措施的有效实施。

通过这些职责的履行,安全经理起到了确保功能安全活动有序进行的关键作用。

图 2-11 安全经理的职责

功能安全审计主要是看流程是否满足 ISO 26262 的要求,看安全计划里面定义的目标是否满足 ISO 26262 中流程的目标。功能安全评价结果如图 2-12 所示。

图 2-12 功能安全评价结果

2.9 本章小结

智能网联汽车面临着数据安全、网络安全、软件升级、功能安全和预期功能安全共五个主要安全问题。ISO 26262 是专注于汽车电子/电气系统安全的国际标准。该标准的目标是确保为公路车辆(汽车、卡车、摩托车等)开发的嵌入式系统在设计上严格符合预期应用要求。在 ISO 26262 中,每个开发过程都应以某种形式(包含 V 模型上显示的元素)进行,但可能并不完全符合 ISO 26262 的要求。遵循 ISO 26262 通常意味着将现有的设计工件映射到 ISO 26262 的工作产品上。

ISO 26262 是从 IEC 61508 派生出来的,主要针对汽车行业中的特定部件,如电气器件、电子设备、可编程电子器件等,是提高汽车电子/电气产品功能安全的国际标准。它为汽车安全提供了一个生命周期的理念,并在这些生命周期阶段中提供必要的支持。该标准涉及功能安全方面的整体开发过程,包括需求定义、设计、实施、集成、验证、确认和配置。

ISO 26262 基于概率论的定量危害分析仅适用于硬件;ISO 26262 基于目标产品的使用条件和使用方法,对整个系统进行危害分析与风险评估,识别出系统危害并对危害的 ASIL 进行评估。IEC 61508 定义了 SIL，而 ISO 26262 定义了 ASIL。

课后习题

习题 1：汽车功能安全标准 ISO 26262 的主要作用是什么？

习题 2：请简要概述 ISO 26262 中汽车安全生命周期的主要阶段。

习题 3：什么是功能安全概念？其主要作用是什么？

习题 4：ASIL 分解取决于哪三个因素？

习题 5：功能安全管理的重要措施有哪些？

习题 6：安全经理的职责有哪些？

3 智能网联汽车功能安全的系统级产品开发

在 ISO 26262 中,涉及汽车功能安全的系统级产品开发包含三个关键阶段,即系统架构定义阶段、开发设计阶段以及测试验证和评估阶段。该标准提出了一种基于系统工程方法的方法论,采用 V 模型进行系统开发。

系统架构定义阶段包括以下关键内容:
(1) 定义 ASIL(汽车安全完整性等级);
(2) 分配整车系统 ASIL;
(3) 描述控制模块框架结构及其相互关系;
(4) 制定整车级和零件级的安全概念;
(5) 确定安全目标和安全状态;
(6) 评估单点故障度、潜伏故障度以及硬件随机故障目标值等。

这些步骤的执行有助于确保系统在开发的不同阶段中都能够满足安全性需求,并采用 V 模型方法,强调了系统工程的整体性和有序性。

开发设计阶段主要包括以下关键方面:产品安全规格的定义、软硬件接口的明确定义、硬件和软件的并行开发、测试规范的制定等。这个阶段的任务是确保在系统开发的早期阶段就能够明确定义产品的安全性要求,同时平行推进硬件和软件的开发,以保障系统的整体性。

测试验证和评估阶段主要涵盖软硬件安全性能测试、系统集成测试、失效率的计算以及测试的实施。此外,对计算结果和开发工具的评估也是该阶段不可或缺的部分。这些测试和评估活动确保了系统在各个方面的性能和安全性。根据 ISO 26262,产品开发过程中的验证显得尤为重要。验证活动和开发活动的迭代过程,确保了开发成果的准确性、有效性和完整性,更提高了整个开发过程的质量和可靠性。在功能安全的系统设计方面,系统级的容错、纠错和错误处理能力是关键。采用冗余设计、软硬件诊断、系统架构的优化以及单点和潜藏的策略,可以有效提升系统的安全性,确保系统在实际运行中能够有效应对各类异常情况。

功能安全系统设计应当满足以下要求。
(1) 系统整体设计需要符合功能安全需求(FSR),确保安全功能(FSC)和保护功能的正常实现。
(2) 针对可能的故障情况,需要建立故障处理机制,确保系统能够在故障发生时启动相应的安全功能并切换到安全目标(SG)。
(3) 对系统各个层面可能出现的失效情况,比如单点失效、潜在失效和共因失效等,都需要建立相应的安全机制。
(4) 需要考虑系统在通信、供电、接口等方面的可靠性。
(5) 需要考虑功能安全相关的时间限制和精度要求。
(6) 在一定程度上考虑硬件的随机失效情况。

（7）系统整体设计需要确保功能安全的独立性和完整性。

按照上述要求进行全面的安全系统设计，系统可以达到所需的安全等级要求。在具体实现过程中，还需要考虑系统的应用场景，制定详尽的安全策略。

3.1 系统级产品开发的启动

系统需要具备有效且及时的失效检测机制，特别是在冗余设计中，需要引入多种机制之间的相互校验。机制的失效可能源于故障，同时也可能源于机制本身性能的不足。在这种情况下，有效的失效检测机制能够及时发现问题，确保系统的正常运行。

然而，复杂的系统设计会增加冗余设计独立性的难度，因为零件之间的交互性增加，容易引入公因失效和级联失效的风险，所以，在系统设计过程中，需要谨慎权衡各种因素，以确保冗余设计的有效性和可靠性。

3.1.1 系统功能安全概述

在完成产品的概念阶段开发后，智能网联汽车电子/电气产品功能安全开发由安全生命周期的概念阶段进入产品开发阶段。产品开发阶段分为系统级产品开发、硬件级产品开发和软件级产品开发。根据V模型提供的功能开发流程：先进行系统级产品开发，完成系统级技术级安全需求的制定，再进行软件/硬件级产品开发，完成软件/硬件级技术安全需求的制定。系统级产品开发即系统功能安全开发，需要系统有完整的功能安全活动和合适的系统架构，在技术上实现功能安全需求，为后续软件/硬件级产品开发提供支持。

系统级产品开发是汽车电子/电气系统开发过程的必要活动。其主要作用是：制定详细的产品开发流程，将概念阶段得到的功能安全需求在技术级上实现，把整车级功能安全分配给各系统架构要素；集成和测试与安全确认保证产品实现安全目标。系统级产品开发的必要活动包含：系统级产品开发的启动、技术安全需求的制定、系统架构设计、集成和测试、安全确认、功能安全评估和产品的生产发布。其具体流程图如图3-1所示。在一个产品开发过程中，首先通过系统级产品开发的启动，确定并制定好开发流程中必要的安全活动。其次通过技术安全需求的制定，将功能安全需求细化，从而转化为对应的技术安全需求。如果适用，也可分配给其他技术。然后综合已有的安全机制、安全方案等来进行系统架构设计，从而将技术安全需求分配到硬件级产品开发和软件级产品开发的过程中。根据系统架构的复杂性，逐步得出子系统的架构。在完成软件/硬件级产品开发之后，将硬软件要素进行集成和测试形成系统。再将系统中的相关项在整车级上进行集成和测试，完成产品开发。对整车级的产品进行安全确认，以提供功能安全评估证据，完成产品的生产发布。

3.1.2 系统级产品开发的启动

系统级产品开发的必要活动可参考图3-1并根据具体情况调整。在进行系统功能安全开发之前，首要任务是明确系统功能安全开发过程中的具体活动。这些活动是确保开发过程符合安全要求的基础，也是系统级产品开发启动的前提。为了实现这一目标，开发团队需要参考

3 智能网联汽车功能安全的系统级产品开发

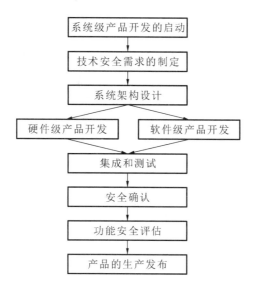

图 3-1 系统级产品开发的必要活动流程图

项目计划、安全计划、功能安全评估计划、功能安全概念,以及初步结构设想和相关项定义,综合制定系统功能安全开发所需的功能安全活动。

在系统级产品开发的启动阶段,需要分析并制定好相关的必要计划。这包括以下几个关键步骤。

(1) 制定系统级产品开发的安全活动计划:该计划将有助于确保开发过程的安全性,包括风险评估和预防措施。

(2) 制定确认活动的计划:确认活动是验证系统功能安全开发成果的关键环节,确保开发成果满足预定的安全标准。

(3) 制定系统级产品开发的功能安全评估活动计划:通过该计划,团队可以评估开发过程的安全性能和其中的安全风险,确保产品在各个阶段都符合安全要求。

(4) 根据功能安全概念的要求并基于系统级产品开发的必要活动流程图,剪裁系统级产品开发的生命周期:这一步骤将帮助团队得到一个详细的项目计划,确保开发过程的每个环节都经过精心设计和规划。

完成上述活动后,开发团队将得到一系列详细的计划。

(1) 详细的安全活动计划:指导整个开发过程中的安全活动。

(2) 相关项的集成和测试计划:确保各个组件和系统的集成与测试符合安全标准。

(3) 确认活动计划:为验证开发成果提供明确的步骤和方法。

(4) 功能安全评估计划:评估产品在开发过程中的安全性能。

(5) 详细的项目计划:为整个开发过程提供详细的时间表和合理的资源分配。

这样的计划能为系统级产品顺利开发提供坚实的基础,也有助于开发团队确保系统功能安全开发的有效性。同时,这些必要的活动流程是成功实现系统功能安全开发的关键,也是确保最终产品安全、可靠的重要保障。

安全活动计划一般包含生命周期剪裁后得到的安全活动(剪裁要参考影响分析)、剪裁后

61

得到的生命周期、重新得到的新的工作成果、满足要求且必需的活动（当缺少工作成果或工作成果不满足要求时）。

根据相关项的安全确认标准制定与系统功能安全活动相对应的确认措施，防止违反功能安全开发初衷的情况发生。确认措施应包括技术安全需求的验证和确认、系统架构设计的验证、软硬件集成和测试、系统集成和测试、整车集成和测试。

系统级产品开发的功能安全评估计划一般包括：系统开发、集成和确认计划；技术安全概念及其验证；系统设计和避免系统失效；软硬件要素的技术安全需求分配和软硬件接口评审；系统设计验证。

详细的项目计划可以用于软件/硬件级产品开发和其他系统级产品开发，方便开发者进行项目安排和调度。

3.2 技术安全需求的制定

安全目标是功能安全需求的最高层次，由危害分析与风险评估确定。从安全目标导出功能安全需求，这些需求从功能的角度描述了实现安全目标的方式。技术安全需求（TSR）是由功能安全需求导出的，属于系统层次的安全需求。硬件安全需求（HSR）主要由技术安全需求导出，是关于硬件层次的安全需求。同样，软件安全需求（SSR）也是由技术安全需求导出的，属于软件层次的安全需求。这一层层的需求体系确保了对系统安全性的全面考虑和有效管理。

3.2.1 概述

在系统级产品开发中完成对各个子阶段功能安全活动的制定后，需要在技术层面上实现功能安全需求，即需要在软件和硬件开发中将功能安全需求实现。在系统功能安全开发过程中需要制定能够在系统架构设计时被分配给软硬件且足够细化的功能安全需求，为此提出了技术安全需求的制定，即在系统功能安全开发阶段将功能安全需求细化为技术安全需求。首先，技术安全需求的制定主要根据相应的技术参考要求，将功能安全需求提炼成一条或多条可以通过技术实现的技术安全需求，让功能安全需求能够在具体的系统架构要素上体现。其次，技术安全需求的制定还应该制定对应的安全机制来分析验证技术安全需求是否符合功能安全需求。如果发生的故障导致技术安全需求能力水平未达到被分配的 ASIL，就会影响安全目标实施。在实际操作中，通过技术安全需求为工作人员的具体工作提出指导意见，以确保具体研究工作实现功能安全所需的 ASIL。最后，在技术安全需求制定过程中，将技术安全需求和相应的系统架构设计集成为技术安全概念规范，用于初步系统架构设计。

技术安全需求的制定应从以下多角度考虑。

（1）技术安全需求应根据功能安全概念、相关项的初步系统架构设计和系统特性来定义，具体如下：

① 外部接口，如通信和用户界面。

② 限制条件，如环境条件或功能限制。

③ 系统配置要求。系统特性的限制可能来自环境条件、安装控件、设施本身(如可用性能、热容量、散热性能)以及其他功能或非功能要求(如安全性、所用技术的物理限制)。系统的可配置性由系统要素中的变量、配置数据或校准数据确定,并且通常用作策略的一部分,以将现有系统应用于不同的方面。

(2) 技术安全需求应确保功能安全概念中的初步系统架构设计和本阶段中的初步系统架构设计具有一致性。

(3) 除技术安全需求规定的功能外,还有其他须由系统或系统部件来实现的功能或需求,应定义这些功能或需求,或标明参考规范。其他的功能或需求可以参考联合国欧洲经济委员会汽车法规、企业平台策略等来定义。

(4) 技术安全需求应明确表示与安全相关的关系:系统与相关项之间的关系、相关项与其他系统之间的关系。

在整个系统功能安全开发流程中,相关项安全目标的 ASIL 存在于整个功能安全开发过程,从安全目标的制定到功能安全需求的导出再到技术安全需求的建立,在集成和测试阶段被不断验证,直到体现在产品上。ASIL 作为安全目标的一个属性,被后面的每一个功能安全需求继承。在将功能安全需求细化为技术安全需求的过程中,技术安全需求将继承来自功能安全需求的 ASIL。由于不同安全等级选用的研发、测试的方式方法是不同的,因此高级别的安全等级会造成成本和技术实施难度的增加,研究人员需要通过将一个安全需求分解为两个冗余的安全需求的方案,降低 ASIL,让产品能够实现安全需求。在系统功能安全开发过程中,技术安全需求的制定和系统架构设计还将技术安全需求分配给软件/硬件级产品,因此软件/硬件级产品同样需要按照规定的 ASIL 进行开发测试。在由功能安全需求过渡到细分的软硬件技术安全需求的过程中,ASIL 分解可以为将功能安全需求分解为冗余安全需求提供规则和指导,以允许功能安全需求在更细微的层面上分解。

机电式无级变速器(electric-mechanical continuously variable transmission, EM-CVT)是一种实现速比调节的无级变速器。以汽车 EM-CVT 技术安全需求开发为例,其开发过程需要完成相关项的定义和危害分析与风险评估,确定安全目标,导出 EM-CVT 功能安全需求,得到关于避免产生非预期的车辆纵向加速的功能安全需求和对应的 ASIL(见表 3-1)。

表 3-1 功能安全需求及其分配

ID	安全目标	功能安全需求(FSR)	需求分配	ASIL
FSR1	避免产生非预期的车辆纵向加速	应对变速器的实际输出扭矩进行监控	监控芯片	B
FSR2		应能检测出非预期加速故障	扭矩传感器	B
FSR3		当检测到非预期加速故障时,应采取限制扭矩的措施	控制器	B
FSR4		当检测到非预期加速故障时,应采取限制车速的措施	控制器	B
FSR5		当检测到非预期加速故障时,应采取故障报警措施并通知驾驶员	控制器	B

结合 EM-CVT 初步系统架构,将表 3-1 中的功能安全需求细化为技术安全需求,如表 3-2 所示。

表 3-2 功能安全需求细化为技术安全需求

来源	ID	技术安全需求（TSR）	ASIL
FSR1	TSR1	采用不同工作原理的传感器对转速信号进行冗余设计	B
FSR2	TSR2	对自动变速箱控制单元的输出扭矩进行监控	B
FSR3	TSR3	将变速器的实际输出扭矩与需求扭矩进行对比，误差应在3％以内	C
FSR4	TSR4	当检测到实际输出扭矩比需求扭矩大5％时，应对输出扭矩进行限制并通知驾驶员	C
FSR5	TSR5	当检测到实际扭矩比需求扭矩小5％时，控制器应在0.5s内进行扭矩补偿	C

在完成技术安全需求的制定后需要对结果进行验证，以证明制定的技术安全需求无误：
（1）符合功能安全的概念；
（2）遵守初步系统架构设计。

3.2.2 相关项定义

相关项：一个系统或多个系统的组合，能够实现或部分实现整车的功能，也是功能安全研究的对象，不仅可以包含电子/电气组件，还可以包含机械、液压、化学等组件。

3.2.3 危害分析与风险评估

危害分析与风险评估是根据相关项的功能失效来分析可能对整车造成的危害，再根据对危害的评价，评出 ASIL，导出安全目标。

功能失效：根据相关项功能定义潜在功能失效。

危害分析：根据相关项的功能失效识别对整车的危害。

场景识别：搜集适用于相关项的运行场景。

风险评估：对危害事件（危害及运行场景的组合）从 S/E/C 三个维度进行风险评估安全。

目标导出：根据风险评估结果，导出安全目标，以防止危害发生或降低危害风险。

3.2.4 安全机制

技术安全需求主要建立系统所需的安全机制和确定避免潜伏故障的方法。安全机制的建立是为了通过具体安全措施，对故障现象进行报警和应急处理，使技术安全需求达到对应的 ASIL 要求，防止系统失效，保证系统运行的平稳性。因此在制定技术功能需求时，须制定配套的安全机制。安全机制的建立是通过技术安全需求指定系统或要素，实现功能安全目标的影响因素（包括失效和激励组合）与每个相关工作模式和系统定义的状态的组合。安全机制主要包括实现或维持系统安全状态的措施、细化实施报警和降级概念的措施等。

安全机制应该围绕两点进行设立：保证技术安全需求必需的安全机制；帮助相关项达到或

保持安全状态的安全机制。

技术安全需求应规定探测故障,制定防止或减轻系统输出端存在的导致功能安全需求失效的安全机制。

(1) 对系统自身故障进行检测,制定与故障显示和故障控制有关的安全机制,包括系统或元件自我检测,以此来检测随机的硬件故障,并且能够检测系统性失效,还可用于检测和控制通信通道的失效(例如:数据接口、通信总线、无线射频链路)。

(2) 制定与系统产生交互作用的涉及检测、显示和控制作用的外部设备发生故障时的安全机制。外部设备包括其他电子控制单元、电源或通信设备。

(3) 制定有助于系统实现或维持相关项安全状态的安全机制,在多项安全机制发生冲突时进行优先处理和仲裁。

(4) 制定细化实施报警和降级概念的安全机制。

(5) 制定防止故障潜伏发生的安全机制。

上述安全机制与上电期间的自检(运行前检查)有关,在运行期间和断电期间的检测(运行后检查)中可作为维护的一部分。

制定帮助相关项达到或保持安全状态的安全机制时应考虑以下要求。

(1) 安全状态间的转换(包括控制执行器的要求);

(2) 故障容错时间间隔(见图 3-2)。目的是在每个安全目标指定的故障容错时间间隔内实现一致的时序性。

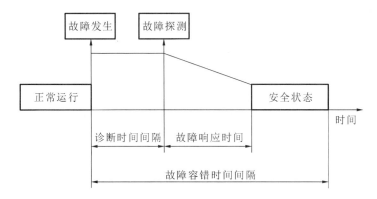

图 3-2 故障响应时间和故障容错时间间隔

(3) 当紧急操作在故障容错时间间隔内不能使相关项达到安全状态时,应调整故障容错时间间隔。整车测试和实验能够确定紧急操作时的故障容错时间间隔(例如安全状态降级运行前的持续时间)。

(4) 维持安全状态的措施。

3.2.5 需求导出

功能安全需求来源如下。

(1) 上层需求:包括来自客户和开发上游的安全需求。

(2) 验证确认:针对验证确认发现的失效模式,提出相关纠正措施,是安全需求的主要来源。

(3) 法规标准:主要关注 ISO 26262 中提到的相关定性或定量的安全需求。

(4) 外部系统:其他系统提出的针对本系统的安全需求。

(5) 市场反馈:市场反馈回来的一些问题或潜在的安全需求。

(6) 相关经验:根据产品或行业内积累的相关经验而产生的安全需求。

3.2.6 潜伏故障的避免

在功能安全需求被细化为技术安全需求的过程中,技术安全需求会被分配到具体的软件或硬件中去。由于硬件设备客观因素的影响,硬件在使用过程中会出现故障。硬件故障通常可以分为:安全故障、单点故障、残余故障、两点故障、潜伏故障和多点故障等。安全故障指会发生但并不会显著增加违反安全目标的概率的故障。单点故障指没有被安全机制覆盖而导致的违背安全目标的故障。残余故障指除去安全机制覆盖部分的故障。两点故障指和其他独立故障共同作用导致两点失效的故障。多点故障指和其他独立故障共同作用导致多点失效的故障。潜伏故障指既不能被安全机制探测到,又不能在故障检测时间间隔内被驾驶人员察觉的多点故障。在技术安全需求的制定过程中,需要建立与故障对应的安全机制。

由于潜伏故障既没有对应的安全机制,也无法被系统检测到失效模式,更无法被驾驶人员察觉,因此一旦潜伏故障发生,出现安全事故的概率会非常高。由于潜伏故障是无法被检测的多点故障,所以在将功能安全需求细化为技术安全需求的过程中,应根据多点故障的特性建立防止故障潜伏的安全机制。防止故障潜伏的安全机制的必要性评估标准是根据良好的工程实践得到的。潜伏故障的避免必须遵循的条件为技术安全需求须满足 ASIL(A、B、C 和 D 等级)。

为确保系统免受潜伏故障的影响,我们的首要任务是制定一套周密的多点故障测试策略。此外,我们必须为每种安全机制设定一个多点失效探测的时间间隔,以确保故障被及时发现并处理。在制定这些策略和时间间隔时,我们应考虑以下几个关键点:

(1) 根据硬件组件的可靠性要求,评估它们在系统架构中的作用及其对多点故障的影响;

(2) 确定随机硬件故障导致违背对应安全目标的最大概率,并据此设定量化目标;

(3) 从相关的安全目标、功能安全需求或更高级别的技术安全需求中,确定适用的 ASIL;

(4) 根据相关因素,确定每个安全机制的故障检测时间间隔。

在确定这些时间间隔时,需要综合考虑以下关键参数:

(1) 硬件组件的可靠性,同时考虑其在整体架构中扮演的角色和重要性;

(2) 与系统相关的潜在危害事件的发生概率,以及这些事件对系统安全性的影响;

(3) 根据硬件随机失效可能导致违背安全目标的风险,设定量化目标,以评估和控制相关风险;

(4) 根据相关安全目标,确定并分配适当的 ASIL,以指导安全机制的设计和实施。

潜伏故障的避免适用于对应的 ASIL(A、B、C 和 D 等级)。用于防止双点故障变成潜伏故障的安全机制的开发至少应符合：

（1）ASIL B 用于指定 ASIL D 的技术安全需求；

（2）ASIL A 用于指定 ASIL B 和 ASIL C 的技术安全需求；

（3）QM 用于指定 ASIL A 的技术安全需求。

3.3 系统架构设计

3.3.1 概述

技术安全需求的制定有助于确定在软件和硬件中应实现的功能安全，以便根据初步系统架构进行系统架构设计。为在系统级上实现功能安全需求、技术安全需求和非安全相关的需求，需要进行系统架构设计，将我们的需求、方案、安全机制、功能模块和系统架构用框图的方式描述出来，将细化得到的技术安全需求分配到对应的软件/硬件要素中去，实现系统架构设计的目的。系统架构设计应减少前期系统设计不合理带来的风险，实现系统级解决方案，同时达成满足相关项的功能需求和技术安全需求的目标。系统架构设计还应达成验证自身架构设计和技术安全概念满足技术安全需求规范的目的。

为规范进行系统架构设计，应参考功能安全概念、初步架构设想和技术安全需求。结合功能安全概念和技术安全需求，找到在系统架构要素中对应的部件，对初步架构设想进行设计，从而得到完整的系统架构。在进行系统架构设计时使用的初步架构设想应和功能安全概念中使用的初步架构设想保持一致，防止技术安全需求无法被分配到对应的软件/硬件。

系统架构设计可以帮助系统同时满足所分配的技术安全需求、非安全相关需求和设计限制。在进行系统架构设计时，应当充分考虑控制对象的特性和控制需求，进行系统架构设计实现技术安全需求。对于非安全相关的需求，可以用同一个开发流程来处理安全相关和非安全相关的需求。

为确保技术安全需求在系统架构上实现，应先验证以下各项能力：①验证系统架构设计的能力；②验证软硬件要素在实现功能安全方面的技术能力；③验证系统集成期间执行测试的能力。

在进行系统架构设计时应确定安全相关要素的内部和外部接口，防止其他要素对安全相关要素产生不利于安全的影响。

燃料电池 ECU 作为调整燃料电池发动机对外输出工况的控制器，起到根据工作环境对发动机工作状态进行调整的作用。以图 3-3 所示燃料电池 ECU 初步系统架构图为例，对其进行功能安全设计，通过概念阶段的实施，燃料电池 ECU 相关的功能安全需求从功能安全概念中被导出，再结合故障树法对其功能安全需求进行分解，得到对应的技术安全需求。

安全目标导出的功能安全需求在技术安全需求的制定阶段细化为相应的技术安全需求，如表 3-3 所示。

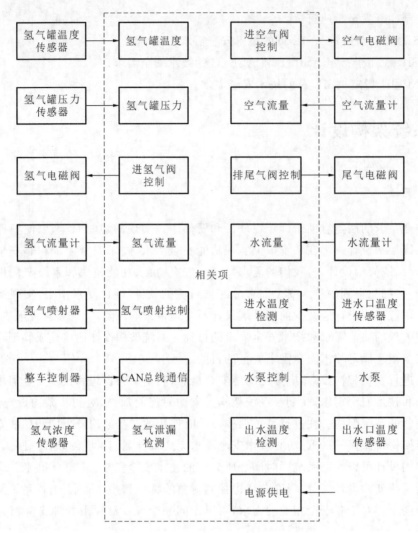

图 3-3 燃料电池 ECU 初步系统架构图

表 3-3 燃料电池 ECU 的技术安全需求

TSR	TSR 内容	ASIL	分配到的相关项要素
TSR1-1	氢气浓度的检测值精度在正常范围	C	氢气浓度传感器
TSR1-2	氢气浓度传感器的输出信号精度在正常范围	C	氢气浓度传感器
TSR1-3	能够准确接收氢气浓度传感器的输出信号	C	氢气泄漏监测功能
TSR1-4	能够将接收到的氢气浓度信号转换为数字量	C	氢气泄漏监测功能
TSR1-5	能够识别氢气浓度的故障	C	氢气泄漏监测功能
TSR2-1	氢气罐温度的检测值精度在正常范围	C	氢气罐温度传感器
TSR2-2	氢气罐温度传感器的输出信号精度在正常范围	C	氢气罐温度传感器
TSR2-3	能够准确接收氢气罐温度传感器的输出信号	C	氢气罐温度监测功能

续表

TSR	TSR 内容	ASIL	分配到的相关项要素
TSR2-4	能够将接收到的氢气罐温度信号转换为数字量	C	氢气罐温度监测功能
TSR2-5	能够识别氢气温度的故障	C	氢气罐温度监测功能
TSR2-6	氢气流量的检测值精度在正常范围	C	氢气流量计
TSR2-7	氢气流量计的输出信号精度在正常范围	C	氢气流量计
TSR2-8	能够准确接收氢气流量计的输出信号	C	氢气流量监测功能
TSR2-9	能够将接收到的氢气流量信号转换为数字量	C	氢气流量监测功能
TSR2-10	能够识别氢气流量的故障	C	氢气流量监测功能
TSR2-11	氢气喷射器的输出精度在正常范围	C	氢气喷射器
TSR2-12	氢气喷射器的控制精度在正常范围	C	氢气喷射控制功能
TSR2-13	喷射器能准确接收氢气喷射控制信号	C	氢气喷射器
TSR2-14	能够识别氢气喷射控制信号的故障	C	氢气喷射控制功能
TSR3-1	能在检测到异常之后切断氢气喷射控制信号	C	氢气喷射控制功能

要制定燃料电池 ECU 技术安全需求,需首先明确燃料电池 ECU 相关技术安全需求作用的软硬件要素。为在软硬件级上实现技术安全需求,应对初步系统结构进行设计,燃料电池 ECU 初步系统架构中的安全相关要素如图 3-4 所示。

根据表 3-3 中已被分配到的相关项要素,在图 3-4 中将未被分配到的相关项要素用灰色标记,该类要素在进行系统架构设计时将不被考虑。对剩下有关技术安全需求的要素进行系统架构设计,得到燃料电池 ECU 的详细系统架构设计图,如图 3-5 所示。

系统架构设计约束条件重点考虑 ASIL,即系统和子系统架构应满足技术安全需求的 ASIL。每个要素要继承它所执行的技术安全需求的最高 ASIL。如果一个要素由不同 ASIL 的子要素组成,或由非安全相关子要素和安全相关子要素组成,则都应按照最高 ASIL 来处理。

3.3.2 安全分析

系统安全事故的发生意味着必然存在导致事故发生的危害。危害出现的原因可能有很多种,只有找到根本原因,才能在产品设计过程中建立有针对性的安全措施来降低故障发生概率,从而减少事故发生造成的损失。安全分析的目的是确保系统性故障和随机硬件故障导致违背安全目标的风险足够低。安全分析具体包括:识别出在危害分析与风险评估中未被发现的新危害;识别出可能导致违背安全目标的故障或失效;识别出故障或失效的潜在原因;为制定故障预防安全措施、故障控制安全措施提供支持;为安全概念的实用性提供证据;支持对安全概念、安全需求的验证,以及识别设计需求和测试需求。一般需要在系统架构设计过程中进行安全分析。在安全分析阶段中,表 3-4 所示为根据 ASIL 提供的对应的分析方法。安全分析方法能检测智能网联汽车电子/电气系统中存在的安全隐患,识别失效的原因和故障产生的影响,降低事故发生概率。推荐级的先后顺序:"++"指最高推荐;"+"指建议使用;"O"指不建议使用或不需要。

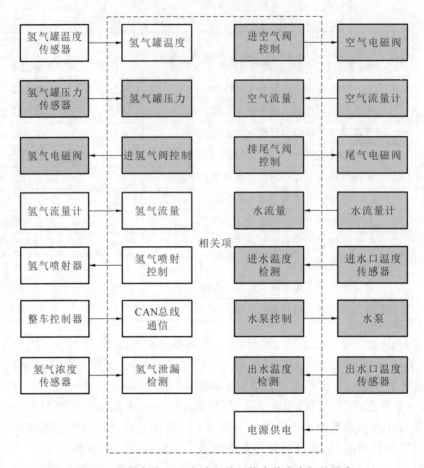

图 3-4 燃料电池 ECU 初步系统架构中的安全相关要素

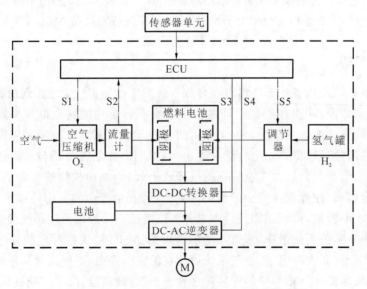

图 3-5 燃料电池 ECU 的详细系统架构设计图

表 3-4　系统架构设计分析

分析方法		ASIL			
		A	B	C	D
1	演绎分析	O	+	++	++
2	归纳分析	++	++	++	++

演绎分析是根据现有的系统架构去推导将会出现的危害事件;归纳分析是根据已有的危害事件,结合系统架构去寻找事故发生的原因。演绎分析方法包括故障树分析(FTA)、可靠性框图、鱼骨图。归纳分析方法包括失效模式与影响分析(FMEA)、事件树分析(ETA)、马尔可夫(Markov)模型。

故障树分析(FTA)是一种由上往下的演绎式失效分析方法。FTA 把系统可能发生的某种事故与导致事故发生的各种原因之间的逻辑关系用一种被称为故障树的图形表示。对故障树定性与定量分析,可以找出事故发生的主要原因,为确定安全对策提供可靠依据。结合汽车系统结构设计,在整车级分析故障发生原因,将其不断分解到要素层面,直到分析出故障发生的直接原因。FTA 的特点是直观明了、思路清晰、逻辑性强,可做定性分析,也可以做定量分析。它体现了以系统工程方法研究安全问题的系统性、准确性和预测性。

FTA 是分析与预测复杂系统的安全性、可靠性最重要和最有效的方法之一,FTA 主要利用布林逻辑组合低阶事件,分析系统中不希望出现的状态。FTA 主要用在安全工程以及可靠度工程的领域,主要作用有:了解系统失效的原因、找到最好的方式降低风险、确认某一安全事故或特定系统失效的发生率。FTA 图解如图 3-6 所示。

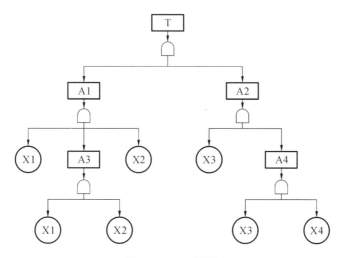

图 3-6　FTA 图解

树形结构是 FTA 的基础,树形结构正确与否直接影响到 FTA 分析结果的可靠程度。故障树的建立需要遵循下列几项基本规则。

规则一:正确选择顶事件。应当把发生概率高而且后果严重的故障事件优先考虑作为顶事件;也可以把发生概率不高但是后果很严重或者虽然后果不严重但是发生概率很高的事件作为顶事件。

规则二:遵循"直接原因"原理。在确立了顶事件之后,再分析确认顶事件的直接、充分和必要的原因,将直接、充分和必要的原因作为中间事件,再确定中间事件的直接、充分和必要的原因,这样层层展开直至与底事件对应。

规则三:合理确定边界条件。应当明确规定被分析系统与其他系统的界面。

规则四:保持"门"的完整性。任何一个逻辑门的输出都必须有一个结果事件,不允许没有结果事件而将门与门直接相连。

FTA 用于定性分析是分析失效的发生规律及特点,通过求取最小割集,找出控制相关失效的可行方案,并从故障树的结构上、发生概率上分析各基本事件的重要程度,以便按优先级分别采取对策。FTA 用于定量分析是先确定各基本事件的失效率,再通过布尔代数运算规则求取顶事件发生的概率。

失效模式与影响分析,即"潜在失效模式及后果分析",是在产品设计阶段和过程设计阶段,对产品的子系统、组件的生产过程进行分析,寻找潜在的失效问题以及后果,然后采取措施解决问题,实现提高产品质量和可靠性的系统性活动。失效模式与影响分析(FMEA)是一种可靠性分析方法,也是风险分析中的方法。FMEA 评估分析各种可能的风险,揭示可能出现的故障,并预测该故障对于整体系统的影响,以便在现有技术的基础上消除这些风险或者将风险降低到可接受的水平。FMEA 适用于产品和工艺设计每个阶段中有关质量问题的分析。FMEA 的优势在于给出了重要失效模式在系统中的概括描述,同时它也迫使设计者评估所设计的系统的可靠性。

FMEA 的目的是使发生最坏情况时的失效不超过预期范围。其目标是建立一个容错系统,在故障发生时不仅可以保持系统安全,还可以纠正已发生的故障。

上述大多数方法可同时适用于定量分析和定性分析。FTA 既可以用于定性分析又可以用于定量分析。FMEA 一般用于定性分析。在汽车电子产品的功能安全设计开发过程中,FTA 主要用来发现违反安全目标的潜在危害,FMEA 主要用于硬件随机失效的分析。不同分析有不同作用,定量分析可以预测故障发生的频率,而定性分析可以识别故障。进行安全分析时一般多用定性分析,必要时可以采用定量分析。

高压共轨柴油机 ECU 通过在各个系统架构要素中的传感器来判断汽车的运行工况,再根据驾驶人员的意图来执行操作。针对制动踏板失效这一危险事件可用故障树分析进行安全分析。制动踏板失效的故障树分析如图 3-7 所示。

3.3.3 系统故障避免

1. 系统性故障

电子/电气系统故障可以分为系统性故障和随机硬件故障。系统性故障的产生通常是因为违反了系统架构设计原则和存在产品自身设计缺陷。系统性故障的类型包括:软件和硬件设计错误、规格错误、安装和调试错误、维护错误等。系统性故障一旦产生,除非根本原因得到解决,否则将一直影响系统安全。为了减少系统性故障,我们常运用安全分析消除或减轻引起系统性故障的内部原因或外部原因,也可以更改系统设计基础或操作基础。

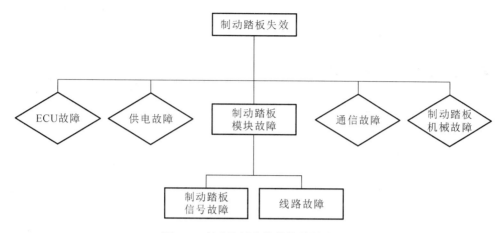

图 3-7 制动踏板失效的故障树分析

系统性故障发生得越来越频繁。为减小发生系统性故障的可能性，可以在合适的情况下采用值得信赖的汽车系统设计原则，这些原则包括以下内容：

(1) 重复使用可靠的技术安全概念；

(2) 重复使用可靠的要素设计，包括硬件和软件组件；

(3) 重复使用可靠的机制来检测和控制失效；

(4) 重复使用可靠的或标准化的接口。

必须对可靠的设计原则的适用性进行分析，并记录在案，以确保产品应用的一致性和适用性。

为了避免高复杂性导致的系统性故障，系统架构设计应表现出以下特性：

(1) 模块化。能够清晰呈现出系统架构，表明不同要素间的关系。

(2) 具有适当的颗粒度。颗粒度越高，系统架构越清晰，能够帮助硬件工程师和软件工程师更轻易地进行设计。

(3) 简单性。对系统架构和逻辑进行简化，以防止因系统复杂而产生事故。

2. 随机硬件故障

在产品的日常使用过程中，硬件中某一个或几个元器件出现意外状况导致的随机故障，被称为随机硬件故障。其产生的原因可以分为外因和内因：外因主要是元器件的应用环境，包括电器过载、机械应力和温度等；内因主要为元器件的材料缺陷、加工工艺问题等。针对运行过程中的随机硬件故障提出以下几点控制措施。

(1) 在系统架构设计过程中，制定用于检测、控制或减轻随机硬件故障的措施。

这些措施可以通过硬件诊断功能，以及相关软件来检测随机硬件故障。

(2) 对于汽车安全完整性等级为 ASIL B、C 和 D 的安全目标，可以选择可替代流程中的一个，用于评估随机硬件故障导致违背安全目标的程度，并应定义目标值用于相关项的最终评估。

(3) 对于汽车安全完整性等级为 ASIL B、C 和 D 的安全目标，可以在要素层面规定适当的失效率和诊断覆盖率的目标值。

（4）对于汽车安全完整性等级为 ASIL B、C 和 D 的安全目标所做的分布式开发，推导出的目标值应通报给每个相关团队。

3.3.4 分配到硬件和软件

在智能汽车的系统功能安全开发过程中，安全目标被视为顶层的安全需求。为了在技术上实现这些安全目标，我们需要将它们在技术级别上分配给相应的软件和硬件。这就涉及将技术安全需求直接或进一步细化地分配给硬件和软件。其中，硬件安全需求是指技术安全需求在硬件级别上的具体化，而软件安全需求则是指技术安全需求在软件级别上的具体化。这个过程确保了安全目标能够在各个级别（包括硬件和软件）上得到满足，从而提高整个系统的安全性。这是功能安全开发的关键步骤，也是实现智能汽车安全的重要环节。分配给软件和硬件的具体措施的制定需要以硬件架构的安全分析、软件安全需求分析为依据，并且要能够和系统级中的技术安全需求形成对应。技术安全需求的分配应注意：

（1）技术安全需求分配给系统、硬件或软件作为实施技术的系统架构设计要素；

（2）分配和分区决策应符合系统架构设计，为了实现独立性和避免故障的传播，系统架构设计要实现功能分区和组件分区；

（3）每个系统架构设计要素应从其要实现的技术安全需求中继承最高的 ASIL；

（4）如果一个系统架构设计要素由分配了不同 ASIL 的子要素组成，或由安全相关和非安全相关的子要素组成，则每个子要素应按照最高的 ASIL 处理，除非满足共存标准；

（5）如果技术安全需求分配到具有可编程功能的定制硬件，比如专用集成芯片（ASIC）、现场可编程门阵列（FPGA）或是其他形式的数字化硬件，宜结合硬件级产品开发和软件级产品开发的要求来定义和实施适当的开发流程。

3.3.5 软硬件接口规范

接口是元素之间信息或能量传递的媒介，信息或能量传递的失效同样会违反安全目标，因此我们需要对接口进行设计、分析和验证。软硬件接口规范应考虑以下问题。

（1）软硬件接口规范应规定硬件和软件的交互，并与技术安全概念保持一致。软硬件接口规范应包括组件中由软件控制的硬件设备以及支持软件运行的硬件资源。

（2）软硬件接口规范的特性包含：

① 硬件设备的相关工作模式和相关配置参数，例如硬件设备的工作模式（默认模式、初始化模式、测试模式或高级模式等）和配置参数（增益控制、带通频率或时钟预分频器等）。

② 保证要素之间具有独立性或支持软件分区的硬件功能。

③ 硬件资源的共享和独占，例如内存映射端口、寄存器端口、定时器端口、中断端口、I/O 端口的分配。

④ 硬件设备的访问机制，例如串行、并行、从属、主/从属。

⑤ 具有由技术安全概念导出的时序约束。

（3）软硬件接口规范应规定硬件的相关诊断能力及其在软件中的使用：

① 应定义硬件诊断特征，例如过流、短路或温度过高的示例检测。

② 应定义软件诊断特征。

(4) 应在系统架构设计时制定软硬件接口规范,并在硬件级产品开发过程和软件级产品开发过程中进一步细化。

3.3.6 系统架构设计验证

在完成系统架构设计后,我们需要对系统功能安全活动进行验证。这包括对技术安全需求进行验证,以证明其正确性、完整性和与系统给定边界条件的一致性。我们采用表3-5所列的验证方法,包括设计检查、设计走查、仿真、系统原型和车辆测试等,对系统架构设计、软硬件接口规格、技术安全概念,以及生产、运行、维护和报废要求规格进行验证。这些验证方法提供了相应的依据,验证了以下项目:

(1) 系统是否达到要求的ASIL;
(2) 系统架构设计与技术安全需求的关系;
(3) 前期开发步骤的系统架构设计的有效性和合规性。

表3-5 系统架构设计验证

	验证方法	ASIL			
		A	B	C	D
1a	设计检查	+	++	++	++
1b	设计走查	++	+	O	O
2a	仿真	+	+	++	++
2b	系统原型和车辆测试	+	+	++	++

设计检查和设计走查用于检查技术安全需求是否得到完整和正确的实施。仿真以及系统原型和车辆测试可作为故障注入测试使用。

3.4 集成和测试

3.4.1 概述

在完成了系统架构设计,确定了软件级产品开发和硬件级产品开发任务,将技术安全需求分配到软件级产品开发和硬件级产品开发中的各个对应部分,从而进行软件级产品开发和硬件级产品开发后,需要将软硬件结合以将软硬件级的开发结果应用到整车级,以实现安全目标。集成和测试阶段包括从软硬件集成到系统集成,再到整车集成,并且需要在每个集成阶段执行指定的测试,验证设计的安全功能是否满足技术安全需求,提供集成要素正确交互的证据,以此从不同层面对产品的功能实现和安全可靠性进行多级验证,保证产品的功能安全。测试不仅要对每个安全需求进行验证,还应考虑选取合适的ASIL相关的测试方法。

系统和相关项的集成和测试阶段包括三个子阶段和三个目标。第一个子阶段是软硬件层集成:将每个要素中的硬件和软件集成。第二个子阶段是系统层集成:将项目中的要素进行集成,最后构成一个完整的系统。第三个子阶段是整车层集成:相关项与整车内其他系统的集成。进行系统和相关项的集成和测试的三个目标是:①定义系统集成步骤,并按照步骤集成系统要素,直至最后集成一个完整系统;②验证系统架构设计中安全分析制定的需要起作用的安全措施是否得到正确实施;③验证集成系统的要素是否根据系统架构设计满足了其功能安全标准要求。

在进行系统和相关项的集成和测试前,需要对其进行相关规定:①在集成和测试阶段,要注意进行必要的检测来证明系统架构设计符合功能安全需求和技术安全需求;②应基于系统设计规范、功能安全概念、技术安全概念、项目集成和测试计划,来定义集成和测试策略,提供测试目标被充分覆盖的证据;③为使子阶段集成和测试能够进行,在进行子阶段集成和测试前,具体考虑相关计划的制定;④在整个集成子阶段,对每个功能和技术安全需求应至少进行一次验证。

在集成和测试阶段须检测:
(1) 正确执行功能安全需求和技术安全需求;
(2) 安全机制的正确功能表现、准确性和时序;
(3) 接口的一致性和正确性;
(4) 足够的鲁棒性。

证明测试目标被充分覆盖的证据应涉及:
(1) 为功能安全提供证据的试验目标;
(2) 对有助于安全概念的相关项及其要素的集成和测试。

为使子阶段集成和测试能够进行,应采取以下操作:
(1) 细化项目集成和测试计划以用于软硬件集成与测试;
(2) 细化项目集成和测试计划,其中包含系统及整车级的集成和测试规范,以确保来自软硬件验证的未解决问题得到处理;
(3) 系统及整车级的项目集成和测试计划应考虑车辆子系统(与该项目相关的内部子系统和外部子系统)与环境之间的接口。

为了能够适当地规定集成和测试的测试用例,测试用例应采用表 3-6 所列的适当的方法,并考虑到集成层面。

表 3-6 为集成和测试导出用例的方法

	方法	ASIL			
		A	B	C	D
1a	需求分析	++	++	++	++
1b	外部和内部接口分析	+	++	++	++
1c	等价类的生成和分析	+	+	++	++
1d	边界值分析	+	+	++	++
1e	基于知识或经验的错误预测	+	+	++	++

续表

	方法	ASIL			
		A	B	C	D
1f	函数依赖性分析	+	+	++	++
1g	相关失效的常见极限条件、顺序和来源分析	+	+	++	++
1h	环境条件和运行用例分析	+	++	++	++
1i	现场经验分析	+	++	++	++

3.4.2 软硬件集成和测试

在完成了集成和测试前的相关规定后,确定集成和测试对象。根据软件级产品开发和硬件级产品开发的结果,进行软硬件集成与测试,以使要素完善。软硬件集成和测试先考虑软硬件的集成,再对集成结果进行测试。

软硬件集成的对象是软件级产品开发和硬件级产品开发的结果。它们是技术安全需求在软硬件层面上通过具体开发得到的结果。在进行系统架构设计时,为在技术层面上具体实现功能安全需求,而将其细化为能够通过软硬件实现的技术安全需求。现在需要将这些具体实现的结果整合,来证明产品功能安全需求的可行性。

为了揭示系统设计中可能存在的系统性故障,ISO 26262 标准在软硬件集成阶段为各种测试目标提供了多种测试方法。根据系统实现的功能、复杂性以及分布式特性,只要我们能提供充分的理由,就可以在其他集成子阶段进行相应的测试。这种方法旨在确保系统的整体安全性和可靠性,满足智能网联汽车的功能安全需求。

为验证技术安全需求在软硬件级的正确执行,应使用表 3-7 中列出的测试方法。

表 3-7 技术安全需求在软硬件级的正确执行

	测试方法	ASIL			
		A	B	C	D
1a	基于需求的测试	++	++	++	++
1b	故障注入测试	+	++	++	++
1c	背靠背测试	+	+	++	++

基于需求的测试是指针对功能和非功能需求的测试。

故障注入测试是一种独特的测试方法,它在系统运行时通过特定手段将故障引入测试对象中。该测试可以通过软件内部的特殊测试接口或专门设计的硬件来实现。这种方法常被用于提高满足功能安全需求的测试覆盖率,因为在系统正常运行期间,安全机制通常不会被触发。通过故障注入测试,我们可以更全面地验证系统的安全机制,以确保智能网联汽车在面临各种故障时仍能保持功能安全。

背靠背测试是将测试对象的反应与仿真模型对相同刺激的反应进行比较,以检测模型的行为与测试对象之间的差异。

为验证安全机制在软硬件级的正确功能表现、准确性和时序,应使用表3-8中列出的测试方法。

表3-8 安全机制在软硬件级的正确功能表现、准确性和时序

测试方法		ASIL			
		A	B	C	D
1a	背靠背测试	+	+	++	++
1b	性能测试	+	++	++	++

性能测试是一种关键的验证方法,它可以评估测试对象在整个运行环境中的性能,包括任务调度、时序和功率输出等方面。此外,性能测试还可以确认目标控制软件与硬件的协同运行能力。这种测试对于确保智能网联汽车在各种实际运行条件下都能保持优良性能和功能安全至关重要。

为验证外部和内部接口在软硬件级执行的一致性和正确性,应使用表3-9中给出的测试方法。

表3-9 外部和内部接口在软硬件级执行的一致性和正确性

测试方法		ASIL			
		A	B	C	D
1a	外部接口测试	+	++	++	++
1b	内部接口测试	+	++	++	++
1c	接口一致性检查	+	++	++	++

外部接口测试用于检测外部系统与系统间的交互点。

内部接口测试用于检测系统内部子系统间的交互点。

接口一致性检查用于验证系统内外各个接口的一致性。其中包括数据格式、类型、长度、顺序等的一致性,以及接口的行为一致性。这种检查有助于确保系统的稳定性和可靠性,减少因接口不一致导致的错误和问题。

为验证软硬件级的硬件故障检测机制对于故障模型的有效性,应使用表3-10中列出的测试方法。

表3-10 软硬件级的硬件故障检测机制对于故障模型的有效性

测试方法		ASIL			
		A	B	C	D
1a	故障注入测试	+	+	++	++
1b	错误预测测试	+	+	++	++

错误预测测试是利用专家知识和通过经验教训收集的数据来预测测试对象的错误,然后设计一组测试来检查这些错误。如果测试人员以前有类似测试对象的经验,错误预测测试是一种有效的方法。

为验证软硬件级的鲁棒性水平,应使用表 3-11 中列出的测试方法。

表 3-11 软硬件级的鲁棒性水平

测试方法	ASIL			
	A	B	C	D
1a 资源使用测试	+	+	+	++
1b 压力测试	+	+	+	++

资源使用测试是一个关键的验证步骤,它可以通过静态或动态的方式进行。静态测试包括检查代码的大小和分析中断使用的代码,以确保在最糟糕的情况下也不会耗尽系统资源。动态测试则是进行实时监控,以实时跟踪和管理资源使用情况。这两种方法都对保障智能网联汽车的功能安全起着至关重要的作用。

压力测试用于验证测试对象在高运行负荷或环境的高要求下是否正确运行。因此,压力测试可以对测试对象进行高负载测试,或使用特殊接口负载或值(总线负载、电击等)进行测试,以及在极端温度、湿度或机械冲击下进行测试。

3.4.3 系统集成和测试

1. 系统集成

组成系统的各个要素应按照系统架构设计进行集成,并根据系统集成和测试规范进行测试。测试旨在提供证据,证明每个系统要素正确交互,符合技术和功能安全需求,并对没有可能违反安全目标的非预期行为提供足够的置信度。

2. 系统测试

为了揭示系统集成中可能存在的系统性故障,我们可以使用适当的测试方法,根据测试需求得到测试目标。根据系统实现的功能、复杂性以及分布式特性,只要我们能提供充分的理由,就可以在其他集成子阶段进行相应的测试。这种方法旨在确保系统的整体安全性和可靠性,满足智能网联汽车的功能安全需求。

使用表 3-12 所列的测试方法验证功能安全需求和技术安全需求在系统级的正确执行情况。

表 3-12 功能安全需求和技术安全需求在系统级的正确执行情况

测试方法	ASIL			
	A	B	C	D
1a 基于需求的测试	++	++	++	++
1b 故障注入测试	+	+	++	++
1c 背靠背测试	O	+	+	++

使用表 3-13 中列出的测试方法验证系统级安全机制的正确功能表现、准确性和时序。

表 3-13 系统级安全机制的正确功能表现、准确性和时序

测试方法		ASIL			
		A	B	C	D
1a	背靠背测试	O	+	+	++
1b	故障注入测试	+	+	++	++
1c	性能测试	O	+	+	++
1d	错误预测测试	+	+	++	++
1e	来自现场经验的测试	O	+	++	++

来自现场经验的测试是利用现场经验收集的数据来预测系统的误差,然后设计一套测试规范和测试设施来检查这些误差。考虑到测试人员有类似的经验,该测试是一种有效的方法。

使用表 3-14 所列的测试方法验证外部和内部接口在系统级执行的一致性和正确性。

表 3-14 外部和内部接口在系统级执行的一致性和正确性

测试方法		ASIL			
		A	B	C	D
1a	外部接口测试	+	++	++	++
1b	内部接口测试	+	++	++	++
1c	接口一致性检查	+	+	++	++
1d	互动/交流测试	++	++	++	++

外部接口测试包括模拟测试、数字输入和输出测试、边界测试、非等效级测试,以全面测试系统指定接口的兼容性、定时性和其他指定特性。

内部接口测试包括静态测试(比如插头的匹配)以及有关总线通信或系统元件之间的任何其他接口的动态测试。

互动/交流测试包括系统元件之间的通信测试,以及被测系统与其他车辆系统之间在运行期间的通信测试,以满足功能和非功能要求。

使用表 3-15 中列出的测试方法验证系统级的鲁棒性水平。

表 3-15 系统级的鲁棒性水平

测试方法		ASIL			
		A	B	C	D
1a	资源使用测试	O	+	++	++
1b	压力测试	O	+	++	++
1c	特定环境条件下的抗干扰性和鲁棒性测试	++	++	++	++

资源使用测试(系统级)通常在动态环境中进行,主要关注的问题包括功耗和总线负载。

压力测试则是为了验证系统在高运行负载或高环境要求下是否稳定运行。我们可以在系

统的高负载下进行测试,或者使用极端用户输入和来自其他系统的请求,甚至是在极端温度、湿度或机械冲击的环境下进行测试。

在特定的环境条件下,抗干扰性和鲁棒性测试可以被视为压力测试的一种特殊形式,其中包括电磁兼容性(electromagnetic compatibility,EMC)和静电放电(electro-static discharge,ESD)测试,这些都是为了确保智能网联汽车在各种条件下的功能安全。

3.4.4 整车集成和测试

1. 整车集成

整车安全测试是确认整车功能安全是否达标的非常有效的手段。其目的有两个:一个是证明开发对象集成到对应车辆后能达到安全目标;另一个是证明功能安全需求和技术安全需求是可实现的。

整车集成应将相关项集成到车辆中,并进行车辆集成试验。在规划整车级集成和测试时,可以考虑典型与极端车辆条件和环境下的正确车辆行为,还应对相关项与车载通信网络、车载电源网络的接口规范进行验证。

2. 整车测试

使用表3-16中列出的测试方法验证整车级功能安全需求的正确执行情况。

表3-16 整车级功能安全需求的正确执行情况

	测试方法	ASIL			
		A	B	C	D
1a	基于需求的测试	++	++	++	++
1b	故障注入测试	++	++	++	++
1c	长期测试	++	++	++	++
1d	实际使用条件下的用户测试	++	++	++	++

长期测试和实际使用条件下的用户测试的目的都是模拟现场经验,但它们使用了更大的样本量,并且测试者是普通的用户。这种测试不受先前指定的测试场景的约束,而是在日常生活中的现实条件下进行。这种方法有助于更准确地评估智能网联汽车在实际使用环境中的功能安全性。

实际使用条件下的用户测试是根据现场经验和现场收集的数据进行的测试。

安全机制在整车级的正确功能表现、准确性和时序应使用表3-17中列出的测试方法进行验证。

性能测试可以验证与该相关项相关的安全机制的性能。

内部和外部接口在整车级执行的一致性和正确性应使用表3-18中列出的测试方法进行验证。

表 3-17 安全机制在整车级的正确功能表现、准确性和时序

	测试方法	ASIL			
		A	B	C	D
1a	性能测试	+	+	++	++
1b	长期测试	+	+	++	++
1c	实际使用条件下的用户测试	+	+	++	++

表 3-18 内部和外部接口在整车级执行的一致性和正确性

	测试方法	ASIL			
		A	B	C	D
1a	内部接口测试	+	+	++	++
1b	外部接口测试	+	+	++	++
1c	交互/通信测试	+	+	++	++

内部接口测试和外部接口测试用以测试车辆系统接口的兼容性。两测试可以通过验证数值范围、额定值或几何结构来静态完成,也可以在整车运行期间动态完成。

交互/通信测试包括根据功能和非功能要求,在运行时测试车辆系统之间的通信。

安全机制在整车级的失效覆盖率的有效性应使用表 3-19 中给出的测试方法进行验证。

表 3-19 安全机制在整车级的失效覆盖率的有效性

	方法	ASIL			
		A	B	C	D
1a	故障注入测试	O	+	++	++
1b	错误预测测试	O	+	++	++
1c	来自现场经验的测试	O	+	++	++

整车级的鲁棒性水平应使用表 3-20 中列出的测试方法进行验证。

表 3-20 整车级的鲁棒性水平

	测试方法	ASIL			
		A	B	C	D
1a	资源使用测试	+	+	++	++
1b	压力测试	+	+	++	++
1c	特定环境下的抗干扰性和鲁棒性测试	+	+	++	++
1d	长期测试	+	+	++	++

资源使用测试(整车级)通常在动态环境中进行(比如电子控制单元网络环境、原型或整车)。测试的内容包括相关项内部资源、功耗或其他车辆系统的有限资源。

压力测试用于验证车辆在高工作负载或高环境要求下是否正确运行。因此我们可以在车辆高负荷下进行测试,也可以使用极端用户输入或来自其他系统的要求,或在极端温度、湿度或机械冲击下进行测试。

3.5 安全确认与生产发布

为确保功能安全系统的安全性和可靠性,在开发过程中需要进行全面的验证与确认。具体包括需要针对开发过程和最终产出物进行审核和评估,采取走查、检查、评估等方式进行审查,以验证产品符合功能安全规范的要求;需要进行各类测试,基于系统需求和设计来进行需求测试、故障注入测试、接口测试等,全面验证系统实现的功能和安全机制;需要进行仿真,建立原型仿真、功能逻辑仿真、热仿真等模型,模拟系统行为;需要进行安全分析,针对系统设计进行 FMEDA(失效模式影响与诊断分析)、FTA、FMEA、DFA(dependent failure analysis,相关失效分析)等分析,评估各种故障条件下的危险性。审核和评估、测试、仿真、安全分析等手段形成闭环的验证体系,以从不同侧面全面确认系统的安全性和可靠性,确保功能安全系统按规范要求开发和验证,达到预期的安全等级。

3.5.1 安全确认

我们通过集成和测试先将软件产品和硬件产品集成到系统中,再由多个子系统集得相关项。虽然完成了相关项在整车上的测试,但还不足以证明其安全目标的实现。在产品开发阶段,所有安全相关的活动都需要通过验证来提供开发结果符合开发目标的证据。因此还需要通过安全确认来提供相关项集成到整车级上之后达到了安全目标的证据,并且提供功能安全概念和技术安全概念适用于对应相关项的功能安全的证据。

对具有代表性的车辆进行相关项集成的安全确认,为预期用途提供适当的证据,并且确认安全措施对某一类别或一组车辆的充分性。基于集成和测试,安全确认提供了安全目标已经实现的保证。

对相关项进行安全确认需要考虑环境、规范、执行和评估问题。

安全确认的环境是需要在车辆级的代表环境中对相关项的安全目标进行验证,代表环境需要考虑车辆类型和车辆配置。

安全确认的规范需要考虑进行安全验证的相关项配置、安全确认活动流程、测试用例、驾驶操作、验收标准的规范、设备和所需的环境条件。

安全确认的执行包括:

(1) 采用测试进行安全确认时,可以采用与验证测试规定相同的要求;
(2) 通过评估标准验证整车级上相关项的安全目标;
(3) 基于安全目标、功能安全需求和预期用途进行整车级的安全确认。

对安全确认的结果进行评估,以判断实施的安全目标是否实现了相关项的功能安全。

3.5.2 功能安全评估

在完成安全确认后,由负责功能安全的专业组织来对相关项实现的功能安全进行评估。专业组织根据安全目标的 ASIL 开展功能安全评估活动,得到评估报告。

3.5.3 生产发布

在得到由专业组织提供的功能安全评估报告后,就可以在生产发布后制定开发准则,进行具体的生产了。生产发布前需要确认相关项是否满足量产和运行的准备。满足量产需要相关项及其内部所有要素和系统被验证和确认。

在达到生产发布要求后,开展生产发布活动。发布生产发布的文件,对生产发布过程中软件和硬件的基线进行文档记录,将文档记录集合成生产发布报告。

功能安全生产发布文件应包含:
(1) 负责发布人员的姓名和签名;
(2) 所发布相关项的版本信息;
(3) 所发布相关项的配置信息;
(4) 参考的相关文件信息;
(5) 生产发布日期。

3.6 新能源"三电"系统领域功能安全实践

3.6.1 整车控制系统

整车控制系统(vehicle control unit,VCU)作为新能源汽车的核心控制单元,负责解析驾驶员的行驶意图,并提供驾驶员期望的驱动或制动扭矩给电机控制系统,实现车辆的加速或减速行驶。VCU 通过加速踏板识别驾驶员的加速意图,通过刹车踏板识别驾驶员的制动意图,综合判断整车状态,比如车速、电机扭矩能力、电池功率和外部扭矩请求等信息,得出整车期望的扭矩需求,包括驱动扭矩和制动扭矩信息,一并发送给电机控制系统。混合动力系统或多电机驱动的系统(比如四驱车辆)中,整车控制系统还实现了多个动力源的扭矩分配、换挡控制等。整车控制系统架构如图 3-8 所示。

整车控制系统的功能主要是提供纵向直线的整车加速或减速的轮端驱动力矩,同时依据新能源汽车的驱动结构不同,功能也存在差别,例如纯电动车,不存在混动或插电混动汽车具有的离合器和挡位控制等功能。鉴于此,我们将重点关注一般整车控制系统的基本功能。借鉴标准 SAE J2980—2015,整车控制系统的基本功能概述如表 3-21 所示。

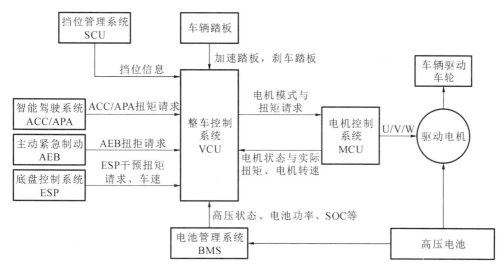

图 3-8 整车控制系统架构

表 3-21 整车控制系统的基本功能概述

功能代号	功能	详细描述与解释
F1	提供系统启/停选择	包括带蠕行功能的启停功能
F2	提供车辆可选的行驶方向	前进(D)、后退(R)、空挡(N)和驻车(P)主要由变速箱系统提供
F3	提供驾驶员需要的驱动扭矩请求	包括纯发动机、纯电动机或混合驱动扭矩
F4	提供制动扭矩请求	这里的制动扭矩是指制动能量回收的扭矩或发动机的拖曳力矩,并不代表底盘制动系统的机械制动力
F5	提供驻车选择	主要用于防止车辆溜坡

3.6.2 电驱系统

按照国标《电动汽车用驱动电机系统》(GB/T 18488—2024)的定义,驱动电机系统(以下简称电驱系统)是指安装在电动汽车上,为车辆行驶提供驱动力、实现机械能与电能间相互转化的系统。电驱系统架构如图 3-9 所示,其中既包括了驱动电机,也包括了电机控制系统。电驱系统跟"三电"系统中的另外两个部分——电池管理系统(battery management system, BMS)和整车控制系统通过 CAN 总线进行连接。

现在的驱动电机及电机控制系统通常被集成在多合一的动力总成产品中。最多甚至达到了八合一,比如将驱动电机、电机控制系统、减速器、高低压直流转换器、双向车载充电器(on-board charger, OBC)、高压配电箱(power distribution unit, PDU)、电池管理系统、整车控制系统集成在多合一产品中,以降低整车重量和体积,提升功率密度。

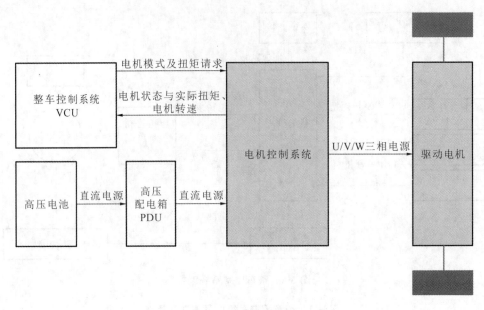

图 3-9　电驱系统架构

3.6.3　电池管理系统

高压电池是指将许多组并联电池芯以串联方式堆叠而成的电池包,电压最高可达 1000 V。高压电池的典型应用包括:纯电动汽车(BEV)、插电式混合动力汽车(PHEV)、全混合电动汽车(FHEV)、储能系统。

为了确保能源的优化利用,科学地管理充放电过程,以及评估每个电池芯的电池荷电状态(state of charge,SOC)、健康状态(state of health,SOH)和其他状态参数,电池管理系统监测和控制所有与电池整体性能和寿命有关的过程。新能源电池控制部分称为电池管理系统,其主要功能有:①保护电芯和电池包不受到损害;②使电池在合适的电压和温度范围内工作;③保证电池在合适的条件下运行;④电池参数检测,其中包括总电压检测、总电流检测、单体电压检测、温度检测、绝缘检测、碰撞检测、阻抗检测、烟雾检测等;⑤电池状态建立,其中包括 SOC、SOH、SOF(state of function,功能状态);⑥在线诊断故障,其中包括传感器故障、网络故障、电池故障、绝缘故障和电池过充、过放、过流等;⑦电池安全保护和告警,当诊断出故障,电池管理系统将故障情况上报,同时切断电路,保护电池不受到损害;⑧进行慢充和快充的充电控制;⑨电池一致性控制通过采集单体电压信息,采用均衡方式使电池达到一致性,均衡方式有耗散式和非耗散式;⑩热管理功能在充电和放电过程中监控电池包各观察点的温度,决定是否进行加热和冷却;⑪网络功能包括在线标定和在线程序下载,通常采用 CAN 网络;⑫信息存储,存储关键数据包括 SOC、SOH、充放电安时数、故障码等。

3.7 本章小结

本章详细阐述了智能网联汽车电子/电气系统功能安全开发的系统级产品开发流程。首先,在系统级产品开发的启动阶段,我们需要规划功能安全活动,并制定相应的项目计划和安全计划。接下来,在技术安全需求制定阶段,我们根据功能安全需求,细化出技术层面的安全需求,并设计相应的安全机制。此外,我们还需要避免潜伏故障,以增强系统的鲁棒性。

在系统架构设计阶段,我们根据技术安全需求,完成系统框架的搭建,进行安全分析,明确软硬件接口,并对设计进行验证。然后,我们进入软硬件集成与系统集成阶段,在这个阶段,我们需要根据不同的 ASIL 要求,选择适当的测试方法,以验证功能安全需求的实现情况。

最后,在整车集成与测试阶段,我们在真实的车辆环境中进行安全机制和接口的综合验证,以最终确认整车的功能安全性。

本章还列举了新能源汽车领域的整车控制系统、电驱系统和电池管理系统的功能安全的相关内容。系统级产品开发是一个关键的环节,它确保了功能安全,同时也需要进行全面的安全流程管理、风险评估和多层次的验证,以降低系统故障的风险,提高汽车的安全性。这是我们在智能网联汽车功能安全开发中,必须要重视和实施的一个环节。

课后习题

习题 1:整车控制系统的核心功能是什么?
习题 2:电池管理系统的主要功能有哪些?
习题 3:功能安全需求细化为技术安全需求的主要目的是什么?
习题 4:系统架构设计的目的是什么?
习题 5:功能安全评估的目的是什么?
习题 6:失效有哪些分类?
习题 7:阐述进行 ASIL 分解的原因。

4 智能网联汽车功能安全的硬件级产品开发

ISO 26262 在系统级产品开发中对安全分析的要求注重系统故障的分析,而在硬件级产品开发中,对安全分析的要求则注重更具体的定量分析,以支持系统级安全分析的结果。智能网联汽车功能安全硬件级产品开发将介绍定量分析的量化方法和相应的架构度量,以及架构度量的量化描述所依赖的故障分类和相关失效分析。

4.1 硬件级产品开发的启动

4.1.1 启动硬件级产品开发

为保证硬件的安全性,将对硬件级产品的设计开发进行安全规范,保证其满足所需的功能安全,并满足设计中的预期功能。汽车电子/电气系统的硬件设计需要额外考虑汽车硬件的气候条件(使用环境)、机械条件和电气条件。因此在设计开发过程中将上述因素考虑在内,并且在模拟相关条件的情况下进行测试验证。

汽车工程师针对电子/电气系统功能失效问题,通过 ISO 26262 对汽车电子/电气系统的硬件级产品安全开发流程,分析降低电子/电气系统中随机硬件失效和系统失效风险的方法,设计符合硬件功能安全的产品。ISO 26262 是第一个适用于量产车辆的功能安全标准。该标准的目的是排除所有会对驾驶员造成伤害的不合理风险,并通过功能安全开发避免上述不合理风险。

本小节主要包含计划阶段和开发步骤两个部分,计划阶段将对整个产品开发进行相应规划,并分配相应的安全需求,开发步骤则是对产品的开发流程进行一个梳理,确保能高效有序地完成产品功能安全设计。

1. 计划阶段

为使硬件设计顺利,首先进行的是计划阶段,即对整个活动进行细致紧密的计划。计划阶段对整个活动和安全需求进行划分,将活动划分成多个子阶段并将相应的安全需求分配到子阶段里,根据安全需求设计技术安全的硬件,从而保证整个开发流程中的安全问题得到解决。

硬件设计开发启动之前,在概念阶段已经进行了相关项定义、安全生命周期启动、危害分析与风险评估以及由功能安全概念导出功能安全需求;在系统阶段对功能安全需求进行细化,形成技术安全需求,并将相应安全需求分配给系统级、硬件级和软件级产品。而计划阶段则根据安全计划对分配给硬件的安全需求进行拆分,并将相应的安全需求分配到子阶段。

基于 ISO 26262 中的硬件级产品开发阶段参考模型,将满足拆分后的安全需求的各个子阶段的功能安全活动和过程集成到模型对应的开发步骤中,如图 4-1 所示。

4 智能网联汽车功能安全的硬件级产品开发

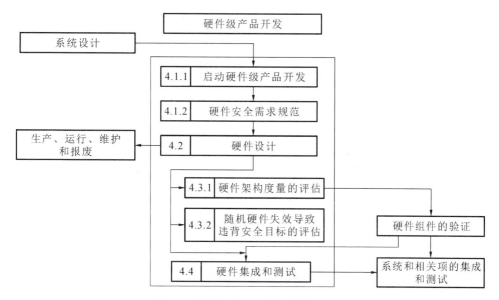

图 4-1 硬件级产品开发阶段参考模型

硬件级产品开发阶段参考模型中的具体步骤包含以下内容：启动硬件级产品开发、硬件安全需求规范、硬件设计、硬件架构度量的评估、随机硬件失效导致违背安全目标的评估，以及硬件集成和测试。

（1）硬件级产品开发。要求在硬件级产品开发的必要活动和过程中实现，从而保证硬件级产品故障发生的概率极低。硬件级产品开发的必要活动和过程包括：技术安全概念的硬件实现、分析潜在硬件故障及其影响以及与软件开发的协调。

（2）硬件安全需求规范。要求在硬件设计中严格按照安全规范中的安全需求去设计硬件级产品，从而确保将危险事故发生的概率降至可接受的程度。根据严重度、暴露率、可控度这三要素对危害事件进行危害分析与风险评估，以确定安全等级，明确安全目标，避免发生危害事件。

（3）硬件设计。硬件设计分为详细硬件设计和硬件架构设计，设计应体现出硬件组件及其彼此之间的关联，并实现相应的安全需求规范。

（4）硬件架构度量的评估。对每个安全目标的单点故障度量（SPFM）和潜伏故障度量进行计算，评估是否符合安全需求。

（5）随机硬件失效导致违背安全目标的评估。计算随机硬件失效概率度量（PMHF）来评估危害事件发生的概率。

（6）硬件集成和测试。对设计完成的硬件进行一系列的安全验证和仿真实践，确定其功能和安全能达到预期设计要求。

2. 开发步骤

在设计阶段完成之后，开发阶段则对安全计划和安全需求进一步细化。汽车设计是根据 V 模型概念，将产品由整体细分到局部，因此硬件级产品开发也将符合 V 模型概念。根据硬件级产品开发阶段参考模型对整个活动进行具体细分,细分出的环节构成硬件设计V模型,如图4-2所示。

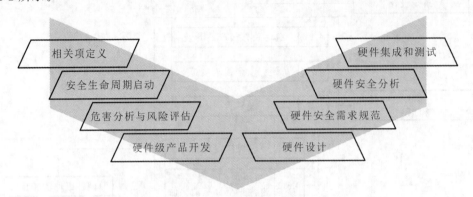

图4-2 硬件设计V模型

智能网联汽车的硬件级产品开发遵循V模型,确保从概念到实现的每一个环节都经过精心设计和严格验证。该过程的起点是硬件级产品开发,其中包括相关项定义、安全生命周期启动、危害分析与风险评估。在上述对应阶段,安全需求被细化并具体化。硬件设计阶段专注于硬件的具体实现,并进行深入的安全分析。其中包括对产品设计细节的考量,以及采用安全分析方法和指标,整合功能安全知识,确保硬件设计在满足性能要求的同时,也达到预期的安全标准。硬件安全需求规范和硬件安全分析是确保产品符合安全标准的关键环节。在这一阶段,通过评估硬件架构的度量和随机硬件故障,识别潜在的风险,并采取措施进行改进。在硬件集成和测试阶段,通过多种检测方法来验证产品的性能指标,并结合实际案例进行功能安全设计分析。

4.1.2 硬件安全需求规范

汽车行驶过程中,可能会因电子/电气系统失效或设计缺陷而部分功能失效,甚至发生危害事故。解决系统硬件故障而导致的功能缺陷问题、避免随机硬件失效导致的功能失效、降低事故发生率至可接受程度成为汽车工程师需要考虑的问题。安全需求规范是能有效避免问题的措施之一,汽车工程师们在硬件产品开发设计阶段引入安全需求规范,并严格按照安全需求规范设计产品,让硬件的设计开发满足安全需求规范,从而达到预期的功能需求和安全性。

硬件安全需求是指硬件产品设计期间需要遵守的安全规范,该安全需求主要来源于技术安全概念和系统架构设计规范。源于技术安全概念的内容是指将技术安全概念进行剪裁后分配到软硬件安全规范中,再细分出只涉及硬件的硬件安全规范,系统架构设计规范已在系统级架构设计中详细描述。硬件安全需求规范分解如图4-3所示。

技术安全要求的硬件需要满足规定的安全需求,在硬件设计中达到相应的技术要求。如果安全要求中没有另外说明,则ASIL A、B、C和D需要满足各个子阶段的安全需求和建议,这些需求和建议涉及安全目标的ASIL测评,而相应的ASIL通过危害分析与风险评估来确定。

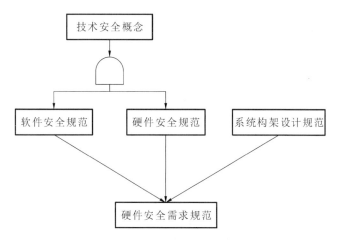

图 4-3　硬件安全需求规范分解

硬件安全需求规范中,满足软硬件接口规范,保证软硬件接口规范的一致性是软硬件良好、融洽交互的前提。因此,硬件安全需求规范的实现也须考虑软件安全需求规范和硬件规格等因素,保证其与硬件级交互融洽。软件安全需求规范将在软件级产品开发中详细描述,而硬件的规格取决于外部情况,根据安装位置和空间大小以及外部环境决定。这些是在设计硬件过程中需要考虑,并且达到一致性的因素,同时必须按照硬件安全需求规范进行设定,并且在模拟这些条件的情况下进行验证。对硬件安全需求规范进行进一步细分,将相应安全要求细分到相关项硬件要素。相关项硬件要素的硬件安全需求规范应从分配给硬件的技术安全需求中导出。

硬件安全需求规范应包括与安全相关的每一条硬件安全需求,保证安全机制有效性的硬件安全需求包括以下内容。

(1) 控制要素内部失效的硬件安全需求和安全机制的相关属性。这包括用来覆盖相关瞬态故障的内部安全机制。而相关属性就包括看门狗的定时和探测能力等。

(2) 确保要素对外部失效容错的硬件安全需求和安全机制的相关属性。例如发生外部故障时 ECU 所需的功能行为(如 ECU 输入开路)。

(3) 符合其他要素的安全需求的硬件安全需求和安全机制的相关属性。例如传感器或执行器的诊断。

(4) 探测内外部失效和发送失效信息的硬件安全需求和安全机制的相关属性。硬件安全需求中就包括防止故障的安全机制等。例如安全机制硬件部分的指定故障反应时间间隔就要和容错时间间隔保持一致。

(5) 不定义安全机制的硬件安全需求。其中包括:
① 为满足随机硬件失效目标值的硬件要素要求;
② 为避免特定行为的要求,例如特定传感器不得产生不稳定的输出信号;
③ 分配给执行预期功能的硬件要素的要求;
④ 定义线束或接插件的设计措施的要求。

上述安全需求中提到的安全机制是保证硬件安全的重要措施之一。安全机制是指某项由电子电气器件或其他技术手段实现的用于探测故障或控制失效的功能,这一功能用于保障产品顺利进入或保持安全状态,达到避免不合理风险的目的。安全机制的存在使得产品的功能安全程度更高,硬件安全需求规范也对安全机制有要求,安全机制的具体工作原理将在硬件设计中详细阐述。

硬件安全需求规范应定义相关项或要素的硬件设计验证准则,其中包括:复杂的环境条件,例如温度、振动、电磁干扰(electromagnetic interference,EMI)等;特定的操作环境和特定组件的要求,例如对通过评估的硬件进行验证,其准则应满足安全需求;通过环境应力、电磁兼容等测试进行的验证,其准则应满足硬件集成和测试的要求。

硬件安全需求规范应符合系统架构设计规范中的两种时间间隔:

(1) 系统架构设计规范所指定的故障容错时间间隔或故障处理时间间隔。为满足该要求,将在硬件设计中制定一种能够控制故障,但不需要遵守故障容错时间间隔或最大故障处理时间间隔的安全机制。该情况不在硬件架构评估和随机硬件失效导致违背安全目标评估的度量范围内,也不在 ASIL 分解方案中。故障容错时间间隔指在安全机制未被激活的情况下,从相关项中故障出现到危害事件发生的最短时间跨度。故障处理时间间隔则是指故障检测时间间隔与故障响应时间间隔之和。

(2) 系统架构设计规范中要求制定的故障检测时间间隔。对于 ASIL 为 C 和 D 级的安全目标,如果相应的安全概念没有规定其具体的目标值,可使多点故障检测时间间隔等于或小于相关项的通电至断电循环。恰当的故障检测时间间隔也可以通过对随机硬件失效的发生概率进行定量分析来确定目标值。故障探测时间间隔指从故障发生到检测的时间间隔。

硬件安全需求规范须验证以下内容:

(1) 技术安全概念、系统架构设计规范与硬件安全需求规范的一致性;
(2) 关于技术安全需求分配给硬件要素的完整性;
(3) 与相关软件安全需求规范的一致性、正确性和精确性。

软硬件接口的一致性确保了系统架构设计中规定的软硬件接口规范被充分细化,从而保证了硬件受软件的正确控制,且描述了硬件和软件之间的每一项安全功能的关联性。软硬件开发人员应共同负责并验证细化后的软硬件接口规范的充分性,从而让软硬件良好交互,达到预期功能。

4.2 硬件级产品设计

为了在相关项层面进行评估,我们将以安全目标为主要考虑因素,建立起一套客观且统一的标准,以评价不同电路的安全性。评估的重点将集中在安全相关的电子器件上,同时考虑硬件架构对应的 ASIL,确保安全机制的覆盖范围足够广。在迭代开发过程中,我们将限定安全相关元器件的使用,以保证系统的整体稳健性。为了更精确地控制风险,我们将为各硬件分配失效率额度,支持安全相关元器件的使用。这种方法将有助于建立一个安全性评估的框架,使得最终设计在安全性方面得到全面而准确的评估,满足高标准要求。

硬件级产品设计阶段包括硬件设计和安全分析。硬件设计主要为硬件架构设计和硬件详细设计,安全分析主要介绍故障的分类、分析方法和安全验证。为使硬件级产品符合 ISO

26262标准,则需要在设计过程中满足:

(1) 相关安全需求,硬件安全需求;
(2) 软硬件接口规范和系统架构设计规范;
(3) 硬件设计特性,实现预期的功能;
(4) 规范在生产、运行、维护和报废期间的功能安全需求和信息。

硬件级产品应支持安全分析,使用的分析工具有FTA、FMEDA、FMEA等。运用上述分析工具时,还须考虑安全导向分析的结果。安全验证则验证硬件设计是否满足硬件安全需求和软硬件接口规范、硬件中每个独立安全单元(SEooC)假设的有效性以及安全相关特性的适用性。

4.2.1 硬件设计

硬件设计涉及电气原理图级别的设计,要能清晰展现硬件组件之间的关联。在开发硬件级产品时,我们需要同时兼顾硬件安全需求和所有非安全需求,确保在同一开发过程中处理这两方面的需求。在硬件架构设计阶段,必须满足相应的硬件安全需求规范,并清晰地表达硬件组件之间以及硬件安全需求与硬件组件之间的关联。此外,考虑在硬件架构设计中引入可充分信赖的硬件组件,以实现重复使用,进一步提高系统的可靠性。

在进行硬件架构设计时,需要考虑非功能因素对安全相关硬件组件失效的影响,例如振动、水、尘、电磁干扰等。这有助于综合考虑系统的鲁棒性,确保硬件在各种环境和操作条件下都能可靠运行。

硬件详细设计需要工程师在设计阶段总结过往经验,以避免在硬件架构设计中出现缺陷。为防范设计缺陷,硬件详细设计应当考虑以往的经验教训与组织的安全文化相一致(意味着设计决策应反映组织的价值观和安全承诺)。同时,需要全面考虑安全相关硬件组件失效的非功能因素,确保设计的完备性和系统的稳定性。这样的综合性设计方法将有助于创建出符合硬件安全需求和所有非安全需求的可靠产品。

1. 硬件架构设计

在硬件架构设计阶段需要考虑已经提出的系统架构设计规范、硬件安全需求规范和细化后的软硬件接口规范,还要考虑软件安全需求规范和硬件非安全需求规范。

(1) 硬件架构设计应实现规定的硬件安全需求,并且每个硬件要素的开发应符合分配给它的所有要求中的最高ASIL,而且硬件要素的每个特征将继承其实现的硬件安全需求的最高ASIL。如果硬件架构设计中对硬件安全需求应用了ASIL分解,ASIL分解应按照系统架构设计中的要求进行。如果一个硬件要素由不同ASIL的子要素组成,或由没有分配ASIL的子要素与安全相关的子要素组成,除非满足共存准则,否则应按照最高的ASIL需求处理每个子要素。要素共存的准则:允许安全相关的子要素和没有分配ASIL的子要素共存或分配了不同ASIL的安全相关子要素共存。

(2) 硬件安全需求和硬件架构设计要素之间的可追溯性应建立在硬件组件的最低级别上,硬件安全需求的可追溯性不涉及硬件详细设计。对于不能划分为子部件的硬件部件,也不分配硬件安全需求,例如电容器和电阻器等硬件部件的可追溯性不需要建立。

在硬件架构设计中,表 4-1 中列出的原则能避免高复杂性导致的功能失效,使硬件架构设计模块化,具有适当的粒度水平和简单性。适当的粒度水平是为了让架构以必要的细节水平提供必要的信息,以显示安全机制的有效性。表 4-1 中的可测试性包括了开发和运行过程中的测试。

表 4-1 模块化的硬件架构设计原则

	原则	ASIL			
		A	B	C	D
1	分层设计	+	+	+	+
2	安全相关硬件组件的精确定义接口	++	++	++	++
3	避免不必要的接口复杂性	+	+	+	+
4	避免不必要的硬件组件复杂性	+	+	+	+
5	可维护性服务	+	+	++	++
6	可测试性	+	+	++	++

在硬件架构设计和硬件详细设计时,高复杂性会导致功能失效,则需要考虑非功能性因素导致的安全相关硬件组件失效。上述非功能性因素包括温度、振动、水、灰尘、电磁干扰以及来自硬件架构的其他硬件组件或该硬件组件所在的环境条件。若采用多个原则进行组合测试,应进行说明。

在硬件架构设计时,将影响安全的相关因素考虑在内,而在硬件详细设计时则将常见的设计缺陷考虑在内。

2. 硬件详细设计

硬件详细设计需要考虑硬件部件或硬件组件的任务概况和运行条件,确保硬件部件和硬件组件在其规范内运行,以避免因预期使用而发生失效。在硬件详细设计中,将工程师在项目执行中的经验进行总结,提高设计效率,避免同样的错误。具体产品的硬件详细设计需考虑鲁棒性设计原则、硬件架构设计原则。例如:保守的硬件组件规范对环境和操作压力等因素的鲁棒性。鲁棒性是指控制系统在一定结构、大小的参数摄动下,维持某些其他性能的特性。

4.2.2 安全分析

在硬件功能安全中,将多次运用安全分析,安全分析的质量将决定功能安全项目的好坏。本小节内容将从故障的分类、安全分析方法和安全验证等方面进行阐述。安全分析将根据表4-2 和技术安全规范,对失效原因和故障影响进行识别和分析。安全分析的方式有两种,分为定性分析和定量分析。定性分析是指研究者运用历史回顾、文献分析、访问、观察、参与经验等方法获得教育研究的资料,并用非量化的手段对其进行分析、获得研究结论的方法。定量分析的结果通常是大量的数据,由数据的比较和分析得出有效的解释。

表 4-2　硬件设计的安全分析

方法		ASIL			
		A	B	C	D
1	演绎分析	O	+	++	++
2	归纳分析	++	++	++	++

在智能网联汽车的硬件安全设计中,演绎分析和归纳分析是两种关键的分析方法,它们通过定量和定性手段来评估系统安全。演绎分析,例如定量故障树分析(QFTA),从系统级的安全目标出发,逐步细化至硬件组件,以量化评估潜伏故障对安全目标的影响。而归纳分析,例如定性失效模式和影响分析(FMEA),则从硬件组件的故障模式出发,向上归纳其对系统安全目标的潜在影响。这些分析方法不仅帮助我们确定是否需要采取进一步的安全措施,而且通过结合定量和定性结果,为 ASIL B、C 或 D 等级的安全目标提供决策支持。

进一步地,这些分析方法在硬件组件级别指定失效率和诊断覆盖率的目标值,确保它们与硬件架构度量评估和随机硬件故障对安全目标影响评估中的程序相一致。在实际操作中,FMEA 可以在硬件组件级别完成,提供基本事件,供更高抽象级别上的故障树分析(FTA)使用。这种方法论的多层次应用确保了从微观到宏观的全面安全评估,从而在设计阶段就识别并缓解潜在的风险,为创建符合安全需求的可靠产品打下坚实基础。

1. 故障的分类

根据 ASIL B、C 和 D 等级的安全目标,我们对硬件故障进行了细致的分类,以确保对潜在风险的全面识别和控制。硬件故障包括单点故障、残余故障、双点故障、多点故障和潜伏故障。其中,多点故障通常指三个或更多的故障同时发生,它们被认为是安全故障,因为它们极大地增加了系统失效的风险。而对于双点故障,我们进一步将其细分为可探测的、可感知的和潜伏的,以便更精确地评估和应对这些故障。

对于 ASIL B 等级的安全目标,功能安全标准特别强调了 ASIL 分解的必要性。这意味着在设计阶段,我们需要对安全目标进行进一步的细分,以确保每个子目标都能得到适当的安全措施和控制。通过这种分解,我们可以更精确地识别和评估风险,从而设计出更为可靠的系统。在智能网联汽车的设计和开发过程中,对这些故障类型的深入理解和正确处理是确保功能安全的关键。通过综合运用 FMEA、FTA 等方法,我们可以系统地识别和管理这些潜在的风险,从而提高汽车的整体安全性。

将硬件要素的失效模式归类可发现,有些硬件要素的失效不会显著增加违背安全目标的概率,可以从分析中去除这些硬件要素并将其失效模式归入安全故障中。为了减小故障发生率,通常增设一些硬件安全机制,或采用其他技术手段探测故障控制失效,保证产品处于安全状态。

硬件故障的分类如下。

(1) 单点故障:单点故障会直接导致硬件违背安全目标,硬件中没有任何安全机制对这种故障进行诊断和处理。对于功能安全等级为 ASIL C 和 ASIL D 的系统,功能安全标准规定对该类故障的诊断覆盖率不低于 90%,否则需额外采取专用措施。

(2) 残余故障：残余故障会直接导致硬件违背安全目标。硬件对于单点故障会采取相应的安全机制来进行诊断和处理，但是安全机制一般不能完全覆盖单点故障的全部可能性，即诊断覆盖率一般不能达到100%，因此存在残余故障。

(3) 双点故障：如果两个独立的故障同时发生使得硬件违背安全目标，那么这两个独立的故障都属于双点故障。

(4) 多点故障：超过两个故障同时发生后引起的失效。如果多点故障可以被识别，则应归类为可探测的多点故障；如果多点故障可以被感知，并且能够被驾驶员控制，如前灯变暗的缺陷，则应归类为可感知的多点故障。

(5) 潜伏故障：多点故障中未被探测和感知到的故障，称为潜伏故障，具有违背安全目标的危险。

单点故障和残余故障是安全评估中的关键指标。它们不仅作为单点故障度量（SPFM）和随机硬件失效概率度量（PMHF）的考察对象，而且在确保系统安全性方面起着至关重要的作用。SPFM 和 PMHF 的降低意味着单点故障和残余故障的失效率增加，这就要求我们在设计中增加安全机制，以避免单点故障的发生，并提高诊断覆盖率，同时降低残余故障的影响。通过这些措施，我们可以增强硬件电路对单点故障和残余故障的鲁棒性，从而提升整个系统的安全性。

SPFM 是衡量硬件电路设计中安全机制对单点故障和残余故障鲁棒性的指标。一个高的 SPFM 值表明，在系统硬件故障中，单点故障和残余故障所占的比例较低，这反映了设计的有效性。同样，潜伏故障度量（LFM）评估了设计中安全机制对潜伏故障的鲁棒性，高 LFM 值意味着潜伏故障在总故障中所占的比例较小，进一步增强了系统的安全性。

安全故障的分类进一步细化了故障对系统安全性的影响。对于与安全无关的部件，如 PCB 上的 LED 灯，其任何故障都不会被视为安全故障，因为它们不会引起系统输出的变化。而对于与安全有关的部件，某些特定的故障类型也可能被视为安全故障，例如看门狗功能意外触发的故障，可能导致系统进入安全状态。安全故障的定义还包括那些即使发生也不会违反安全目标的故障（瞬时故障）。在瞬时故障的情况下，如果安全机制能够将系统恢复到无故障状态，即使没有通知驾驶员，这类故障也被视为可检测的多点故障。例如，使用纠错码保护存储器不受瞬时故障影响，并能够通过调整校正的值来修复存储器阵列内翻转位的内容，确保系统安全。

2. 安全分析方法

在硬件设计的功能安全概念设计完成后，可以使用安全分析的方法进行验证和完善。安全分析是指在设计时保证硬件设计的安全性，而安全机制则是指在汽车运动过程中对安全故障进行诊断从而保证汽车安全。常用的安全分析方法有 HARA、FTA、FMEA、FMEDA。这些分析方法除了对功能安全产品的失效风险、是否可诊断进行定性分析，同时也为平均失效概率和安全完整性等级的计算提供了更加有效的数据支撑。HARA、FTA、FMEA 等分析方法在概念阶段和系统阶段已详细描述，本节对 FMEDA 进行详细介绍。

FMEDA 是产品设计定量分析的基础，可以用来分析整个系统也可以用来分析系统的某个模块单元。

FMEDA在功能安全中起到很重要的作用,它对功能安全产品的失效风险、是否可诊断进行定性分析,同时为平均失效率和安全完整性等级的计算提供有效的数据支持。

ISO 26262中提到FMEDA从两个维度来证明电子电气产品符合功能安全需求:①架构度量的角度,提供基于硬件架构度量的证据(SPFM、LFM),证明相关项硬件架构设计在安全相关的随机硬件失效探测和控制方面的适用性;②残余故障评估的角度,提供用于表明相关项随机硬件失效导致违背安全目标的残余故障足够低的证据(PMHF)。

FMEDA在FMEA的基础上增加了对所有要分析的部件给出定量的失效数据,以及系统或子系统可以通过自动诊断发现失效的能力。这两个能力的增加,提高了功能安全。系统失效的过程往往是从部件的故障开始,导致测量值与规定值误差,最终使系统或部件功能失效。失效率指系统或部件在单位时间内失效的概率,其单位通常用fit表示,$1\text{ fit}=10^{-9}/\text{h}$。

HARA、FTA、FMEA、FMEDA交叉运用,从多个方面对硬件的功能安全进行分析,极大地保证了硬件安全性能。

3. 安全验证

对硬件设计进行验证,需要根据表4-3中的方法,提供证据证明其满足硬件安全需求,保证其与软硬件接口规范兼容以及具有安全相关特性的适用性,便于实现生产和服务。

表4-3 硬件设计验证

	方法	ASIL			
		A	B	C	D
1a	设计走查	++	++	O	O
1b	设计检查	+	+	++	++
2a	安全分析				
3a	仿真	O	+	+	+
3b	通过硬件原型的开发	O	+	+	+

本次验证评估的是有关硬件安全需求的技术的正确性和完整性,表中的设计走查和设计检查用于验证硬件设计中硬件安全需求是否得到完整和正确的满足。当硬件设计走查、硬件设计检查和安全分析不充分时,可利用仿真和通过硬件原型的开发去检查硬件设计的特定点,例如故障注入技术。

智能网联汽车的硬件设计验证是确保其功能安全的关键环节。这一过程涵盖了从设计走查到原型开发的一系列活动。首先,设计走查和设计检查确保设计文档的准确性和完整性,通过专家评审来识别潜在的设计问题。随后,安全分析利用FMEA和FTA等工具,评估设计中的潜在风险,并制定相应的缓解措施。这些分析帮助我们理解故障对系统安全性的具体影响,并指导设计改进。

仿真技术在此过程中发挥着重要作用,它允许设计团队在实际硬件开发之前,在虚拟环境中测试和评估硬件的性能。通过仿真,我们可以模拟各种操作条件,预测设计在实际应用中的表现。

通过硬件原型的开发给我们提供了一个实际测试平台,我们能够在现实世界的条件下验证设计的鲁棒性和安全性。此类原型测试不仅帮助我们发现和解决设计中的问题,而且确保了硬件组件在面对真实世界挑战时的可靠性和有效性。

通过这一系列的硬件设计验证方法,智能网联汽车能够实现更高的安全标准,为乘客提供更加安全的驾驶体验。

4.3 硬件安全评估

硬件安全评估主要包括硬件架构度量的评估和随机硬件失效导致违背安全目标的评估。硬件架构度量的评估通过计算每个安全目标的单点故障度量和潜伏故障度量完成,随机硬件失效导致违背安全目标的评估通过计算随机硬件失效概率度量完成。设备制造商目前重点通过对硬件架构度量的两个指标的计算,完成对系统硬件的安全完整性等级评估,进而对整个系统的安全完整性等级进行评估。

4.3.1 硬件架构度量的评估

1. 硬件架构度量概念

评估系统硬件架构应对随机硬件失效的有效性,可以通过计算硬件故障度量来实现。硬件故障度量和关联的目标值适用于相关项的整体硬件,并与随机硬件失效导致违背安全目标的评估互为补充。上述度量所针对的随机硬件失效仅限于相关项中某些与安全相关的电子电气硬件部件,即能对安全目标的违背或实现有显著影响的部件,且只包括这些部件的单点故障、残余故障和潜伏故障。对于机电硬件部件,仅考虑电气失效模式和失效率。在计算时,与技术安全概念相关的要素不能忽略,阶次高于2的多点故障要素则可忽略。

硬件架构度量评估之前,需要考虑的因素有硬件安全需求规范、硬件设计规范、硬件安全分析报告等,在评估中,还需要考虑技术安全概念和系统架构设计规范。

硬件架构度量在硬件架构设计和硬件详细设计中迭代使用,取决于相关项的整体硬件,并且相关项设计的每个安全目标都要满足硬件架构度量的规定目标值。

硬件架构度量要满足以下内容:

(1) 客观上可评估,且度量是可核实的,能够精确区分不同的架构;

(2) 支持最终设计的评估,基于详细的硬件设计完成精确计算;

(3) 按照 ASIL 为硬件架构提供合格与不合格准则;

(4) 用于防范硬件架构中单点故障或残余故障风险的安全机制,其覆盖率由单点故障度量的数值表明;

(5) 用于防范硬件架构中潜伏故障风险的安全机制,其覆盖率由潜伏故障度量的数值表明;

(6) 处理单点故障、残余故障和潜伏故障;

(7) 考虑到硬件失效率的不确定性,确保硬件架构的鲁棒性;

(8) 仅限于安全相关要素;

(9) 支持不同要素层面的应用,例如可以为供应商的硬件要素分配目标值,可以为分布式开发分配目标值,可以为微控制器或 ECU 分配目标值。

2. 硬件架构度量的指标

1) 诊断覆盖率

诊断覆盖率是指自动诊断测试导致的硬件失效率的降低部分。功能安全标准针对诊断覆盖率建立了低、中、高三个等级,分别为 60%、90%、99%。单点故障在实施安全机制后,一般都会产生相应的残余故障,例如采用 99% 诊断覆盖率的安全机制时,残余故障比例为 1%。这里需要注意以下两点。

(1) 这里的诊断是指部件内部自诊断,这些诊断测试包含但不仅限于以下内容:比较测验、附加内部测试例行程序、外部激励测试、模拟信号的连续检测。检验测试与诊断测试相对,通过检验安全相关系统失效的周期性来实施。

(2) 这里的诊断覆盖率实际上指的是危险失效的诊断覆盖率。诊断覆盖率(DC)这个概念容易被理解为:所有能被诊断测试检测到的失效率($\lambda_{\text{Detected}}$)与总的失效率($\lambda_{\text{Total}}$)之比,如式(4-1)所示。

$$DC = \sum \lambda_{\text{Detected}} / \sum \lambda_{\text{Total}} \qquad (4\text{-}1)$$

在功能安全理论中,按照失效模式影响的不同,失效率被细分为安全失效(λ_S)和危险失效(λ_D),那么就相应出现了可检测到的安全失效(λ_{SD})、可检测到的危险失效(λ_{DD})以及不可检测到的安全失效(λ_{SU}),不可检测到的危险失效(λ_{DU})。因此诊断覆盖率包括危险失效的诊断覆盖率(DC_D)和安全失效的诊断覆盖率(DC_S),其依次定义为

$$DC = DC_D + DC_S \qquad (4\text{-}2)$$

$$DC_D = \sum \lambda_{DD} / \sum \lambda_D \qquad (4\text{-}3)$$

$$DC_S = \sum \lambda_{SD} / \sum \lambda_S \qquad (4\text{-}4)$$

安全机制所实现的安全相关硬件要素的诊断覆盖率应结合残余故障和相关潜伏故障来预估。根据对硬件要素失效模式和对它们更高层面影响的认知,这种预估可以是一个硬件要素的全局诊断覆盖率评估,同时也是更详细的失效模式的覆盖率评估。

诊断覆盖率的计算流程如下:

(1) 将分析对象合理地分为多个模块;

(2) 针对每个模块中的每个部件,分析其可能的失效模式,并确定该失效模式中能被诊断的失效率占该部件总失效率的百分比;

(3) 如果不存在诊断测试,则将失效模式导致的结果分为安全失效和危险失效;

(4) 考虑诊断测试作用,估算通过诊断检测能检测到的安全失效和危险失效;

(5) 运用式(4-2)计算诊断覆盖率;

(6) 运用式(4-5)计算出安全失效分数(SFF):

$$\text{SFF} = \frac{\sum \lambda_{SD} + \sum \lambda_{SU} + \sum \lambda_{DD}}{\sum \lambda_{SD} + \sum \lambda_{SU} + \sum \lambda_{DD} + \sum \lambda_{DU}} \qquad (4\text{-}5)$$

2) 故障度量

在功能安全标准中,故障度量分为单点故障度量(SPFM)和潜伏故障度量(LFM)。

对于每一个安全目标,单点故障度量和潜伏故障度量的定量目标值应参考值得信赖的相似设计原则中对硬件架构度量的计算值或者表 4-4 和表 4-5 中的目标值。相似设计原则是指对硬件架构度量的计算,两个相似的设计有相似的功能和分配相同 ASIL 的相似安全目标。而定量目标的目的是提供设计准则和设计符合安全的目标。

表 4-4 单点故障度量目标值

单点故障度量	ASIL B	ASIL C	ASIL D
	≥90%	≥97%	≥99%

表 4-5 潜伏故障度量目标值

潜伏故障度量	ASIL B	ASIL C	ASIL D
	≥60%	≥80%	≥90%

对于每个安全目标,相关项的整体硬件不仅要符合单点故障度量目标值,还要确保硬件要素的规定目标符合分配给相关项硬件的单点故障度量目标值,并提供证据证明该硬件要素符合规定目标。

每个安全目标的实现都要求相关项的整体硬件不仅要达到潜伏故障度量目标值,还要确保满足硬件要素的规定目标。这些规定目标是分配给潜伏故障度量目标值的。这意味着,硬件设计必须通过严格的验证过程,提供充分的证据来证明每个硬件要素都符合这些规定目标。这一过程至关重要,因为潜伏故障可能导致安全机制失效,从而违背安全目标。

为了预防这种情况,每个硬件要素都必须满足相关的潜伏故障诊断覆盖率目标值,这个目标值应与潜伏故障度量目标值保持一致。潜伏故障诊断覆盖率是衡量硬件设计能否检测到潜伏故障的能力的指标。当安全机制因为故障探测而变得无效,进而违背安全目标时,确保硬件要素满足潜伏故障诊断覆盖率目标值就显得尤为重要。通过这种方式,我们可以最大限度地减少由于硬件故障导致的安全风险,确保智能网联汽车在各种情况下都能保持安全运行。

而具体的故障度量值则需要通过计算故障度量指标,得出相应值,再与目标值进行比对,评估其 ASIL。

3)计算故障度量指标

在前面的安全相关元件故障分类中,对于硬件的故障分类可知,总的失效率为

$$\lambda = \lambda_S + \lambda_{SPF} + \lambda_{MPF} \tag{4-6}$$

其中

$$\lambda_{MPF} = \lambda_{MPF\ Latent} + \lambda_{MPF\ Diagnosed} \tag{4-7}$$

式中:$\lambda_{MPF\ Latent}$ 表示潜伏的多点故障的失效率,简写为 $\lambda_{MPF\ L}$;$\lambda_{MPF\ Diagnosed}$ 表示可检测到或可感知的多点故障的失效率,简写为 $\lambda_{MPF\ D}$;λ_{SPF} 是与硬件元件单点故障相关的失效率;λ_{MPF} 是与硬件元件多点故障相关的失效率;λ_S 是与硬件元件安全故障相关的失效率。另外,λ_{RF} 是与硬件元件剩余故障相关的失效率。

单点故障度量的计算公式如下:

$$\text{SPMF} = 1 - \sum_{\text{SR. HW}} (\lambda_{SPF} + \lambda_{RF}) / \sum_{\text{SR. HW}} \lambda \tag{4-8}$$

式中：$\sum_{\text{SR.HW}}(\cdot)$ 表示所计算架构中所有硬件相关项失效率的总和。

潜伏故障度量的计算公式如下：

$$\text{LFM} = 1 - \sum_{\text{SR.HW}} \lambda_{\text{MPFL}} / \sum_{\text{SR.HW}} (\lambda - \lambda_{\text{SPF}} - \lambda_{\text{RF}}) \tag{4-9}$$

单点故障度量和潜伏故障度量值可通过上面两个公式计算得出，从而与表格中的目标值进行对比，得到对应的 ASIL。除此之外，还要对随机硬件失效导致违背安全目标的随机硬件失效概率度量进行计算，从而保证汽车的安全性。

4.3.2 随机硬件失效导致违背安全目标的评估

在功能安全标准中，随机硬件失效率用于表明随机硬件失效导致违背安全目标的风险。基于 ISO 26262 标准，以随机硬件失效度量作为随机硬件失效率的评估指标。随机硬件失效导致违背安全目标的残余故障将通过以下两个方法进行评估：随机硬件失效概率度量的评估和违背安全目标原因的评估。上述评估方法主要针对单点故障、残余故障和双点故障导致的违背安全目标的残余故障。如果评估对象与安全概念相关，则重点考虑多点故障。在分析中将针对残余故障和双点故障考虑安全机制的覆盖率，并且还需考虑双点故障的暴露持续时间。

对于等级为 ASIL B、C 和 D 的安全目标，相关项要符合两评估方法中的一项。而这些安全目标中的单点故障要被认为可接受，需要通过下列选项中的任意一项来提供发生概率足够低的论据。

（1）采用专用措施，专用措施包括：
① 设计特征，例如硬件部件过渡设计或物理分离；
② 对材料进行特殊的抽样测试，以降低发生这种故障模式的风险；
③ 烧录试验；
④ 使用作为控制计划一部分的专用控制装置。

（2）对于等级为 ASIL D 的安全目标，要满足使用保守、只有小部分失效率的数据源这一条件，比如说一种特定的失效模式，可以违反的安全目标和由此产生的单点故障失效率须小于失效等级所对应的随机硬件失效目标值的十分之一，如表 4-6 所示。

表 4-6 随机硬件失效目标值

ASIL	随机硬件失效目标值
D	$<10^{-8} \times \text{h}^{-1}$
C	$<10^{-7} \times \text{h}^{-1}$
B	$<10^{-7} \times \text{h}^{-1}$

1. 随机硬件失效概率度量的评估

随机硬件失效概率度量是一种定量分析，判断硬件部件的随机故障是否违反了安全目标，评估方法是将定量分析的结果与目标值进行比较，从而得出结论。

对于等级为 ASIL B、C 和 D 的安全目标，表格中的定量目标值是用使用期间内每个小时的平均概率表示。失效率和项目运行寿命内每个小时的平均失效概率是不同的数值，它们共用同一个单位,但运行寿命只表示运行时间。

随机硬件失效目标值是指由于随机硬件失效而违反对应安全目标的最大概率。这一数值来源于表4-6和值得信赖的相似设计原则中的定量分析技术。

对于等级为ASIL B、C和D的安全目标,当一个相关项由多个系统组成,经推导的目标值将直接分配到组成这个相关项的系统上。假设组成相关项的每一个系统存在违背同一个安全目标的可能性且相应的相关目标值未增加一个数量级以上,就可以采用这种方法。例如一个ASIL D安全目标被分配给一个由不超过十个系统组成的相关项,其中每个系统都有可能违反该安全目标,那么可以将10^{-8}/h目标值分配给每个系统。

对于等级为ASIL B、C和D的安全目标,将根据单点故障、残余故障和双点故障的硬件架构进行定量分析,提供证据证明该安全目标符合目标值。单点故障、残余故障或多点故障可能导致一个与安全相关的硬件要素及其安全机制同时失效的硬件要素失效模式。该定量分析需要考虑的因素包括:相关项的架构、单点故障或残余故障导致硬件部件失效模式的估计失效率、双点故障导致硬件部件失效模式的估计失效率、安全机制对安全相关硬件要素的诊断覆盖率和在双点故障情况下的暴露持续时间等。

暴露持续时间是从故障可能发生时开始计算的,时间的长短取决于故障被检测到后驾驶员的反应。暴露持续时间可能会包括:与每个安全机制有关的故障检测时间间隔;当故障不对驾驶员显示,即存在潜伏故障时的车辆生命周期;单次行程的最长持续时间,如驾驶员以一种安全方式停车所用的总时间;车辆进入车间维修前的平均时间间隔,如车辆进行维修前所用的时间。因此暴露持续时间取决于涉及的监控类型,例如:连续监控、周期性自检、驾驶员监控、无监控和探测到故障后的反应行为。

2. 违背安全目标的原因评估

违背安全目标的原因评估是基于对每个硬件部件的单独评估,以及该硬件部件对所考虑安全目标违反的残余故障、单点故障和双点故障的贡献。

评估随机硬件失效导致违背安全目标的原因的方法,在图4-4所示的对单点故障和残余故障的评估流程图中予以了阐明。根据故障发生准则评估单点故障,根据综合故障发生和安全机制有效性的准则评估残余故障。

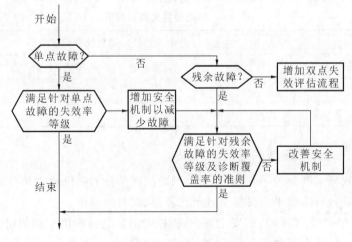

图4-4 对单点故障和残余故障的评估流程图

图 4-5 阐明了双点故障的评估流程,而双点评估要先评估其发生概率。若我们能在预定的时间内,通过高覆盖率的检测机制识别出两个独立故障点同时引发的系统失效,则该双点故障被认为在实际应用中是极不可能发生的。然而,若经过综合评估,我们认为该双点故障存在发生的可能,那么必须依据一套综合考虑故障发生概率和安全机制覆盖率的准则,对此类故障进行严格评估。具体而言,若故障评估结果未能满足既定的故障发生概率与安全机制覆盖率相结合的标准,则必须依照相关标准,对双点故障进行更为细致和深入的评估,以确保系统的安全性和可靠性。图 4-4 和图 4-5 中描述的评价程序适用于硬件,例如 CPU、电阻等。根据之前提出的定量分析技术和定量分析技术(例如 FTA)可评估双点故障发生概率。

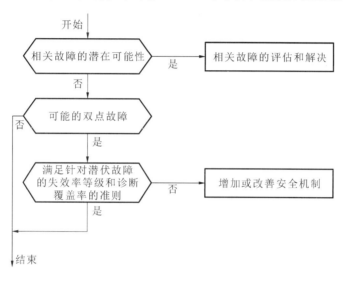

图 4-5 对双点故障的评估流程图

等级为 ASIL B、C 和 D 的安全目标,对违背所考虑的安全目标的每个单点故障、残余故障和双点故障进行单独的评估。该评估在硬件级产品上进行,同时根据评估违背安全目标的原因要求提供证据,表示违背该安全目标的每个单点故障、残余故障和双点故障是可接受的。

对于等级为 ASIL B、C 和 D 的安全目标,硬件失效率的失效率等级评级如下:

(1) 失效率等级 1 对应的失效率应小于 ASIL D 的目标值除以 100;

(2) 失效率等级 2 对应的失效率应小于或等于 10 倍的失效率等级 1 对应的失效率;

(3) 失效率等级 3 对应的失效率应小于或等于 100 倍的失效率等级 1 对应的失效率;

(4) 失效率等级 $i(i>3)$ 对应的失效率应小于或等于 $10^{(i-1)}$ 倍的失效率等级 1 对应的失效率。

失效率等级的分配依据是硬件失效率,不考虑安全机制的有效性。

只有当相应的硬件失效率等级符合相应的目标值时,硬件发生的单点故障才会被考虑接受。针对单点故障的硬件失效率等级如表 4-7 所示。

硬件发生的残余故障失效率等级评级见表 4-8。针对残余故障给出安全目标时,被考虑接受且所考虑的失效率是硬件失效率,不包括安全机制的有效性。

表 4-7 针对单点故障的硬件失效率等级

安全目标的 ASIL	失效率等级
D	失效率等级 1＋专用措施 a
C	失效率等级 2＋专用措施 a 或失效率等级 1
B	失效率等级 2 或失效率等级 1

表 4-8 针对残余故障的硬件失效率等级

安全目标的 ASIL	针对残余故障的诊断覆盖率			
	≥99.9%	≥99%	≥90%	<90%
D	失效率等级 4	失效率等级 3	失效率等级 2	失效率等级 1＋专用措施 a
C	失效率等级 5	失效率等级 4	失效率等级 3	失效率等级 2＋专用措施 a
B	失效率等级 5	失效率等级 4	失效率等级 3	失效率等级 2

表 4-8 定义了安全目标 ASIL 允许的最大失效率等级和诊断覆盖率之间的关联,更低的失效率等级是可接受的。更低的失效率等级指数字更小的失效率等级,例如,比失效率等级 3 更低的失效率等级指失效率等级 1 和 2。

对于失效率等级 i,当 $i>3$ 时,如果 ASIL D 等级对应的诊断覆盖率大于或等于 $(100-10^{(3-i)})\%$,ASIL B 和 C 等级对应的诊断覆盖率大于或等于 $(100-10^{(4-i)})\%$,则残余故障被认为可接受。当确定安全机制的诊断覆盖率时,须考虑硬件安全故障的比例。在这种情况下,诊断覆盖率的计算与单点故障度量的计算类似,但仅在硬件层面,而不在相关项层面。

若双点故障发生在硬件中,其相应的硬件符合表 4-9 中给出的硬件失效率等级和诊断覆盖率,则应被认为是可接受的。

表 4-9 关于双点故障的硬件失效率等级和诊断覆盖率

安全目标的 ASIL	针对双点故障的诊断覆盖率		
	≥99%	≥90%	<90%
D	失效率等级 4	失效率等级 3	失效率等级 2
C	失效率等级 5	失效率等级 4	失效率等级 3

表 4-9 定义了安全目标 ASIL 允许的最大失效率等级和能达到的诊断覆盖率。如果两个双点故障都发生在同一硬件上,则该要求仍然适用。例如安全机构奇偶校验位于硬件 RAM(随机存取存储器)中,而导致双点故障的两个故障 RAM 单元故障和奇偶校验安全机制故障都位于同一个硬件 RAM 中。为了使这个双点故障被认为是可接受的,硬件 RAM 需要满足表 4-9 中所述的失效率等级和诊断覆盖率。

适用于安全目标的 ASIL C 和 D,对于失效率等级 i,当 $i>3$ 时,以下情况造成的可信的双点故障被认为是可接受的:

(1) ASIL D 的诊断覆盖率大于或等于 $(100-10^{(4-i)})\%$;

(2) ASIL C 的诊断覆盖率大于或等于 $(100-10^{(5-i)})\%$。

如果不能满足表 4-9 中安全目标对应的要求,那么出现双点故障的可能性很大,安全目标 ASIL D 的失效率等级 1 对应目标值的十分之一,安全目标 ASIL C 的失效率等级 2 对应目标值的十分之一。

4.4 硬件集成和测试

产品开发完成之后,须经过集成和测试,保证所开发产品符合 ISO 26262 标准。汽车的集成分为以下三个阶段:产品所包含单个元素的硬件和软件的集成,被称为软硬件集成;产品所有组成要素构成一个系统的集成,被称为系统集成;汽车中其余系统与电子/电气系统以及汽车本身的集成,被称为车辆集成。

集成和测试阶段需要实现的目的包含:根据产品的需求和安全完整性等级,测试产品与安全要求的适应性;验证产品的设计是否实现了相应的安全需求。

本小节主要介绍硬件相关的集成和测试流程,以及一些测试方法。

产品的功能安全会受到研发过程(包括具体要求、设计、执行、整合、验证、有效性和配置等)、生产过程和服务过程以及管理流程的影响。

安全事件通常总是与功能和质量相关的研发活动及产品有关。ISO 26262 强调了研发活动和产品生产方面的安全相关要求。

如果一个产品宣称满足 ISO 26262 标准,则其必须满足该标准规定的每个要求,特殊情况如下:

(1) 对不适用的要求进行安全行为的剪裁;

(2) 对于不符合项说明理由,并针对理由根据 ISO 26262 标准进行评估。

4.4.1 集成

1. 测试计划

硬件集成和测试的活动都应按照集成规范和测试策略规范相协调,如果测试对象采用过 ASIL 分解,则已分解要素所对应的集成活动和其后的活动都应采用分解前的 ASIL,并且与安全相关的硬件的鉴定标准应基于世界性质量标准或同等公司标准的既定程序步骤。

在硬件测试之前,须制定相应的测试计划,其主要包括:测试范围、测试方法、测试标准、测试环境、测试工具、出现异常后的对策、回归策略。

测试计划的制定还需要考虑:测试方法的完整性、测试对象的复杂度、测试经验、测试技术的成熟性和风险。

2. 集成和测试

ISO 26262 标准针对产品开发的硬件部分提出了以下专门的集成和测试要求与建议。

(1) 集成和测试要符合安全计划和验证要求;

(2) 集成和测试要满足产品集成和测试计划;

(3) 针对变更情况,须依据标准规定中的变更管理条款对测试策略进行影响分析;

（4）测试的设备要符合国际标准 ISO 17025；

（5）测试用例需要根据表 4-10 所示的方法进行设计；

表 4-10　硬件集成和测试用例的设计方法

设计方法		ASIL			
		A	B	C	D
1a	需求分析	++	++	++	++
1b	内部和外部接口分析	+	++	++	++
1c	等价类生成和分析	+	+	++	++
1d	边界值分析	+	+	++	++
1e	基于知识或经验的错误预测	++	++	++	++
1f	功能相关性的分析	+	+	++	++
1g	相关失效的常见限制条件、顺序的来源分析	+	+	++	++
1h	环境条件和运行用例的分析	+	++	++	++
1i	ISO 16750、ISO 11452 标准	+	+	+	+
1j	重大变量的分析	++	++	++	++

（6）根据硬件安全需求规范，对硬件安全机制完整性和正确性进行验证，测试方法包括：功能测试、故障注入测试、电气测试。硬件安全机制完整性和正确性的测试方法如表 4-11 所示。

表 4-11　硬件安全机制完整性和正确性的测试方法

测试方法		ASIL			
		A	B	C	D
1	功能测试	++	++	++	++
2	故障注入测试	+	+	++	++
3	电气测试	++	++	++	++

（7）硬件集成和测试需要按照表 4-12 的方法进行外部压力环境下的硬件级鲁棒性测试。

表 4-12　硬件级鲁棒性测试方法

测试方法		ASIL			
		A	B	C	D
1a	带基本功能验证的环境测试	++	++	++	++
1b	扩展功能测试	O	+	+	++
1c	统计测试	O	O	+	++
1d	最恶劣情况测试	O	O	O	+

续表

测试方法		ASIL			
		A	B	C	D
1e	超限测试	+	+	+	+
1f	机械测试	++	++	++	++
1g	加速寿命测试	+	+	++	++
1h	机械耐久测试	++	++	++	++
1i	EMC 和 ESD 测试	++	++	++	++
1j	化学测试	++	++	++	++

上述各个表中所列举的测试方法，序号不同，表示的意义也存在差异。比如：序号 1、2、3 说明该方法须用于相应等级的 ASIL，如果运用其他方法进行测试，则需要说明；序号 1a、1e 则表示某个或多个方法都可用于测试，优先采用带"++"的方法。

4.4.2 功能安全分析与设计

根据上述已经梳理过的功能安全设计开发流程，本小节将以电动助力转向系统（EPS）为对象，进行硬件功能安全分析与设计。电动助力转向系统是汽车电子/电气系统中极其重要的部分，已成为乘用车标配。

EPS 的工作原理是通过传感器收集信号，经 ECU 处理后传递给 EPS 控制器，EPS 控制器通过目标指令控制电机的工况，从而使转向更方便。EPS 结构示意图如图 4-6 所示。

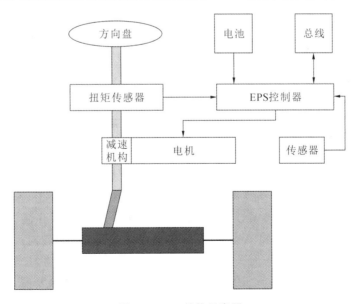

图 4-6 EPS 结构示意图

1. 控制器开发流程

根据上述的功能安全开发流程,对 EPS 控制器进行功能安全分析与设计。

1) EPS 控制器开发启动

(1) 启动硬件级产品开发,制定安全活动和安全计划;

(2) 对 EPS 控制器进行相关项定义,启动安全生命周期,例如 ECU 输入参数的定义;

(3) 根据硬件安全需求规范确定 EPS 控制器各个部件的 ASIL,从而确定功能安全目标。

2) EPS 控制器硬件设计

首先根据已经得到的 ASIL 和对 EPS 控制器提出的硬件安全需求规范,对 EPS 的硬件进行功能安全设计。然后对 EPS 进行硬件架构设计,该架构指电子/电气架构。

3) EPS 控制器安全评估

当硬件设计完成之后,须对硬件进行安全分析和安全验证,保证符合硬件功能安全需求。对 EPS 控制器进行安全评估,分析计算硬件架构度量和随机硬件失效率等指标,并与相应 ASIL 的目标值进行对比,验证其是否满足功能安全需求。

4) EPS 控制器集成和测试

最后一步就是对 EPS 控制器的电子/电气架构进行功能安全测试,包含功能模块和安全机制的完整性和正确性。

2. EPS 部分具体功能安全分析与设计

图 4-7 所示为 EPS 控制器的电子/电气架构模块。

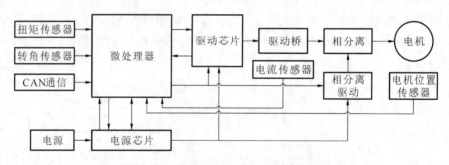

图 4-7 EPS 控制器的电子/电气架构模块

上述模块若出现故障则会使 EPS 控制器工作故障,导致 EPS 系统失效。EPS 系统失效后呈现形式分为:电机助力异常、电机助力消失、方向盘抖动、方向盘卡死。

针对上述问题,选出安全等级最高的安全目标和最低的安全目标进行分析。

(1) 因 EPS 系统中电机发生异常,转向系统违背驾驶员意向,发生转向故障。针对上述非驾驶员意向转向故障进行 HARA 分析:危害事件为非驾驶员意向转向;驾驶场景为汽车启动后的任何场景;驾驶员在车上,无法控制转向,可控性为 C3;汽车发生违背驾驶员意向转向,可能会威胁他人安全,严重度为 S3;在汽车启动后任何场景都可能会暴露,暴露率为 E4。根据表 4-13,确定该危害风险的安全等级为 ASIL D。

(2) EPS 系统正常运行,但方向盘抖动。事件是方向盘抖动,对其进行 HARA 分析:该事件在汽车启动之后任何场景都可能发生,驾驶员在车上,机械操控正常,可控性为 C1;汽车能按驾驶员意向操作,无危害,严重度为 S1;汽车启动后任意场景都可能会暴露,暴露率为 E4。根据表 4-13,确定该事件安全等级为 QM。

表 4-13 ASIL 对应判断表

等级		C1	C2	C3
S1	E1	QM	QM	QM
	E2	QM	QM	QM
	E3	QM	QM	A
	E4	QM	A	B
S2	E1	QM	QM	QM
	E2	QM	QM	A
	E3	QM	A	B
	E4	A	B	C
S3	E1	QM	QM	A
	E2	QM	A	B
	E3	A	B	C
	E4	B	C	D

为避免 ASIL 中高等级的安全目标发生故障,则需要根据 ISO 26262 标准,对影响该安全目标的硬件进行功能设计,避免因其故障导致功能失效。

4.5 本章小结

硬件级产品开发遵循 ISO 26262 标准,以确保汽车电子/电气系统的功能安全,主要包括计划阶段和开发步骤两部分。

计划阶段对整个硬件开发进行相应规划,将安全需求分配到不同阶段。

开发步骤可细分为硬件安全需求规范、硬件级产品设计、硬件安全评估与硬件集成和测试。

硬件安全需求规范是硬件设计的指导,需要严格执行,并考虑软硬件接口的一致性。

硬件级产品设计包含硬件架构设计和硬件详细设计。

硬件安全评估主要通过计算硬件架构度量和随机硬件失效率来评估硬件的安全等级。

硬件集成和测试则对硬件的功能和安全机制进行验证。其中功能安全分析与设计介绍了电动助力转向系统控制器的开发流程,针对不同的危害事件确定安全等级,并提出避免高等级安全事件发生的硬件设计思路。

总体来说,硬件级产品开发须严格遵循对应标准,通过安全需求、设计、评估、集成和测试等阶段开发确保功能安全的硬件产品。

课后习题

习题1：在硬件功能安全开发中，标准ISO 26262规定了哪几个主要的开发阶段？

习题2：硬件功能安全开发中的安全需求规范主要包含哪些内容？

习题3：硬件安全评估主要采用哪些指标进行计算？

习题4：汽车硬件功能安全设计中，如何避免设计缺陷？

习题5：高复杂性情况下避免失效的设计特性有哪些？

5 智能网联汽车功能安全的软件级产品开发

在系统开发完成后,硬件级和软件级产品的开发就可以并行。由于汽车电子领域有其特殊的开发需求,因此需要采用适合其开发的方法,如在控制系统的开发中采用基于模型的设计方法以及基于规范的验证方法。

5.1 软件开发计划

ISO 26262明确区分了系统工程、软件和硬件开发。系统工程着眼于需求捕获、系统设计和评估,以及将系统行为(和适当的服务质量)分配到硬件、软件(和机械组件)上。系统工程的输出是软件和硬件设计规范。在正式开始软件开发活动之前,为了确保整个软件开发过程和软件开发环境是合适且一致的,需要对包括指定资源和设置时间表在内的所有软件活动进行规划,选择开发过程中要使用的方法和工具及明确使用的建模或编程语言。软件设计过程侧重于在一个(或多个,取决于系统设计)微控制器上开发软件。软件分配设计和系统工程之间存在潜在的重叠。

5.1.1 软件开发V模型

在计划软件开发活动时,大多数汽车厂商都会以ISO 26262中提出的V模型概念为依据,软件开发V模型如图5-1所示。

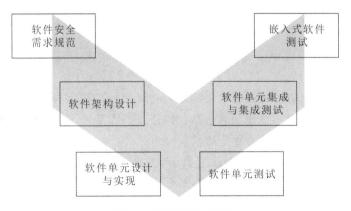

图5-1 软件开发V模型

该模型将软件级产品开发过程分为两个阶段、六个互有关联的环节。第一个阶段为设计阶段,这个阶段包括第一个至第三个工作环节;第一个环节是软件安全需求规范,这个环节是为了定义保证软件预期功能可正常实现所需的安全项目;第二个环节是软件架构设计;第三个环节是软件单元设计与实现。第二个阶段是结束设计阶段,完成软件单元实现之后的测试,该阶段包含第四个至第六个工作环节:第四个环节是软件单元测试,将设计好的软件单元实现后进行测试,检验软件单元是否能正常实现预期的功能;第五个环节是软件单元集成与集成测试,将多个软件单元进行集成并测试以检验结果;第六个环节是嵌入式软件测试,验证嵌入式软件是否符合安全需求规范。

5.1.2 方法及工具的选择

一个合格的开发过程和开发环境要确保两点:软件开发生命周期子阶段和基于子阶段设计出来的软件产品在一致性上要得到确保;系统和硬件开发阶段在所需的动态交互以及信息交换方面的一致性在软件开发阶段要得到兼容。具体操作可以通过选择合适的软件开发工具(例如包括方法、语言、工具在内的与安全相关的嵌入式软件)来规划开发过程和创建开发环境。

需要注意的是,相关项软件的各阶段、任务和活动的顺序,包括迭代步骤,都要用来确保跟软件开发相关的工作成果与系统级及硬件级保持一致性。为了给开发过程提供支持和避免常见错误,选择设计、建模或编程语言时应有以下统一标准。

(1) 应有无歧义且可理解的定义,例如语法和语义的明确定义或者对开发环境配置做出明确要求。

(2) 如果是根据需求工程和管理进行建模,则应使用适合建模的规定和管理安全要求。

(3) 支持模块化、抽象和封装的实现。

模块化是指解决一个复杂问题时自上向下逐层把系统划分成若干模块的过程,每个模块都具有多种属性并分别反映系统的内部特性。这种方法要求每一个模块都具有独立的工作模式且具有分级启动功能。

抽象是指从大量事物中抽取出共同的、本质性的特征,舍弃其非本质性的特征。在软件开发过程中,识别开发软件稳定的需求、识别核心的需求、识别概念性的需求、识别系统架构、定义系统中构件之间的接口关系等都是抽象的过程。

封装是指隐藏对象的属性和实现细节,仅对外公布接口,控制在软件中读取程序属性和修改访问级别。

(4) 支持结构化构造的使用。结构化构造分为顺序构造、条件构造和重复构造。顺序构造是实现任何一个算法的基本处理步骤。条件构造是根据某种逻辑条件的出现而选择相应的处理步骤。重复构造是为循环处理而设置的。

在考虑标准时要注意,可能会有不适用于高级编程语言的软件部分,如带有硬件接口的低级软件、中断处理程序或关键时间算法的软件部分,汇编语言会比高级编程语言更适合处理这部分软件编程。当根据上述四个标准选择出来的设计、建模或编程语言本身的问题不能得到充分解决的时候,应由符合表 5-1 所示的相应指导指南来处理,表中的"+"表示在对应的 ASIL 下,通则的推荐使用程度:"+"表示一般推荐,"++"表示强烈推荐。开发特定的相关项时,可以对现有的编程指南和建模指南进行修改。使用指南时,若在基于模型的开发中出现自动生成代码的情况,可以在模型层面和代码层面应用指南,包括 MISRA AC 系列。在运用

MISRA AC 系列指南时,要注意 MISRA AC 是 C 语言的编程指南,其包括自动生成代码的指南。

表 5-1 设计、建模或编程所需指南涵盖的内容

序号	通则	ASIL			
		A	B	C	D
1	强制低复杂性	++	++	++	++
2	语言子集的使用	++	++	++	++
3	强类型语言	++	++	++	++
4	防御式实现技术的使用	+	+	++	++
5	使用可靠的设计原则	+	+	++	++
6	无歧义图形化表示的使用	+	++	++	++
7	风格指南的使用	+	++	++	++
8	命名惯例的使用	++	++	++	++
9	并行方面	+	+	+	+

(1) 强制低复杂性。低复杂性需要开发者自行定义"什么是足够低的复杂性"。这可能要求开发者在开发过程中对其他非安全相关需求进行适当的折中。

(2) 语言子集的使用。在开发过程中可能会使用到不同的编程语言,当不同编程语言的结构导致语义不清或混淆时,应该要避免使用该语言结构。模糊的语言结构会使不同的编码器、建模器、代码生成器产生不同的解释。避免使用从经验上来讲容易犯错的语言结构,例如局部变量和全局变量的条件分配或相同的命名结构。

(3) 强类型语言。强类型语言是一种强制定义类型的语言,一旦某一个变量被定义了数据类型,如果不经过强制转换,则该变量的数据类型就无法更改。例如在编程过程中定义了一个整数,如果不进行类型的强制转换,则该整数就不能转换成字符串。强类型语言要么是编程语言自有的,要么需要在编程指南中添加支持强类型语言的原理。使用强类型语言会使软件行为在设计和评估阶段更容易被理解。

(4) 防御式实现技术的使用。防御式实现技术是为了增加代码的鲁棒性,使代码在出现故障或不可预知的情况时仍能正常运行,具体实例有:在除法运算之前验证不等于零的或在特定范围内的除数;检查由参数传递的标识符,以验证调用函数是预期的调用方法;在切换情况下使用"默认"来检测错误。

(5) 使用可靠的设计原则。这可能需要对潜在假设、边界和应用条件的有效性进行验证。边界指系统包含的功能与不包含的功能之间的界限。

(6) 无歧义图形化表示的使用。当内容用图形来表示时,图形的内容不需要另加解释。

(7) 风格指南的使用。良好的编程风格通常使代码具有可维护性、秩序性、可读性和可理解性,从而达到降低出错率的目的。

(8) 命名惯例的使用。命名惯例是对标识符命名的一种规范,例如类、数据包、变量、方法等。使用相同的命名惯例,可使代码更容易阅读。

（9）并行方面。执行软件的进程或任务的并行不仅限于在多核或多处理器运行环境中。并行在软件操作系统中是指一组程序按独立异步的速度执行，无论从微观还是宏观上，程序都是一起执行的。

在开发过程中也可以使用支持自动生成代码的方法和敏捷软件开发方法。敏捷软件开发方法也适用于安全相关软件的开发，但在使用敏捷软件开发方法时要符合功能安全的相关要求，不能忽略安全措施，也不能忽略实现功能安全所需的产品的基本文件、设计过程或安全完整性。

敏捷软件开发方法是一种应对需求快速变化的开发方法，基于迭代和增量开发，通过自组织、跨团队、沟通协作完成工作，如图 5-2 所示。敏捷软件开发方法比传统软件开发方法体量更轻，也更能适应需求快速变化的现代社会。

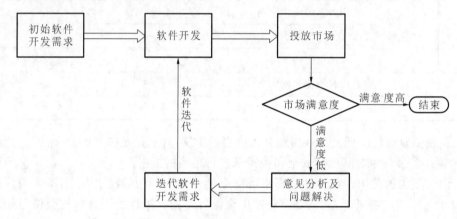

图 5-2　敏捷软件开发方法

但是敏捷软件开发方法存在着一定的不足，需要通过其他的方法来弥补。例如为提高需求的可靠性和可测试性，可以使用测试驱动开发的方法。测试驱动开发是一种区别于传统软件开发流程的开发方法。它要求在编写某个功能代码之前先编写测试代码，然后只编写可以使测试代码通过的功能代码，通过测试来推动整个开发过程的进行，这有助于编写简洁可用的、高质量的功能代码，并加速开发过程。

进行基于自动化构建系统的持续集成可以保证开发子阶段的一致性，也可以促进回归测试。构建系统可以从源代码生成用户可以使用的自动化工具，一个灵活的构建系统应该可以支持任意扩展和随意配置，并且支持流水线作业。这种构建系统通常执行代码生成、编译和链接、静态代码分析、文档生成、测试和打包等工作。它允许在工具链和工具配置的前提下，重复地生成软件、文档和测试结果，并在变更后进行比较。

所以为了确保软件开发过程的一致性，在此阶段要完成以下三个任务：

（1）确定经鉴定合格的软件工具，软件工具标准的评估报告或鉴定报告可以作为工具的输入条件；

（2）选择合适的设计、建模或编程语言以及相应的应用指南；

（3）确定开发方法和软件工具的应用指南。

5.2 软件安全需求规范

软件安全需求是指软件产品设计期间需要遵守的安全规范,该安全需求主要来源于技术安全概念和系统架构设计规范。在系统级开发阶段将技术安全需求分配给对应的硬件与软件部分,在定义软件安全需求规范阶段将分配给软件部分的安全需求在具有独立性和鲁棒性的基础上进行进一步的细化,定义期望软件必须实现的功能。

(1) 能够安全执行标称功能。识别软件异常信息信号来判断软件是否正常执行标称功能。标称功能指设计软件时规定软件应该执行的功能。

(2) 使系统达到、保持安全状态或降级状态的功能。通过识别、监控软件和硬件的运行状况,软件能及时对错误进行纠正,使系统在一个安全或降级的状态下运行。

(3) 探测、指示与安全相关的硬件要素故障,并处理相关的功能。例如,检测电池充电状态和续航状态、检测继电器的工作状态。

(4) 操作系统、基本软件或应用软件本身的故障检测、指示和处理相关的自检或监控功能。当被检测对象已经不符合规定状态时发出预警警报或断开信号。

(5) 与运行性能或运行时间相关的功能。例如检测汽车在欠电时的运行状态。

以电动汽车电池管理系统架构设计为例。在完成系统级开发和硬件级开发的基础上,将技术安全需求中与软件安全相关的部分和细化过后的软硬件接口规范相结合,获得软件安全需求规范。技术安全需求规范在分配给硬件单元和软件单元后,根据所需的 ASIL 进行进一步细化整合,将具体的软件安全需求分配给特定的程序。其结果为以技术安全需求为主要依据设计的电动汽车电池管理系统架构的软件安全需求表,如表 5-2 所示。

表 5-2 电动汽车电池管理系统架构的软件安全需求表

序号	功能描述	ASIL	分配给
1	电池检测芯片的工作异常应被系统识别	B	参数检测程序
2	CAN 总线的错误应被系统识别	B	CAN 通信程序
3	每 100 ms 判断一次电池电压、温度是否超限	C	状态估计程序
4	如果电压或温度超限,应立即发送继电器开断指令	C	继电器控制程序
5	如果电池已经充满,应立即发送继电器开断指令	C	继电器控制程序
6	继电器不工作的错误应被系统识别	C	继电器控制程序
7	每隔 1 s 估算一次 SOC	A	状态估计程序
8	欠电状态 SOC 误差不超过 ±3%	A	状态估计程序
9	欠电状态续航里程误差不超过 ±6 km	A	状态估计程序
10	温度超限即向 VCU 发送预警信号	A	CAN 通信程序
11	电源断电的故障应被系统识别	B	电源检测程序

表中的 CAN 是控制器域网的简称,是国际上应用最广泛的现场总线之一。SOC 指荷电

状态,是蓄电池在使用一段时间或长时间不使用后的剩余容量与其完全充电后容量的比值,常用百分数表示。

参数检测程序负责检测电池监测芯片的工作过程;状态估计程序负责检测电池的 SOC 状态、电池电压和电池温度状态是否在允许误差范围之内;CAN 通信程序负责各个程序之间的数据交互并识别 CAN 总线的错误;继电器控制程序负责电池过温、过压以及电池满电状态下的处理过程。参数检测程序和状态估计程序确保电动汽车电池管理系统可安全执行标称功能;继电器控制程序确保电动汽车电池管理系统具有达到、保持或降级安全状态的功能;CAN 通信程序和电源检测程序使电动汽车电池管理系统具有对自身硬件设备进行探测的功能。

同时,因为软件的载体是硬件,所以在定义期望的软件功能时,还要将硬件约束对软件的影响考虑进去:

(1) 应考虑包括增益控制、带通频率和时钟分频在内的系统和硬件的配置;

(2) 应考虑软硬件接口规范,该规范应在系统级开发阶段就被定义,在定义软件安全需求规范阶段进一步细化,直至能够明确说明硬件的正确使用与控制方法,以及可以对硬件和软件安全相关的依赖性做出描述;

(3) 应考虑与硬件设计规范相关的要求;

(4) 应考虑时间约束,例如达到系统级要求的安全机制所需的反应时间和执行时间;

(5) 应考虑外部接口,例如通信和用户接口;

软件除了必须具有的功能,还应该提供在车辆生产、运行、维护和报废期间与车载和非车载实验测试相关的功能,且允许系统在生产和服务期间修改软件。因为一辆汽车在正常使用情况下的使用期限是非常长的,软件开发人员必须保证汽车软件在研发设计阶段是可被测试和修改的,也应保证汽车软件在后续的车辆使用过程中也是可被测试和更新的。

在定义完软件安全需求规范后,为了避免出现因软件功能失效而违背分配给软件的技术安全需求的情况,我们应对软件安全需求规范和细化的软硬件接口规范是否实现了技术安全需求进行验证,验证内容包括以下几点:

(1) 软件开发的适用性;

(2) 与技术安全需求的符合性和一致性;

(3) 与系统设计的符合性;

(4) 与软硬件接口的一致性。

在对细化后的软硬件接口规范进行验证时,需要系统级、硬件级和软件级产品设计阶段的设计人员共同参与。

5.3 软件架构设计

在定义完软件安全需求规范后,这些软件安全需求需要分配给某些软件单元来实现。软件架构设计就是结合软件安全需求来设计和明确构成软件的单元。其目的是识别出所有构成该集成软件的软件单元,同时描述全部软件组件在层次结构中的交互。设计结束需要对软件架构进行验证,以确保软件架构满足特定的条件。因为软件架构设计需要同时考虑与安全相关的软件和与安全不相关的软件,所以软件架构设计要求在实现软件安全需求的同时,也能实现软件的非安全需求。

5.3.1 软件架构组成

软件架构组成包括静态与动态两个方面。

静态方面描述所有软件组件间的接口和数据路径,比如层次化的软件结构、数据类型(即特征参数)、软件组件的外部接口、嵌入式软件的外部接口、全局变量、架构的范围、外部依赖的约束。

动态方面与时间有关,包括事件和行为的功能链、数据处理的逻辑顺序、控制流和并行进程、通过接口和全局变量的数据流、时间的限制。在描述动态行为时(如任务、时间片和中断)要确定通信关系及其在系统硬件上的分配,比如 CPU 和通信通道。在确定动态行为时,也要考虑软件不同的运行状态,比如开机、关机、正常运行、标定和诊断状态下的动态行为。

5.3.2 软件架构的标记法及设计原则

软件架构设计过程除了描述静态与动态行为,还要考虑整车级的汽车软件是可进行维护和测试的这一要求,因此在进行软件架构设计时就应确保软件架构具有可维护性和可测试性。软件架构设计过程必须是规范的,为了规范架构设计,可以使用标记法。软件架构设计的标记法可以是非形式记法、半形式记法或者形式记法,ASIL 越高,标记法就越需要形式化,如表5-3所示。而在某些开发内容不适合用上述标记法或者在标记法中为捕获的决策提供解释和理由时,可以使用自然语言进行表达。

表 5-3 软件架构设计的标记法

序号	标记法	ASIL			
		A	B	C	D
1	自然语言	++	++	++	++
2	非形式记法	++	++	+	+
3	半形式记法	+	+	++	++
4	形式记法	+	+	+	+

形式化、半形式化和非形式化是三种类型的规范风格。形式化规范风格基于完备的数学概念,采用具有确定语义定义和严格语法的语言表达。这种风格使用数学概念来定义符号的句法和语义,也支持逻辑推理的证明规则。半形式化规范风格也采用具有确定语义定义和严格语法的语言表达,但相对于形式化规范风格,它不依赖于完备的数学概念。非形式化规范风格使用自然语言表达,不具备严格的语法和确定的语义。这种规范风格适用于人类使用的所有语言,包括自然演化的语言和人造语言(如编程语言)。

为避免在软件架构设计和后续开发活动中出现系统性故障,可以在开发过程中基于不同的 ASIL 要求利用表 5-4 所示的软件架构设计原则进行开发。使用标记法也是为了避免出现系统性故障。

表 5-4 软件架构设计原则

序号	设计原则	ASIL A	ASIL B	ASIL C	ASIL D
1	适当的软件组件层次结构	++	++	++	++
2	限制软件组件的规模和复杂性	++	++	++	++
3	限制接口的规模	+	+	+	++
4	每个软件组件内的高内聚	+	++	++	++
5	软件组件之间的低耦合	+	++	++	++
6	恰当调度的特性	++	++	++	++
7	限制中断的使用	+	+	+	++
8	软件组件的适当空间隔离	+	+	+	++
9	合理管理共享资源	++	++	++	++

内聚和耦合是软件工程中的概念,是判断设计好坏的标准,此处软件架构设计的好坏主要是看设计的内聚性是否高、耦合性是否低。内聚指一个模块内各个元素彼此结合的紧密程度,高内聚是指一个模块内各个元素彼此结合的程度高。以软件为例,就是一个软件模块是由相关性很强的代码组成的,只负责一项任务。耦合是指一个软件结构内不同模块之间互相关联程度,模块之间的联系越紧密,其耦合性就越强,模块的独立性就越差。耦合性的高低取决于模块间接口的复杂程度,模块间接口越复杂,对应的指标要求就越多:

(1) 控制流或数据流高度分支;
(2) 分配给单个设计要素的要求过多;
(3) 单个设计要素的接口过多或设计要素之间的交互活动过多;
(4) 参数类型复杂或参数数量过多;
(5) 全局变量过多;
(6) 难以提供证据证明错误探测机制和错误处理机制的适用性和完整性;
(7) 测试覆盖率难以达到规定要求;
(8) 软件组件难以被理解。

5.3.3 错误探测机制和错误处理机制

软件单元之间可能出现干扰现象导致错误,为探测软件单元之间可能出现的错误并对错误进行纠正,需要采取错误探测机制和错误处理机制。软件单元的 ASIL 越高,需要采取的错误探测机制就越多,而应该使用什么样的错误探测机制与错误处理机制,这取决于对软件架构进行安全导向分析和相关失效分析的结果。

可选取的错误探测机制如下。
(1) 规定数据的检查范围。确保从接口读取和输出的数据在一个规定的范围内。
(2) 数据合理性检查。对得到的信号的合理性进行检查,例如一辆汽车在极短时间内从静止状态加速到每小时一百千米的运行状态就是一种不符合合理性的情况。合理性检查可以通过预期行为参考模型、断言检查或比较不同来源的信号来探测故障信号。

断言是一种编程术语,表示为布尔表达式,布尔表达式的输出结果只有两种——"真"和"假",当程序中的某个特定值为"真"时,可以在任何时候启用和禁用断言验证,因此可以在检查时启用断言,在部署时禁用断言。

(3) 数据错误探测。可以用来探测数据错误的方法有很多,例如使用错误探测代码或多重数据存储。

(4) 使用外部设备对程序执行过程进行监控。外部设备可以是一个执行"看门狗"功能的软件要素或其他微控制器中执行的软件。监控可以是逻辑监控,也可以是时间监控,或者两者都包括。

(5) 程序执行的时间性监控。

(6) 设计中的多样化冗余。冗余设计是指在对系统或设备完成任务起关键作用的地方,增加一套或更多套完成相同功能的功能通道、工作元件或部件,以保证该部分出现故障时,系统或设备仍能正常工作,减少系统或者设备的失效率,提高系统的可靠性。在软件架构设计中,设计两个或多个软件来执行相同的任务,比较不同软件执行相同任务的输出数据,如果发现差异,则生成故障信息。但这种方法也存在缺点,不能保证软件工程师在设计冗余软件时不会出现相同的错误,为解决这个问题,可以将软件的功能进一步多样化处理。

在探测到错误后,要立即对错误进行处理,可以采用的错误处理机制如下。

(1) 停用。停止使用或跳过故障软件,以实现和维持安全状态。

(2) 静态恢复机制。目的是让系统从破坏的状态回到可以正常运行的状态,可以设立恢复块,进行后向恢复、前向恢复或通过重复操作的行为来恢复。恢复块技术本质上是一种为硬件容错设计的动态冗余设计,由一个基本块、若干个替换块和接收测试组成。运行方式是在运行基本块后进行测试,通过测试就将结果输出给后续程序,未通过则调用替换块,此时系统会恢复到运行前一个块的状态,接着运行替换块。

(3) 适度降级。对功能进行优先级排序,使潜伏故障对功能安全的不利影响最小化,从而实现平稳的降级。当探测到错误时,该机制会使系统从正常操作模式进入安全操作模式。汽车软件中常通过警示灯来提醒驾驶员某些元件已失效或某些功能已缺失,例如通过亮燃油警示灯来提醒驾驶员燃油已不足,应该进行添加。

(4) 同质冗余设计。主要侧重于控制同类软件在硬件上执行所发生的瞬时故障或随机故障的影响,如执行软件时的时间冗余。时间冗余指以增加执行时间为代价执行安全相关的任务。

(5) 多样化冗余设计。每条并行路径中的软件都不一样,主要关注软件中系统性故障的预防或控制。这种机制可能需要借助冗余的硬件,会增加成本。

(6) 数据纠错码。添加不同级别的冗余数据来提供不同级别的防护。当需要纠正的错误越多,需要的冗余数据就越多。这种机制常被应用于 CD、DVD 和 RAM(随机存取存储器)中。

(7) 在软件或硬件中实施的访问权限管理,涉及授予或拒绝对安全共享资源的访问。

以自动车道保持系统侧向控制模块的软件架构为例,该系统由感知模块、决策模块和控制模块组成。

自动车道保持系统侧向控制模块的软件初始架构如图 5-3 所示,为了遵循限制软件组件规模、降低软件组件间耦合性的架构设计原则,将控制模块的功能按"I-P-O"逻辑关系分为输入、处理、输出三个子模块,不同模块分别实现不同的功能,从而使整个模块具有高内聚的特性。输入子模块负责接收感知模块输入的车辆状态信息和决策模块输入的车辆参考轨迹信息,并将参考轨迹信息解耦为车辆横/纵向行驶信息。处理子模块负责处理车辆横/纵向行驶信息和车辆状态信息的误差,基于一定的算法,计算出期望前轮转角和期望车速。输出子模块负责将期望前轮转角和期望车速输出给车辆转向系统、动力系统和制动系统。

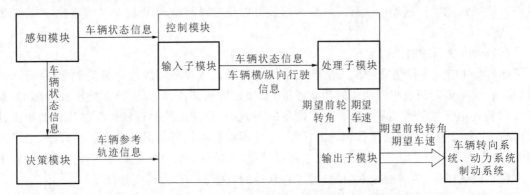

图 5-3 自动车道保持系统侧向控制模块的软件初始架构

为了保证模块正常运行,软件架构使用冗余设计,在功能失效的情况下具有使车辆进入降级运动状态或安全运行状态的功能,并加入监控模块进行故障探测,加入仲裁模块进行运行模式切换。

为了保证输入子模块传输信息的正确性,即车辆状态信息和车辆参考轨迹信息的正确性,可以使用以下错误探测机制:

(1) 规定数据的检查范围。确保从感知模块和决策模块接收的数据在一个规定范围内。
(2) 数据合理性检查。当输入数据超出规定的范围时,则认为输入数据是无效的。
(3) 数据错误探测。

为了保证处理子模块正确地输出期望前轮转角和期望车速,使用对处理子模块运行过程进行监控的安全机制。使用"看门狗"或其他可实现监控功能的软件要素来对处理子模块进行监控,以识别出错误或陷入无限循环的控制流。

为了保证输出子模块输出数据的正确,使用数据合理性检查机制。加入了安全机制的控制模块的软件架构如图 5-4 所示,仲裁模块对主软件和冗余软件输入的信息进行比较。当两者输入的信息出现不可忽视的差距时,仲裁模块输出使车辆进入安全运行状态或降级运行状态的信号,并将报警信号输出给驾驶员。

5.3.4 软件架构验证

软件架构设计完成后,要确保设计的软件架构具有以下属性:
(1) 软件架构设计满足软件安全需求规范和所要求的 ASIL;

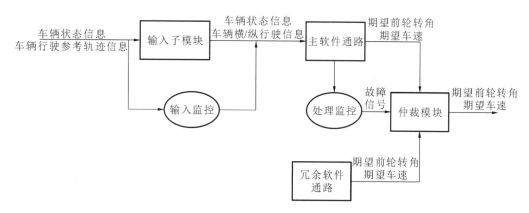

图 5-4 加入了安全机制的控制模块的软件架构

(2) 为软件架构设计的评估或调查提供证据,证明该设计满足软件安全需求规范和所要求的 ASIL;

(3) 与软件执行环境的兼容性,包括操作系统和基本软件的执行环境;

(4) 与设计指南保持一致。

为了验证设计的软件架构具有上述属性,可以依据不同的 ASIL 采用如表 5-5 所示的验证方法。

表 5-5 软件架构设计验证方法

序号	验证方法	ASIL			
		A	B	C	D
1	设计走查	++	+	O	O
2	设计检查	+	++	++	++
3	设计动态特性仿真	+	+	+	++
4	原型生成	O	O	+	++
5	形式验证	O	O	+	+
6	控制流分析	+	+	++	++
7	数据流分析	+	+	++	++
8	调度分析	+	+	++	++

(1) 设计走查。设计走查是一种为了探测设计方案中存在的问题而根据一定的设计标准,向评审员团队描述整体软件架构设计的方法。

(2) 设计检查。设计检查比起设计走查要更加正式化,其通过制定检查计划、进行离线检查、召开检查会议、对设计方案返工和跟踪设计方案变更等步骤检查设计方案。

(3) 设计动态特性仿真。动态特性表示一个系统随时间变化的状态,根据动态特性设计一个动态模型来探测软件架构中动态部分的故障。

(4) 原型生成。根据设计方案创建一个实例对象。作用与设计动态特性仿真类似,针对动态部分的故障非常有效,工作过程是分析对象与预期目标之间的所有差异。

(5) 形式验证。用数学的方法来验证软件架构设计方案中描述的功能是否正确。系统预期行为的正确性可以通过形式验证得到保证,排除系统意外行为并证明其符合安全需求。

(6) 控制流分析。控制流分析是一种确认程序控制流程的静态代码分析技术。目的是找出符合架构层面的软件执行的关键安全路径。

(7) 数据流分析。数据流分析是一项在编译时使用的技术,能从程序代码中收集程序的语义信息,并通过代数的方法在编译时确定变量的定义和使用。目的是找出符合架构层面的软件变量的关键安全数值。

(8) 调度分析。根据软件任务要求、重要性、执行顺序来对系统资源进行分配,以保证系统中的软件能正常执行任务,系统可以正常运行。

然而,基于计算机的系统,特别是基于机器学习的系统,与人类相比,在判断异常情况方面存在明显不足。人类擅长发现一些从未遇见的奇异事件,而计算机系统在这方面的能力则远逊于人类。尤其是基于自动驾驶技术的系统,更易盲目自信,在未经训练的情况下做出决策,继而埋下安全隐患。因此,自动驾驶系统何时才算足够成熟是值得深思的问题。即便系统已经掌握驾驶所需的基本技能和知识,也不能轻易假定其能应对各种未知的异常情况。要审慎评估系统的危险感知与应对能力,避免因过度自信带来不可挽回的损失。

验证自动驾驶系统所面临的一个重大挑战是它们倾向采用基于机器学习的方法来进行感知和决策。机器学习涉归纳学习,其通过收集大量训练数据、学习模型、调整模型、迭代优化,来获取统计意义上的准确预测。简言之,系统通过学习大量案例来获得判断物体的能力,比如判断人、车等实例,经过多次迭代后系统逐步优化,在统计上能对已知实例给出准确判断。但这类方法存在一些内在缺陷,即系统并没有真正理解物体本质,仅通过案例进行类比学习。当遇到案例中未曾出现的情况时,其判断能力存在不确定性。如果系统遇到与训练数据差异较大的新实例,其识别和决策能力就可能受到挑战。这就需要采用更严谨全面的验证方法,避免过分依赖机器学习,以确保自动驾驶系统在面对复杂多变的环境时具有健壮性和安全性。

基于机器学习的系统在模型训练中存在无法正确识别与过度拟合的问题。如果仅使用有限数量的训练数据,系统可能只适应这些特定样本,对其他未知情况识别能力不佳。因此,系统需要能够进行一般化学习,即不仅能识别见过的样本,也能够判断统计意义上相似的新样本。另外,训练数据可能无法覆盖所有可能的场景,如果实际情况包含训练数据之外的新类别,系统同样可能无法识别。这就需要训练数据涵盖常见变化,如肤色、服装、姿态等。更关键的是评估系统是否真正掌握了预期的识别与决策能力,不仅体现在训练数据上,而且能拓展到复杂多变的实际情况中。当前基于机器学习的系统在游戏环境下表现突出,但无法保证其在开放复杂世界中的健壮性与安全性,故仍需采取严格验证。

作为假设案例:如果训练数据中的人物均戴帽子,且采集环境为寒冷的冬天,而测试数据中出现无帽人物,系统就可能无法识别无帽人物。这是因为系统可能仅学习到有帽特征,而未真正学会识别人的面部特征。这也说明系统可能只是统计学习训练数据的表面特征,而未获得更本质的理解。事实上,这类系统容易被简单模式欺骗,设计者往往要在观察其行为后才能意识到其存在问题。总而言之,系统验证面临的核心问题是仅统计性能指标的改善并不能保证系统已经学习到了预期的知识。即使系统在训练和测试数据上性能表现较好,也无法保证其能拓展适应更复杂的实际环境,所以仍需要更严格的验证方法,以确保系统的健壮性和安全性。

使用基于机器学习的系统面临的核心问题是,难以判定系统究竟获得了什么知识。系统可能仅学习了训练数据中的表层模式,而未获得更本质的理解,这点往往难以被设计者察觉。训练数据中的偶发模式可能导致系统产生意外的误解,但这些误解同样不容易被发现。一幅著名的漫画生动阐释了这一困境:人们简单地将数据输入系统进行运算,然后得到看似正确的输出结果,但结果的正确性无法保证,如果出现错误,也只能通过反复调整数据直到输出结果看起来正确。可见,仅通过结果正确性无法判断系统内在是否已经学习到了准确知识。这需要更科学严谨的验证方法,深入考察系统内部的推理过程,避免其产生未知的误解。同时还需关注训练数据本身可能存在的偏差,保证数据质量以提高系统学习效果。只有做到这些,才能使基于机器学习的自动驾驶系统向安全可靠方向发展。

基于机器学习的系统采用归纳训练,不存在传统的系统设计流程,即没有针对问题本质进行分析建模的环节。例如构建人脸识别系统,传统方法会分析人脸结构特征,而机器学习系统仅通过大量人脸样本进行训练。这样就失去了对问题的解释性理解和表达。更关键的是,训练过程本身如黑箱操作,难以洞察系统学习到了什么知识。系统仅学会从统计意义上复现训练数据的输出特征,而内在的推理过程不明。这样的系统容易产生未知偏差。对此,简单的随机测试是不够的,需要针对系统功能建立解释性模型,进行针对性验证,即对系统输出特征进行分析解释,设计对应输入实例验证系统运行是否符合预期逻辑。只有这样,才能系统性地验证系统的推理过程是否正确,避免其在开放复杂的环境下出现不可控风险。

对于自动驾驶汽车而言,其可靠性和安全性的验证过程极为重要。初期,公司主要依靠公共道路测试。这有利于识别简单情形,但想达到必要的可靠性水平,仅靠公共道路测试,哪怕投入巨资也难以实现,同时存在安全风险。据美国兰德公司研究,要使自动驾驶汽车比人驾驶汽车更安全可靠,需要在真实或虚拟环境下进行至少 1100 亿英里的测试,但纯公共道路测试周期长、耗费高。因此,必须结合基于场景的仿真测试方法。仿真测试需要场景库支持,包含合成和记录场景,既可复现真实驾驶情况,也可构建从未出现的情形,确保覆盖关键场景。2018 年亚利桑那州不幸事故使许多公司认识到公共道路测试的局限,转向联合使用仿真测试。要使自动驾驶安全程度超过人驾驶安全程度,事故间隔需要达 2 亿英里,统计学上需要 10 倍测试里程以确保其显著性,这样的里程约为绕全球公共道路 50 次往返,实在难以实现。最近有研究表明,基于强化学习的高效仿真测试可提升效率(超过 2000 倍),有望缩短自动驾驶商业化进程,值得关注。

5.3.5 软件分区

在软件架构层面,设计的软件单元数量越多,规模越大,软件单元之间出现干扰的可能性就越大,不同软件单元可能出现的错误也会越多。为了消除软件单元之间的干扰,可以对软件单元进行软件分区。进行软件分区时,应注意下列事项:

(1) 一个软件分区对共享资源的调用不能影响另一个软件分区对共享资源的调用;
(2) 一个软件分区内的软件单元不能出现相互干扰;

（3）一个软件分区不能改变其他软件分区的代码或数据，也不能控制其他软件分区的非共享资源；

（4）用专用的硬件或等效的方法来支持软件分区，例如具有内存保护单元的硬件；

（5）实现软件分区的软件单元需要按照分配给软件分区的所有需求中的最高 ASIL 开发；

（6）软件分区有效性的证据是在软件集成和测试期间生成的。

软件单元间出现相互干扰现象，往往是因为软件存储、软件执行时序和软件间的通信出现了故障，所以软件分区从软件存储故障安全机制、软件执行时序故障安全机制和软件通信故障安全机制三个方面实现软件组件间的免干扰。

当软件存储出现故障时，会出现内容损坏、数据不一致（例如数据获取过程中数据进行了更新）、数据堆栈溢出或下溢、对已分配给其他软件单元的内存进行读写访问等故障，可以采用诸如内存保护、奇偶校验位、纠错码（ECC）、循环冗余校验（CRC）、冗余存储、内存访问限制、内存访问的静态分析、内存静态分配等安全措施来预防。

当软件执行时序出现故障时，会出现执行阻塞、死锁、活锁、软件要素执行时间的不正确分配、软件要素间的不正确同步等故障。活锁是指软件在执行任务的过程中没有被其他进程所阻塞却因为某些条件没有满足而出现"重复执行任务——任务失败——再次执行任务——任务失败"的进程。死锁是指两个或两个以上的进程在执行过程中由于竞争资源或彼此通信而出现的一种阻塞现象。在没有外来因素作用的情况下，这些进程都将无法进行下去。活锁和死锁的区别在于：处于活锁的实体在不断地改变状态，而处于死锁的实体表现为等待；活锁有可能自行解开，死锁则不能。为了解决故障，可采用循环执行调度、固定优先级调度、时间触发调度、处理器执行时间监控、程序执行次序监控和发生率监控等处理机制。

不同软件单元、软件分区的通信包括信号、数据、消息的交换。当信息的发送方与信息的接收方或者信息的发送/接收渠道出现问题时，会导致信息重复、信息丢失、信息延迟、信息插入、信息的伪装或信息的不正确寻址、信息次序不正确、信息损坏、从发送方传送到多个接收方的信息不对称或只能被部分接收方接收、通信信道阻塞等故障。为了预防出现故障，可使用 I/O 设备、数据总线等方式进行信息交换。而在已经出现故障的情况下，可以采用通信协议、信息重复、信息回送、信息确认、I/O 引脚的适当配置、分离的点到点的单向通信对象、明确的双向通信对象、异步数据通信、同步数据通信、事件触发数据总线、带有时间触发访问的事件触发数据总线、时间触发的数据总线、最小时间片和基于优先级的总线仲裁等处理机制，以解决故障。

5.4 功能实现和安全测试

在软件架构设计阶段，识别出集成软件所有的构成单元后，需要设计符合软件安全需求规范和相关设计准则的软件单元并将其实现。实现软件单元后要对其进行测试，为软件单元满足软件安全需求规范提供证明文件。当实现的软件单元都测试通过后，对软件单元基于一定步骤进行集成，并对集成后的软件项进行测试，直至嵌入式软件完全集成，再对嵌入式软件进行测试，以验证其满足软件安全需求规范。

5.4.1 软件单元设计和实现

软件单元设计阶段在软件架构设计阶段完成之后进行。在软件单元设计的过程中,要基于软件架构设计的基础,结合软件安全需求规范以及相关设计准则进行软件单元设计。

软件单元设计和实现应满足分配给软件单元的软件安全需求规范,并符合相关的 ASIL 和软件架构设计规范。在定义软件单元功能时,要将软件单元的功能行为和内部设计描述到必要的细节程度,以支持软件单元功能的实现,内部设计可包含对寄存器使用和数据存储的限制。

在设计多个软件单元时,考虑到软件单元之间的信息交互现象,要保证设计出来的软件单元具有以下属性:

(1)基于软件架构设计,软件单元内的子程序和函数执行正确的次序;
(2)软件单元间接口的一致性;
(3)软件单元内和软件单元间的数据流及控制流的正确性;
(4)简单性;
(5)可读性和可理解性;
(6)鲁棒性(可以使用不合理值、执行错误、以零做除数、数据流及控制流错误的方法来验证这一特性);
(7)软件修改的适宜性;
(8)可验证性。

在设计过程中,根据不同的 ASIL 需求,使用表 5-6 所示的设计原则对软件单元进行设计。

表 5-6 软件单元和实现的设计原则

序号	设计原则	ASIL			
		A	B	C	D
1	子程序和函数采用一个入口和一个出口	++	++	++	++
2	无动态对象或动态变量	+	++	++	++
3	变量初始化	++	++	++	++
4	避免全局变量,否则须证明对全局变量的使用是合理的	++	++	++	++
5	指针的受限使用	+	+	++	++
6	无隐式类型转换	+	++	++	++
7	无隐藏数据流或控制流	+	++	++	++
8	没有无条件跳转	++	++	++	++
9	无递归	+	+	++	++

(1)子程序和函数采用一个入口和一个出口。这种"单一"原则使得函数或子程序更易理解和维护,减少了代码控制流的复杂性。

（2）无动态对象或动态变量。动态对象或动态变量会产生不符合预期的行为以及不可预测的内存泄漏。当不得不使用动态对象或动态变量时，要在其产生过程中进行在线测试，以规避非预期行为和防止内存泄漏。

（3）变量初始化。可以避免因为变量被赋值为包括不安全或非法数值在内的任何数值而产生对安全的负面影响。

（4）避免全局变量，否则须证明对全局变量的使用是合理的。可以被任何其他软件单元进行读写是全局变量的缺点，当不得不使用它时，要合理控制风险并证明使用它是合理的。

（5）指针的受限使用。为避免变量值损坏和程序崩溃风险的出现，要尽量少地使用指针。

（6）无隐式类型转换。隐式类型转换指在编程语言的编译器内自发进行的类型转换，这种转换是隐式的、不需要程序员明确指定的。但这种转换会导致发生包括数据丢失在内的意外情况。

（7）无隐藏数据流或控制流。隐藏的数据流和控制流会使代码难理解和难维护。

（8）没有无条件跳转。跳转语句可以使程序在满足一定条件时中断当前程序的执行流程，并从另一个不同的点继续执行程序。使用无条件跳转语句会使代码难以分析和理解，带来的好处却有限。

（9）无递归。递归是一个程序或函数在其定义或说明中直接或间接调用自身的一种方法，它可以使一个大型的复杂问题被层层分解为一个与原问题相似的较小规模的问题，从而便于求解，但这也会带来将代码变得复杂而难以被理解和验证的问题。

在软件单元设计完成后，要对软件单元进行说明描述，可以使用自然语言、非形式记法、半形式记法和形式记法对软件单元设计进行描述。这既可以使描述软件单元的过程具有一致性和可理解性，也会减少系统故障的发生。

5.4.2 软件单元测试

在软件单元设计和实现完成之后，为了证明设计出来的软件单元满足分配的软件功能需求规范和 ASIL 要求，证明软件单元功能是可实现并且不会出现非预期功能，我们还要对软件单元进行测试。软件单元测试基于软件架构设计和软件单元设计，选取合适的审查、分析或测试方法，对软件单元设计和实现的一致性与正确性进行验证。根据测试时软件单元的运行状态，可将软件单元测试分为静态测试和动态测试。

1. 软件单元静态测试

软件单元静态测试是指在被测软件单元静默状态下，借助软件测试工具对软件单元进行评审。该过程在软件单元设计和实现阶段进行，为了保证被测软件单元符合软硬件接口规范和软件安全需求规范，需要根据不同的 ASIL 使用表 5-7 所示的静态测试方法进行验证。

（1）走查。

（2）成对编程。它是一种编程模式，指在一次编程中，由两位程序员一起工作。所有的软件开发环节，两位程序员都一起平等地、互补地进行开发工作，分析、设计、写软件单元测试示例、编程，并进行软件单元测试、集成测试、编写文档等工作。

表 5-7 静态测试方法

序号	测试方法	ASIL			
		A	B	C	D
1	走查	++	+	O	O
2	成对编程	+	+	+	+
3	检查	+	++	++	++
4	半形式验证	+	+	++	++
5	形式验证	O	O	+	+
6	控制流分析	+	+	++	++
7	数据流分析	+	+	++	++
8	静态代码分析	++	++	++	++
9	基于抽象解释的静态分析	+	+	+	+

（3）检查。对于基于模型的开发，如果有证据证明所使用的代码生成器满足一定的条件，则在模型层面应用走查、成对编程、检查的方法。

（4）半形式验证。介于非形式验证（例如评审）和形式验证（与验证结果的易用性和强度相关）之间。

（5）形式验证。

（6）控制流分析。

（7）数据流分析。控制流分析和数据流分析可被应用于源代码层面。这两方法既适用于手动代码开发，也适用于基于模型的开发。

（8）静态代码分析，也称静态分析。静态分析是一个集合术语，它包括架构分析、资源消耗分析和搜索源代码文本或模型，以查找与已知错误匹配的模式，或符合要求的建模和编程准则。它作为一种软件测试方法，可以不执行源代码就对程序进行检查。静态分析也可以通过分析源代码来验证源代码是否满足规范性、安全性、可靠性、可维护性等指标。静态分析可用于识别软件单元的安全缺陷和安全漏洞。静态分析不产生测试用例编写和代码检测配置的开销。

（9）基于抽象解释的静态分析。它是扩展静态分析的一个统称，其中包括通过添加语义信息来扩展编译器解析树的分析，这些信息可以检查数据是否违反了定义的规则（例如已定义的数据类型、未初始化的变量）、控制流图的生成和数据流分析（例如捕获与争用条件、死锁和指针误操作有关的故障），甚至是元编译和抽象代码或模型解释。

2. 软件单元动态测试

软件单元动态测试是指在被测软件单元运行的情况下，对软件整体或部分内容的执行行为和输出结果进行测试和分析。该过程在软件单元实现之后的测试阶段进行，在实际测试过程中，应根据软件安全需求规范的 ASIL 来对表 5-8 所示的动态测试方法进行选择使用。

表 5-8 动态测试方法

序号	测试方法	ASIL			
		A	B	C	D
1	基于需求的测试	++	++	++	++
2	接口测试	++	++	++	++
3	故障注入测试	+	+	+	++
4	资源使用测试	+	+	+	++
5	背靠背测试	+	+	++	++

（1）基于需求的测试。这种测试方法使测试更加有效，它使测试专注于确保被测软件单元满足应用需求。测试过程基于软件单元需求进行，软件单元需求包括软件单元设计规范和分配给软件单元的软件安全需求规范。

（2）接口测试。它是测试系统组件之间接口的一种测试方法，主要用于探测外部系统与系统之间、系统内部各组件、各子系统之间的交互点。测试的重点是检查数据的交换、传递和控制管理过程，以及系统间的相互逻辑依赖关系等。在软件单元测试中，该测试主要用来确保所有与被测软件单元相关的交互都正常进行，且对被测接口的错误假设进行探测。其可以用来证明使用和交换的数据的完整性。由于软件单元间的交互是由需求定义的，所以接口测试与基于需求的测试存在重叠。

（3）故障注入测试。该测试是为了验证软件单元设计过程提出的安全机制或安全措施的有效性，是一种与安全相关的非常有效的测试方法。测试的对象是软件设计过程中提出的安全机制或安全措施，可设计不同的、违背设计过程提出的安全目标的失效模式并将其注入软件单元运行过程中，根据软件单元输出结果来分析安全机制或安全措施是否按照预期要求被正确执行，以此来发现漏洞。这里的安全机制或安全措施正确执行与否应根据软件单元的功能表现、准确性、时序来判定。

（4）资源使用测试。该测试是为了验证控制器资源是否足够支持软件单元的安全运行。控制器资源包括通信带宽、内存等。在进行这类测试时，明确测试目标是必要的，只有在目标环境中执行软件单元测试或目标处理器的仿真器充分支持该测试时，才能正确执行资源使用测试。

（5）背靠背测试。该测试是指为了验证代码与模型之间的等效性，在模型开发的基础上，通过模型自动生成代码或者根据代码搭建模型来进行测试的过程。这种测试方法需要一个能够模拟软件单元的模型，通过对比模型和软件单元间的行为差异来探测潜在的需要解决的故障，比如可以比较软件单元和模型进行非浮点运算的结果。

不同的 ASIL 要求对应的动态测试也不相同。动态测试进行的一个关键是生成测试用例，为软件单元测试提供用例。软件单元的 ASIL 要求越高，需要的软件测试用例就越多。测试用例要根据 ASIL 要求选择表 5-9 所示的方法来生成。

表 5-9　软件单元测试用例的生成方法

序号	生成方法	ASIL			
		A	B	C	D
1	需求分析	++	++	++	++
2	等价类的生成和分析	+	+	++	++
3	边界值分析	+	+	++	++
4	基于知识或经验的错误预测	+	+	++	++

(1) 需求分析。通过分析软件安全需求,制定合适的测试用例。

(2) 等价类的生成和分析。等价类是输入条件的一个子集合,在该子集合中,所有输入数据对于揭露程序中的错误都是等价的,并合理假定测试某等价类的代表值就等于对这一类其他值的测试。因此,可以把识别出的输入数据合理划分为若干等价类,在每一个等价类中取一个数据作为测试的输入数据就可以用少量代表性的测试数据取得较好的测试结果。根据软件单元输入和输出结果来识别等价类,为每一个等价类选择一个有代表性的测试用例,以达到良好的测试覆盖率。

(3) 边界值分析。它是对输入或输出的边界值进行测试的一种黑盒测试方法,边界值指比等价类稍低或稍高的一些特定情况。它作为对等价类的生成和分析方法的补充,其测试用例来自等价类的边界。该方法用于接口和接近边界的值、与边界交叉的值及超出范围的值的情况。

(4) 基于知识或经验的错误预测。错误预测可基于经验学习流程中收集的数据和专家判断。

3. 测试覆盖率度量

在动态测试完毕后,为了评估整个测试过程的完整性,要依据 ASIL 选择表 5-10 中所列的方法对软件单元层面的测试覆盖率进行度量。同时测试覆盖率也能反映动态测试用例的有效程度。

表 5-10　软件单元层面测试覆盖率的度量方法

序号	度量方法	ASIL			
		A	B	C	D
1	语句覆盖率	++	++	+	+
2	分支覆盖率	+	++	++	++
3	修改条件/决策覆盖率	+	+	+	++

(1) 语句覆盖率。语句覆盖率是指可执行语句总数与被评测到的语句数量之比。设计尽可能少的测试用例来运行被测程序,以使每一条可执行语句至少执行一次。

(2) 分支覆盖率。分支覆盖率主要检查代码中每个可能的路径或分支是否被覆盖。它可以通过找到确保覆盖所有边缘的最小路径数来计算。

(3) 修改条件/决策覆盖率。条件/决策覆盖率是一种用于评估测试覆盖范围的指标，它关注以下四个方面：①执行每一个入口点，这意味着测试用例需要覆盖到每个函数、方法或模块的入口点，确保每个入口点都被调用并执行；②每个决策执行的所有可能结果，在决策结构（例如 if 语句）中，每个条件的每个可能结果都需要被覆盖到，包括满足条件和不满足条件的情况；③每个条件将执行的每个可能结果，对于每个条件，测试用例需要覆盖到它的每个可能值，例如，如果条件是"$x>0$"，则需要测试"$x>0$"和"$x\leqslant 0$"的情况；④每个条件影响的所有决策结果，确保测试用例覆盖到每个条件对决策结果的影响，如果有多个条件，它们之间的组合也需要考虑。

4. 测试环境

在软件单元测试过程中，测试环境对软件单元测试结果的呈现是存在一定影响的。为了保证测试环境适合实现软件单元测试的目标，对测试环境的选择应尽可能地贴近目标环境。当测试环境与目标环境存在差异时，要对源代码和目标代码的差异（测试环境和目标环境的差异也会体现在源代码或目标代码中，例如不同处理器的不同位宽会导致编译的目标代码出现差异），以及测试环境和目标环境的差异进行分析，以便在后续测试阶段的目标环境中定义额外的测试用例。根据测试范围，选择适当的测试环境执行软件单元测试。软件单元测试可以分为以下类型。

(1) 模型在环测试：在基于模型的开发环境下对模型进行仿真，输入一系列测试用例，验证软件单元模型是否满足软件单元功能需求。

(2) 软件在环测试：该测试的对象是将模型转换成自动生成的软件可执行代码，验证自动生成的软件可执行代码是否满足软件单元功能需求，以此保证软件单元模型与软件可执行代码之间的一致性。

(3) 处理器在环测试：将软件单元模型和自动生成的软件可执行代码在嵌入式处理器硬件或指令集仿真器上执行，测试在目标处理器上运行的模型与代码之间的一致性。

(4) 硬件在环测试：硬件在环即硬件在控制环路，是一种半实物仿真，其通过使用实际控制器和虚拟对象测试控制器系统，将软件单元通过 I/O 接口与虚拟对象连接起来，进行全方位的、系统的测试。

综上，软件单元测试应在尽可能贴近目标环境的测试环境中通过三个步骤来进行：选择合适的测试方法、定义测试用例、度量测试覆盖率。

5.4.3 软件集成与集成测试

1. 软件单元集成

单个软件单元在测试完成后，还需要进行软件单元之间的集成。软件单元集成过程分为两步。第一步是制定软件单元集成策略。集成策略应该包括三个内容：基于软件架构设计识别出的软件单元；基于软件单元之间的功能依赖性定义软件单元集成顺序并选择集成方法、工具；确定集成过程准则。集成过程准则包括开始条件、结束条件、暂停条件和再开始条件。第二步为根据集成策略进行软件单元集成活动，将单个软件单元集成到规模更大的软件项，直至集成出符合软件架构设计的集成软件。

2. 软件单元集成测试

软件单元集成过程结束后,要对集成软件进行测试,以证明集成软件满足以下条件:

(1) 集成软件与软件架构的一致性;
(2) 集成软件满足软硬件接口规范;
(3) 集成软件功能的正确性,能正常执行期望功能;
(4) 集成软件的鲁棒性,在软件架构层次制定的错误探测机制与错误处理机制能有效发现并处理故障;
(5) 集成软件有足够的资源支持。

1) 集成软件测试过程

需要明确的是,软件单元集成过程与集成软件测试过程是一个循环的过程,每集成一个软件单元就要进行一次测试,直至所有的软件单元完成集成。为了提供充足的证据证明集成软件满足条件,需要对集成软件测试过程规范化,如图 5-5 所示。

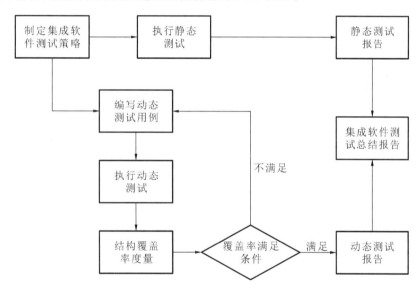

图 5-5 集成软件测试过程

第一步是要根据软件单元集成策略来制定集成软件测试策略,根据集成程度的不同选择适当的测试环境进行集成软件测试。第二步根据集成软件测试策略里面的静态测试方法执行静态测试并编写静态测试报告。第三步与第二步同步进行,根据集成软件测试策略选择测试用例的生成方法,编写动态测试用例。第四步是执行动态测试,使用动态测试用例进行集成软件动态测试。第五步进行结构覆盖率度量,度量结果用于判断动态测试用例是否满足条件,是否为集成软件测试过程完整性的支撑条件。当覆盖率满足条件后可编写动态测试报告,并与静态测试报告进行合并,生成集成软件测试总结报告。

可选择的集成软件测试环境与单个软件单元测试环境相同,分别为:

(1) 模型在环测试;
(2) 软件在环测试;

(3)处理器在环测试;

(4)硬件在环测试。

集成软件测试策略如图 5-6 所示,包括测试对象、测试目的、测试方法、测试用例生成方法、结构覆盖率度量。

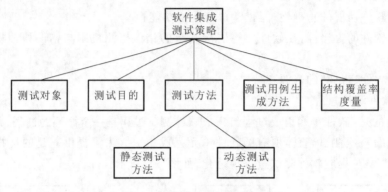

图 5-6　集成软件测试策略

2)集成软件测试方法

在确定测试对象和目标后,要对集成软件进行测试。集成软件测试分为静态测试和动态测试。

静态测试在集成软件静默状态下进行,通过对集成软件代码进行静态分析以验证代码自身的正确性、代码与设计的一致性。静态测试需要根据相应的 ASIL,从表 5-11 所示的方法中选择合适的测试方法。

表 5-11　静态测试方法

序号	测试方法	ASIL			
		A	B	C	D
1	控制流分析/数据流分析	+	+	++	++
2	静态代码分析	++	++	++	++
3	基于抽象解释的静态分析	+	+	+	+

动态测试也应该根据相应的 ASIL,从表 5-12 所示的方法中选择合适的测试方法。

表 5-12　动态测试方法

序号	测试方法	ASIL			
		A	B	C	D
1	基于需求的测试	++	++	++	++
2	接口测试	++	++	++	++
3	故障注入测试	+	+	++	++
4	资源使用测试	++	++	++	++
5	背靠背测试(如适用)	+	+	++	++

3)集成软件测试用例

确定了动态测试方法后,进行测试用例的生成,测试用例的生成要根据相应的ASIL,选择表5-13所示的方法。

表5-13 集成软件测试用例的生成方法

序号	生成方法	ASIL			
		A	B	C	D
1	需求分析	++	++	++	++
2	等价类的生成和分析	+	++	++	++
3	边界值分析	+	++	++	++
4	基于知识或经验的错误预测	+	+	+	+

4)结构覆盖率度量

结构覆盖率由函数覆盖率和调用覆盖率构成,它可以用来判断测试用例是否满足要求,对于不同ASIL有不同的覆盖率要求,如表5-14所示。

表5-14 结构覆盖率的度量方法

序号	度量方法	ASIL			
		A	B	C	D
1	函数覆盖率	+	+	++	++
2	调用覆盖率	+	+	++	++

函数覆盖率表示测试过程中被执行代码数与所有代码数的比值,其目标值在一般情况下是100%,即要求执行所有代码,当出现不能执行所有代码的情况时,需要对此进行说明,为接受函数覆盖率小于100%提供支持条件。

调用覆盖率表示测试过程中函数调用语句执行数与所有函数调用语句的比值,其目标也为执行所有函数调用语句。

当由函数覆盖率和调用覆盖率构成的结构覆盖率不满足条件时,需要编写更合适的测试用例重新进行测试。

3. 嵌入式软件测试

通过集成软件测试阶段的软件需要结合硬件进行嵌入式测试,以验证该软件实现了软件安全需求规范定义的预期功能,并且没有非预期功能。

为了验证嵌入式软件满足在目标环境下的软件安全需求规范,需要根据相应的ASIL选择表5-15中的测试环境。

(1)硬件在环。

(2)ECU网络环境。这种方法使用面向外部环境的真实硬件和软件,包括集成了车辆部分或全部电气系统的测试台架、"lab-car"或"mule-car"(杂合车和骡子车),以及剩余总线仿真,比硬件在环测试结果更加准确,但测试效率低。

表 5-15 嵌入式软件测试环境

序号	测试环境	ASIL			
		A	B	C	D
1	硬件在环	++	++	++	++
2	ECU 网络环境	++	++	++	++
3	整车环境	+	+	++	++

（3）整车环境。基于整车级进行测试，是最有效也是成本最高的测试方法，但对已经完成修改、在运行的软件极其适用。

选择合适的测试环境后，为了证明嵌入式软件实现了符合各软件单元 ASIL 的软件功能，需要根据相应 ASIL 要求选择合适的测试方法，如表 5-16 所示。

表 5-16 嵌入式软件测试方法

序号	测试方法	ASIL			
		A	B	C	D
1	基于需求的测试	++	++	++	++
2	故障注入测试	+	+	+	++

基于需求的测试方法对任何 ASIL 的嵌入式软件都适用；ASIL D 等级的嵌入式软件必须进行故障注入测试。

选择测试方法后，进行测试用例的生成，可以使用的测试用例生成方法如表 5-17 所示。

表 5-17 嵌入式软件测试用例的生成方法

序号	生成方法	ASIL			
		A	B	C	D
1	需求分析	++	++	++	++
2	等价类的生成与分析	+	++	++	++
3	边界值分析	+	+	++	++
4	基于知识或经验的错误预测	+	+	++	++
5	函数依赖性分析	+	+	++	++
6	运行用例分析	+	++	++	++

在生成测试用例时，了解函数之间的依赖关系很重要（函数依赖性分析）。如果被测功能依赖于其他模块或组件，最好将依赖部分打桩，以免其他模块的修改影响到测试用例的检测。

运行用例分析描述了用户或系统在特定情况下执行的操作步骤，通常包括输入、预期输出、前置条件和后置条件。

测试用例可以用来衡量嵌入式软件测试的完整性，ASIL 越高的嵌入式软件就越需要使用更多的测试用例生成方法来生成不一样的测试用例。

5.5 本章小结

软件开发遵循 ISO 26262 标准提出的 V 模型,分为软件安全需求规范、软件架构设计、软件单元设计与实现、软件单元测试、软件单元集成与集成测试、嵌入式软件测试六个阶段。

软件安全需求规范主要依据系统级需求进行软件安全需求的细化。

软件架构设计将软件安全需求分解到不同的软件单元,设计软件架构和错误处理机制。

软件单元设计与实现针对每个软件单元进行设计、编程,并进行单元测试。

根据测试时软件单元的运行状态,可将软件单元测试分为静态测试和动态测试。

软件单元集成与集成测试是验证多个软件单元之间接口和交互的过程,它依赖于通过了单元测试的软件单元。

嵌入式软件测试是针对嵌入式系统的软件进行的验证过程。它涵盖了硬件和软件之间的交互,确保系统在不同环境和条件下的正确性和可靠性。

根据不同的 ASIL,软件开发的每个阶段都需要选择不同的方法、满足不同的覆盖率要求。

整个软件开发流程强调可测试性、可追溯性、高内聚、低耦合的模块化设计。

课后习题

习题 1:软件安全需求规范阶段的主要工作是什么?

习题 2:软件架构设计需要关注哪些方面?

习题 3:软件单元设计与实现主要针对哪些内容进行设计和编程?

习题 4:软件单元测试主要包括哪些测试内容?

习题 5:不同 ASIL 的软件在开发过程中有何不同?

习题 6:软件开发要遵循哪些设计原则?

习题 7:ISO 26262 提及的产品生命周期能否裁剪?若能,怎样裁剪?

6 智能网联汽车预期功能安全

智能网联汽车功能安全旨在解决智能网联汽车电子/电气系统中的随机硬件失效和系统性失效问题，是设计安全系统、安全硬件和安全软件的基础。然而，随着智能网联汽车电子/电气系统和软件的不断增加，智能网联汽车功能安全问题不再仅仅源于系统和软件的错误与失效，还可能受到环境因素的影响，进而引发非预期的功能安全隐患。

在某些恶劣环境中，智能网联汽车可能面临传感器自身没有失效，却仍然无法准确探测到交通参与者的情况。以 2018 年 3 月 18 日发生的全球首例智能网联汽车致死事故为例，事发时行人正在穿越一段未被路灯直接照亮的道路区域，Uber 智能网联汽车的传感系统在事故发生前 5.6 s 内采集到了行人信息。然而，由于系统将行人错误地识别为汽车，随后系统在其他物体、汽车、自行车和未知物体等多种识别信息中表现失常，未能及时采取刹车措施，最终导致事故的发生。

这一事件引发了人们对智能网联汽车安全性的深刻反思，凸显了环境因素对智能网联汽车安全性的重要影响。因此，除了解决系统性失效问题外，智能网联汽车安全研究还需要着重考虑如何提高系统对多样化环境的适应性，以确保在各种情况下都能可靠地保障行车安全。这是一起典型的智能网联汽车功能受限导致安全问题的案例。当系统本身并未发生故障时，是否能够执行预期的功能并不属于功能安全的应用范畴。为解决该问题，为弥补智能网联汽车功能安全的局限性，预期功能安全（SOTIF）应运而生。

驭势科技联合创始人、董事长兼 CEO 吴甘沙通过考试这一比喻生动地描述了自动驾驶面临的巨大挑战。他强调了自动驾驶的极高要求，将其比作 99 分等于 0 分，凸显了即便差距只有 1 分，要达到完美仍需要漫长的时间。这 1 分代表着自动驾驶在无限题库中遇到的新问题，而当前大部分算法是基于概率的，因此难免出现错误。吴甘沙指出自动驾驶所面临的四个关键挑战，即 1‰的最难场景、1‰的极端天气、1‰的基础设施问题，以及大量可能首次出现的问题。这强调了自动驾驶技术必须在极端条件和复杂场景下表现出色，并不断适应新的问题。

尽管自动驾驶曾经被认为是汽车行业的未来趋势，但目前仍面临一系列技术和安全挑战。其中之一是尽管投入了大量传感器和域控制器，算力不断增强，但汽车在用户体验上仍未满足期望。其次，现有技术难以完全保障汽车在行驶过程中的安全性。同时，高昂的成本是一个制约因素，无论是车企还是消费者都难以接受。另外，产品开发周期长，效率相对较低。最后，监管机制尚未完全建立，交通事故责任的界定也是一个难题。

与我国汽车行业现有的多数标准不同，预期功能安全和功能安全都属于流程类保障要求，预期功能安全和功能安全注重在开发、验证的过程中保障安全性。在很大程度上，预期功能安全是功能安全理念在智能驾驶系统上的延伸，都是希望通过流程要求保障企业或产品的安全性。本章主要介绍预期功能安全概述、预期功能安全设计、预期功能安全危害分析与风险评估、预期功能安全验证和确认等方面的内容。

标准 ISO 21448 的全名是 *Road vehicles—Safety of the intended functionality*，后文也

简称为预期功能安全标准,当前的最新版本为 2022 版。其对预期功能安全的定义如下:

"Absence of unreasonable risk due to hazards (3.11) resulting from functional insufficiencies of the intended functionality(3.14) or its implementation。"即"不存在由于预期功能或其实现过程中的功能不足而产生的危害所带来的不合理风险"。

我们认为的电子/电气系统的安全问题通常源于其表现出与我们预期不一致的行为。传统的可靠性工程学和功能安全认为,这种不一致行为主要是电子/电气系统各组成部分的失效引起的。然而,随着自动驾驶系统的推出,引入的新技术具有高度复杂性和天然局限性。自动驾驶系统本身的复杂性可能导致我们的预期设计存在缺陷,从而使得传统的可靠性和功能安全解决方法变得无效。自动驾驶系统中涉及的算法和传感器具有一些局限性,这使得系统无法采用传统的功能安全方法进行分析和解决。例如:AI 算法的黑盒特性导致无法进行软件单元测试,而深度学习算法的识别成功率受到概率算法的影响。同时,环境对雷达传感器和摄像头的限制也是挑战之一,其中摄像头更容易受到环境的噪点和畸变的影响。

总的来说,本章所讲述的预期功能安全和此前讲到的功能安全分别涵盖了安全的两个不同方面。在简单的系统中,电子/电气系统的安全主要依赖功能安全;然而,在高度复杂的系统中,仅仅依靠"不失效"是无法确保其安全性的,因此,此时需要预期功能安全来确保电子/电气系统的安全性。自动驾驶系统所面临的安全问题不仅仅是组件失效引起的,还受到新技术的特性和系统复杂性的影响。因此,我们需要创新性地思考解决方案,不仅仅依赖传统的可靠性和功能安全方法,还要综合考虑新兴技术和环境因素的影响,以确保自动驾驶系统的安全性。

6.1 预期功能安全概述

智能网联汽车软件安全的一个重要方面是处理预期的功能安全。在通常的安全标准中,一般的方法是识别和降低危险。在智能网联汽车领域,ISO 26262 是传统的功能安全标准,它根据安全完整性等级(SIL)和汽车安全完整性等级(ASIL)的要求进行危害分析与风险评估,以识别和降低潜在的风险。ISO 26262 主要关注系统功能安全,即假设所有故障都发生在系统内部。我们假定已知系统应该执行的所有任务,并且系统执行的任何任务失败都必定是由于某种内部故障,比如硬件故障或软件缺陷。当出现问题时,通常调用某种安全关闭机制来降低所有危险。因此,在智能网联汽车领域,ISO 26262 提供了一套方法来确保功能安全,包括危险和风险的识别、分析及降低。这有助于确保在汽车软件开发过程中对功能安全采取必要的控制和保护措施。遵循 ISO 26262 的指导,可以最大限度地降低由系统内部故障导致的潜在危险,从而确保车辆的功能安全性。

然而,一旦拥有针对外部环境的更高级的感知系统,就会面临两个问题。首先,实际上不可能用一套完美的系统来涵盖所有可能出现的情况。在现实世界中,总会有一些我们以前从未遇到过的事物,这就可能导致问题的发生。因此,并不存在完美的系统。其次,即使你的系统是完美的,即使存在完美的功能,外部环境也可能无法配合系统发挥完美的功能。以雷达为例,当你从中发出一个脉冲时,由于某些原因(某些物体的吸收作用),可能存在无法获取回波信号的情况,这是无法避免的。这些问题意味着我们需要对智能网联汽车的功能安全进行更深入的考虑。除了依赖完美的功能和系统,我们还需要引入适应性和鲁棒性的概念,以应对不断变化和充满不确定性的外部环境。通过灵活性和弹性的设计,智能网联汽车可以更好地适应各种未知情况,并采取适当的措施以确保安全性。这也意味着我们需要不断改进和更新智能网联汽车系统,以适应新兴技术和不断变化的环境。

在处理这类问题时,预期功能安全发挥着关键作用。为确保目标功能的安全性,ISO 21448提供了一套自动化标准,用于识别和减少不安全情况。其方法是寻找触发事件,即可能导致系统故障的情况。该标准将场景空间划分为四个区域:已知不安全场景、已知安全场景、未知安全场景和未知不安全场景。已知不安全场景是指已经采取缓解措施的危险情况;已知安全场景是指已知且已证明是安全的情况;未知安全场景是指当前环境存在未知的情况,但被认为是安全的;未知不安全场景是指当前环境存在未知的情况,且被认为是危险的。这些区分使系统设计者能更有效地识别和应对不同类型的潜在风险进行设计,确保在各种情境下都能维持系统安全性。

需要注意的是,未知不安全场景可能导致危险的结果,而系统并没有被设计来解决这个问题。解决这个问题的一种方法是通过迭代来识别并减少未知的不安全场景中的问题,以缩小这个场景的范围。通过持续进行问题识别和解决,未知不安全场景的范围将逐渐减小,直到在系统级别上被认为其残余风险是可接受的。换句话说,当未知不安全场景的范围足够小,以至于可以停止分析并继续部署系统时,就可以确保系统的安全性了。实现这一目标的关键是对未知不安全场景进行持续监测和分析,及时发现潜在的危险,并采取相应的措施。相应的措施可以包括使用先进的传感器技术、数据分析和模型验证来识别潜在的危险,并通过更新软件或硬件来解决这些问题。同时,建立有效的反馈机制,从用户和实际使用情况中获取反馈信息,并不断改进系统的设计与功能安全。通过这种迭代的过程,智能网联汽车的功能安全性得以不断提高,未知不安全场景的风险将被有效地控制在可接受的范围内。这将确保智能网联汽车在各种场景下都能够安全、可靠地运行,为用户提供更好的驾驶体验和出行安全。

自动驾驶系统在研发的最后阶段面临一些挑战,尤其是在最后10%的领域,其中包括各种边缘情况的问题。这些边缘情况通常涉及罕见且不寻常的事件,例如:街道上弹过一个球,背后有个孩子在奔跑;或者遇到复杂的道路工程,需要汽车在路边侧爬才能继续前行。此外,还存在一些难以预测的情况,如在行驶车道上遇到一头顽固的牛。自动驾驶系统依赖一些基本规则,例如"在红灯前一定要停车"的交通规则,以及机器学习算法。机器学习算法通过吸收大量数据来"学习"熟练驾驶。然而,由于边缘情况很少在数据中出现,自动驾驶汽车无法学习如何应对这些情况。因此,面对涉及生命安全的关键系统,我们必须时刻保持警觉,尽可能考虑到各种可能性,未知的情况可能会耗尽所有的容错预算,甚至更多。此外,需要注意的是,整个基于机器学习的自动驾驶算法模型满足高斯分布的假设,虽然高斯分布是最为常见和普遍的分布,但不幸的是,现实世界可能比这更为复杂。在处理自动驾驶系统时,我们必须认识到这一点,并采取更加灵活和具有适应性的方法,以确保系统能够应对各种复杂的、边缘的驾驶场景。

如图6-1所示,一个机器学习系统判断图片内容是鸟的可能性为99.7%,并且确定那里没有人。然而,当你仔细观察时,你会发现图片内容并不是一只鸟,而是一个女人,她装扮得像鸟。这表明机器学习系统容易受到欺骗,它们可能只关注所期望看到的内容。相比之下,人可以重新审视结果、深入挖掘并改正答案。在涉及生命安全的关键系统中,这一点尤为重要,因为错误可能会带来严重的后果。在开发自动驾驶系统时,我们需要牢记这一点,并始终保持警觉。在图 6-1 的例子中,机器学习系统只专注于表面的特征,而没有深入分析图像的背后含义。这种情况表明针对机器学习系统的训练和评估需要更加细致,不能仅仅依赖于表面的统计数据。在关键系统中,我们需要引入更多的审核和验证步骤,以确保系统对各种场景都具备鲁棒性和准确性。这样的策略有助于防止潜在的误判和提高系统的可靠性。

图 6-1　机器学习系统测试图

边缘情况有时会令人惊讶,因为机器学习系统并未经过相应的情况训练。这些情况可能属于已知类型的对象,但它们的呈现方式或行为方式与我们的预期不符。这会导致机器学习系统过于自信地认为其所观察到的情况完全错误。在培训、测试和安全方面,边缘情况是我们在构建和测试系统时未考虑到的问题。在现实世界中,我们无法避免遇到这些情况。因此,我们需要制定计划来最小化这些不确定因素,并为处理这些情况做好准备。在开发自动驾驶汽车等智能网联汽车的系统时,我们需要充分重视边缘情况,并考虑它们对系统安全性和稳定性的影响,以确保系统的可靠性。在这一过程中,我们需要更加细致地审视边缘情况,并将其纳入系统设计和测试的考虑范围。这可能涉及更多样本的收集,更复杂的场景模拟,以及更严格的模型评估。通过这些措施,我们可以更全面地了解系统在各种情况下的表现,提高系统对边缘情况的适应能力,从而增强其在复杂、多变环境中的鲁棒性。

汽车安全包括功能安全、预期功能安全和其他安全需求(如机械安全、信息安全等)。影响因素和安全技术的相关性如表 6-1 所示。

表 6-1 影响因素与安全技术的相关性

影响因素		安全技术
车辆因素	机械部件故障	机械安全
	电子/电气故障	功能安全
	系统功能局限	预期功能安全
环境因素	环境(人)干扰	
	网络攻击	信息安全

预期功能安全不足导致了自动驾驶汽车的"长尾问题",不解决预期功能安全问题,自动驾驶汽车将无法安全上路。

图 6-2 展示了汽车安全行业标准的整体进程,涵盖软件更新、网络信息安全和自动驾驶三个关键领域。首先,在法律法规方面,涉及软件更新管理系统(UNR156)、网络安全管理系统(UNR155)和自动驾驶高级驾驶员辅助系统(UNR157)等主要的法规。此外,在国际标准方面,ISO 24089(软件更新工程)、ISO/SAE 21434(汽车网络安全工程)、ISO 26262、ISO 34502和 ISO 21448 是核心标准。业内标准如针对网络安全的 ASPICE、UL4600(自动驾驶系统安全性)和 SaFAD(自动驾驶安全分析)则提供了进一步的专业指导。这些标准和法律法规共同构建了汽车安全行业的整体框架,确保软件更新、网络信息安全和自动驾驶的全面安全。

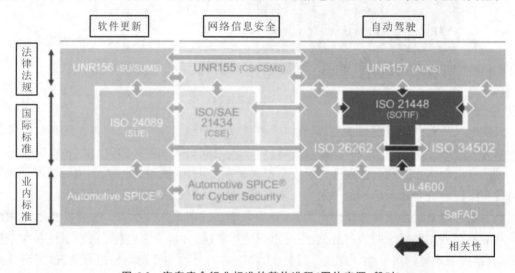

图 6-2 汽车安全行业标准的整体进程(图片来源:磐时)

预期功能安全的两个主要原则:第一,场景可以分为已知安全、已知不安全、未知安全和未知不安全四类;第二,不安全场景的数量取决于开发过程,而不仅仅来源于场景本身。另外,实现这些原则的方法涉及两个方面。首先,依据 ISO 21448 的指导,限制功能使用或改进功能可以减少不安全场景。这实际上涉及修改原始用例和需求、明确定义设计运行范围等方面,可以减少不安全场景的出现。其次,可以采用监控方法来检测路径规划故障,消除剩余不安全情况,从而提高自动驾驶的安全性。这些监控方法应该被纳入整体安全管理体系,贯穿自动驾驶产品的生命周期。总的来说,我们应当谨慎限制自动驾驶功能和相关使用场景,不断改进以减少不安全因素。同时,我们还应建立有效的监控机制来管理残余风险,逐步提升自动驾驶的安全性和可靠性。这些措施将有助于确保自动驾驶系统在各种情境下都能够安全、可控地运行,为用户提供更加值得信赖的使用体验。

此外,我们还应该深入探讨 ISO 26262 和设计运行范围(ODD)这两个概念。ISO 26262 与设计运行范围的定义以及非设计运行范围的补充概念有着紧密的关联。非设计运行范围指的是自动驾驶汽车无法运行的区域,其应在已知安全场景中被定义,即使存在不确定性也应如此。在这种情况下,系统监控方法不仅能够检测潜在的风险,还可以用来定量测量自动驾驶汽车在安全操作区域内的工作表现,有助于更好地满足 ISO 26262 的要求,并被纳入整体安全管理体系。最后是针对预期功能安全所提出的修改,包括使用回溯系统监控高级自主风险的方法等,仅是为了阐明每个不安全场景是如何通过一系列事件的因果关系实现的,从而重新定义自主行为。这样的修改旨在确保我们对系统中可能发生的情况有更深入的理解,进而能够采取相应的措施来防范潜在的风险。通过这样的方法,我们可以更全面地考虑系统的运行环境,提高对设计运行范围的理解,从而进一步增强自动驾驶系统的整体安全性。

依赖复杂传感器和处理算法进行态势感知,感知准确性对安全至关重要的预期功能,以及安装在量产道路车辆上的电子/电气系统(除轻便摩托车外),例如紧急干预系统和驾驶自动化等级为 L1~L5 的系统,都需要遵循 ISO 26262 中的功能安全需求。该标准详细规定了风险分析、安全需求规范、体系结构设计、软硬件开发和验证等方面的内容,以防功能失效引发的潜在危险。此外,明确定义非设计运行范围,并充分利用系统监控方法,将有助于进一步提升系统在面对新情况时的安全响应能力。因此,遵循 ISO 26262 是确保功能安全的关键,综合考虑将有助于提升系统在未知情况下的安全响应水平。

预期功能安全不适用于 ISO 26262 所涵盖的故障,不适用于信息安全威胁,也不适用于系统技术直接造成的危害(例如激光传感器造成的眼睛损伤);不适用于像触电、着火、烟、热、辐射、毒、可燃性反应、腐蚀、能量释放等类似的危害,除非这些危害是电子/电气系统预期功能直接引起的。预期功能安全关注系统本身的设计缺陷或对外部环境认知不足导致的安全风险,而非系统本身故障或功能被故意滥用造成的危险。同样,预期功能安全标准并不专注于已有的成熟安全解决方案。明确预期功能安全标准的适用范围,有助于开发者正确理解标准要求,从而更好地满足智能网联汽车系统的安全性需求。明确这一界定,开发者能够更专注地应对那些系统设计和环境感知不足引起的潜在安全风险,提高智能网联汽车系统在各种条件下的安全性和可靠性。

6.1.1 驾驶自动化等级分类

2014 年,国际自动机工程师学会(SAE)在 SAE J3016 标准中确立了自动驾驶的通用术语,同时描述了六个等级的自动驾驶系统。SAE 制定的《驾驶自动化分级》标准将自动驾驶技术分为 0~5 级,可以从动态驾驶任务(dynamic driving task,DDT)、目标和事件检测与响应(object and event detection and response,OEDR)以及设计运行范围三个方面来理解,如图 6-3 所示。

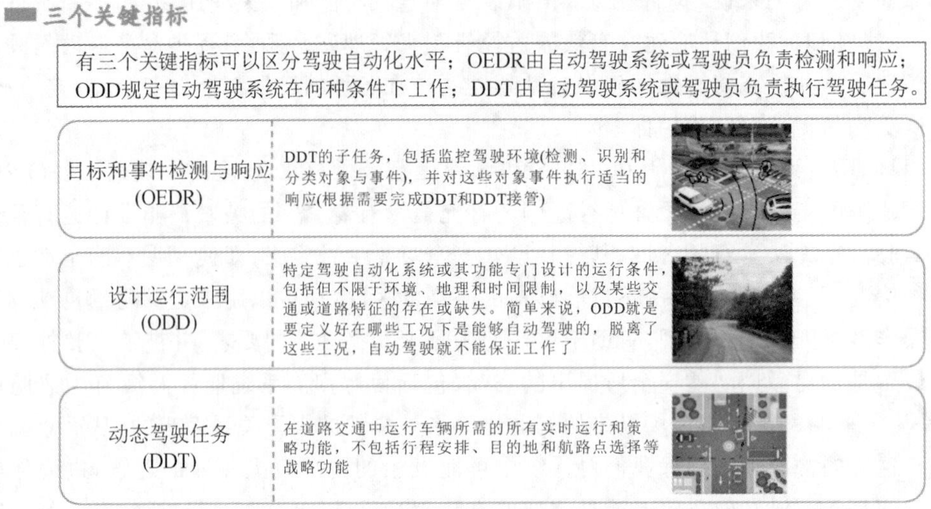

■ 三个关键指标

有三个关键指标可以区分驾驶自动化水平：OEDR由自动驾驶系统或驾驶员负责检测和响应；ODD规定自动驾驶系统在何种条件下工作；DDT由自动驾驶系统或驾驶员负责执行驾驶任务。

目标和事件检测与响应（OEDR）	DDT的子任务，包括监控驾驶环境（检测、识别和分类对象与事件，并对这些对象事件执行适当的响应（根据需要完成DDT和DDT接管）
设计运行范围（ODD）	特定驾驶自动化系统或其功能专门设计的运行条件，包括但不限于环境、地理和时间限制，以及某些交通或道路特征的存在或缺失。简单来说，ODD就是要定义好在哪些工况下是能够自动驾驶的，脱离了这些工况，自动驾驶就不能保证工作了
动态驾驶任务（DDT）	在道路交通中运行车辆所需的所有实时运行和策略功能，不包括行程安排、目的地和航路点选择等战略功能

图6-3　自动驾驶三个关键指标（图片来源：RCL）

L0（0级）：驾驶自动化系统不能持续执行动态驾驶任务中的车辆横向或纵向运动控制，但具备持续执行动态驾驶任务中的部分目标和事件检测与响应的能力，如转向、加减速、判断环境危险性等。

在智能驾驶辅助方面，L0级就是除了简单的车道保持辅助功能外，没有其他辅助功能。不过这个等级也提供部分预警功能，根据相关机构的定义，这个等级的自动驾驶需要提供警告以及瞬时辅助。例如需要搭载胎压显示，并且还要有驻车制动系统等安全配置。这个等级的自动驾驶需要起到瞬间提醒辅助作用，不过依然是由驾驶员来控制所有的驾驶操作。

L1（1级）：驾驶自动化系统在其设计运行范围内能够持续地执行动态驾驶任务中的车辆横向或纵向运动控制，且具备与所执行的车辆横向或纵向运动控制相适应的部分目标和事件检测与响应的能力。其中包括车道保持辅助系统（LKAS）、车身电子稳定系统（ESP）、自动制动系统以及自适应巡航系统（ACC）。同时，方向盘要能自动转向，并且系统还要包含0～150km/h的自适应巡航、交通拥堵辅助、交通限速识别、车道保持、车道偏离预警等功能。这些功能组合在一起，就可以拥有部分驾驶辅助功能，但是需要的软件和数据会比较多，这是一个亟待解决的大问题。

L2（2级）：驾驶自动化系统在其设计运行范围内能够持续地执行动态驾驶任务中的车辆横向和纵向运动控制，且具备与所执行的车辆横向和纵向运动控制相适应的部分目标和事件检测与响应的能力。例如特斯拉的Autopilot、沃尔沃的飞行员辅助、梅赛德斯-奔驰的驱动试验等属于L2级自动驾驶系统。一定情况下，该类系统可以解放双手，但是不允许双手长时间离开方向盘，虽然可以在特定情境下稍微松开双手，但驾驶员依然要做好随时接管驾驶的准备。这个等级的自动驾驶包括自适应巡航系统、前碰撞预警、紧急制动、车道保持辅助系统、自动泊车等。

L3（3级）：驾驶自动化系统在其设计运行范围内能够持续地执行全部动态驾驶任务，对于系统发出的介入请求，驾驶员应以适当的方式执行接管。车辆在特定的环境中能实现部分自动驾驶的操作,并根据路况环境自动判断可以自动驾驶或是返还给驾驶员手动操作。在遇到一些特殊情况的时候,车辆也会做出正确判断,会提前询问驾驶员,得到肯定回答后再进行自动操作,有点类似学徒在开车,驾驶员就是教练。目前有少数车辆达到了这个等级,但都还处在持续完善的阶段。

L4(4级):驾驶自动化系统在其设计运行范围内能够持续地执行全部动态驾驶任务和执行动态驾驶任务接管。车辆实现自动驾驶,完全不需要监测或回应,可以根据自己的判断瞬时做出正确的操作。人坐在车上完全可以做自己想做的事,玩手机不会被扣分了,甚至睡觉都可以,相当于坐上了专人司机开的车,只需要上车和下车就够了。但是这个等级要限定行驶区域,不适合所有的驾驶场景。

L5(5级):驾驶自动化系统在任何可行驶条件下能够持续地执行全部动态驾驶任务和执行动态驾驶任务接管。

目前市场上绝大部分自动驾驶汽车已经具备L2级的驾驶辅助功能,然而各家企业在自动驾驶技术研发路线上的选择不同,后续市场上出现的自动驾驶系统并没有按照从L3级到L4级再到L5级的顺序出现。表6-2所示为驾驶自动化系统分级。

表6-2 驾驶自动化系统分级

等级	名称	动态驾驶任务(DDT)			设计运行范围
		车辆横/纵向运动控制	目标和事件检测与响应	动态驾驶任务支援	
L0	无自动化	驾驶员	驾驶员	驾驶员	很有限
L1	辅助驾驶	驾驶员、系统	驾驶员	驾驶员	有限
L2	部分自动驾驶	系统	驾驶员	驾驶员	有限
L3	有条件自动驾驶	系统	系统	接管用户	有限
L4	高度自动驾驶	系统	系统	系统	有限
L5	完全自动驾驶	系统	系统	系统	无限制

(1) 表6-2中动态驾驶任务指的是在行驶过程中控制车辆所需的实时操作和决策任务,包括但不限于以下内容:

① 车辆横向运动控制(操作),如转向控制;
② 车辆纵向运动控制(操作),如加减速控制;
③ 驾驶环境的监控(操作和决策),如环境感知;
④ 目标和事件检测与响应(操作和决策),如局部规划。事件是指在特定时间和地点发生的事情,例如一个孩子出现在车辆前方40 m的道路上,交通灯在指定时间变红。

目前,自主换道、车道保持辅助、自适应巡航控制、车道偏离预警等智能汽车驾驶辅助系统都是典型的动态驾驶任务。

(2) 表6-2中动态驾驶任务支援是指在发生故障或检测到潜在的危险行为后,驾驶员或自动驾驶系统对执行动态驾驶任务或过渡到最小风险状态(minimal risk condition,MRC)的反应。在当前量产的车辆中,分级预警是较为常见的动态驾驶任务支援操作。虽然各个厂商关于最小风险状态的设计不尽相同,但减速停车是较为常见的设计。此外还有进入蠕行状态、紧急呼叫等处理机制。

如图 6-4 所示,通用汽车的超级巡航系统(Super Cruise)在失效时会分为三级预警。首先,一级预警是指仪表盘上的绿色灯带会闪烁,如果在 5 s 内驾驶员没有做出反应,系统会自动进入二级预警。在二级预警中,绿色闪烁变成红色闪烁,并伴有警报声或座椅震动(驾驶员可以根据自己的喜好设置预警方式)。如果在 10 s 内驾驶员没有将手放到方向盘上,系统会进入三级预警。在这一级别下,通用汽车特有的车载多媒体服务系统"安吉星"的后台话务员将会接入,Super Cruise 功能会被停止使用,仪表盘上的图标也会消失。再次使用 Super Cruise 需要停车重新点火启动车辆。如果在三级预警下驾驶员仍然没有将手放到方向盘上,系统会判定车辆已经处于失控状态,会自动刹车并停在当前车道上。

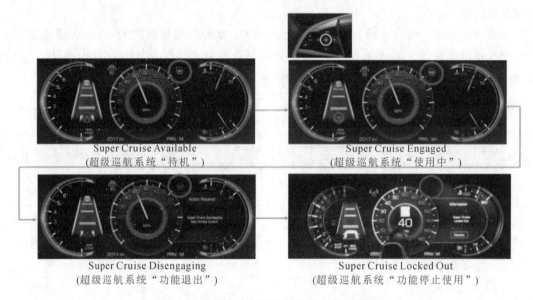

图 6-4 通用汽车超级巡航系统预警示意图

(3) 表 6-2 中目标和事件检测与响应是为了完成动态驾驶任务和动态驾驶任务支援,监测驾驶环境并对物体和事件执行适当的响应,也称为周边监控。例如对车辆纵向运动控制,通过对物体和事件检测、认知归类和后续响应,对车辆周围环境进行监测,执行对应操作和车辆运动的计划,以及对外传递信息。

(4) 表 6-2 中设计运行范围是一个给定的自动驾驶系统被设计成能够运行的特定条件,即自动驾驶汽车安全工作的环境。其通常包含车辆自动驾驶时的速度、地形、路面情况、周围环境、交通状况、行驶时段等信息,对自动驾驶表现产生决定性作用。

6.1.2 预期功能安全基本定义

2019 年 1 月,国际标准化组织发布了 ISO 21448,标志着预期功能安全的正式提出。预期功能安全是功能安全的有效补充,适用于 L1～L5 驾驶自动化系统,其目的是消除非故障情况下系统功能不足导致的两类危害(危害指某个触发条件导致系统出现的潜在危险)。

（1）功能不足。自动驾驶系统代替人来操控车辆时，其在感知、决策、执行中存在功能不足。产生功能不足的原因：可能是系统不能正确理解情境和安全操作，如使用机器学习系统；也有可能是功能、系统或算法在传感器输入变化、用于融合的启发式算法或不同环境条件等方面的鲁棒性不足，例如恶劣环境条件下，传感器感知局限导致场景识别失误；机器学习系统训练不足导致车辆决策算法判断失误；车辆执行系统功能局限导致执行时与理想目标存在偏差。

（2）人员误操作。误操作是指在某种程度上人为地不按照设计系统的要求去使用系统。例如：驾驶员误用自动驾驶功能（在自动驾驶功能激活时启动驻车制动器）；高级驾驶辅助系统给出明确的通知警告，告知驾驶员需要做出相应的接管或反馈，虽然驾驶员也充分理解了该通知警告，但是驾驶员故意忽略，此类情况可以视为误操作；如果驾驶员对高级驾驶辅助系统、自动驾驶系统发出的通知或警告感到困惑，没有做出反应，则不属于误操作。

简单来说，预期功能安全是指规避预期功能不足或人员误操作导致危害发生的风险。与预期功能安全和功能安全规范相关的危害原因如表6-3所示。

表6-3 与预期功能安全和功能安全规范相关的危害原因

来源	危害原因	相关规范
系统	电子/电气系统失效	ISO 26262
	（1）功能限制，或情境认知不足，或误操作； （2）规范不足，即在不合理风险等级下，明确或不完全明确的特定行为导致的危险	ISO 21448
	合理可预见的误操作，不正确的人机界面设计	ISO 21448
	系统技术引起的危害。例如激光传感器造成的眼睛损伤	特定标准
外部因素	利用车辆安全漏洞成功进行的攻击	ISO/SAE 21434 或 SAE J3016
	主动基础设施、车辆与车辆通信、外部设备和云服务的影响	ISO 26262 ISO 21448
	汽车周围环境的影响（如其他用户、被动基础设施、天气、电磁干扰等）	ISO 26262 ISO 21448

SOTIF（预期功能安全）功能设计目的总结：

（1）理解系统、子系统的功能和性能定义。

（2）发现已知性能限制和对应措施。

（3）通过 SOTIF 进行迭代，发现更多性能限制，设计更多对应措施，并更新对应 spec（技术规范）。后续 SOTIF 文档要与对应 spec 建立 Link/Traceability（关联及可追溯性）。

（4）发现限制和设计对应措施需要 OEM 从 Tier 1（一级供应商）到 Tier N 的协作。AOU（assumption of using，安全假设）可以作为限制考虑。

（5）需要特别关注高置信度的错误信息，例如错误分类、错误测量、错误追踪、错误方向。

（6）最终的系统设计把每个部件的全部限制都考虑到了，并使用了各种对应措施把风险降低到合理，例如冗余设计、多样性技术、提升性能、提升算力、限制功能。

某些"罕见而突发"的边缘情况在自动驾驶行业中被称为边角案例（corner case，CC）。这是一个源自系统测试的术语，原本指的是在多个参数都处于极端情况下的情形。CC通常被分为五个层次，对应自动驾驶系统在认知意外方面的不同复杂情况：从某个像素点模糊不清，到场景从"习惯"切换成"不习惯"，再到出现不知名物体但位置和目标清晰，然后是位置和目标都不明确，最后是目标、场景和环境的全面"意外"。

作为一个实际问题，我们不能盲目地认为可以投入大量资金和时间在现实世界中寻找事例，然后将它们放入一个封闭的分类中以便重现，并以此设计自动驾驶系统的处理方式。除非存在一种方法能处理特殊而奇异的情况，并将其推广运用到其他大量类似的奇异情况。然而，与基于机器学习的系统相比，人类更善于了解自己不知道的事情。如果驾驶辅助系统无法正常工作，那么在任何情况下，驾驶员都将会与其他物体发生碰撞。因此，这确实是驾驶员的责任。当驾驶辅助系统成功地帮助驾驶员避免意外时，系统应受到表扬。但如果驾驶辅助系统无法良好启动，无论驾驶员多么完美地完成驾驶任务，只要驾驶辅助系统存在问题，驾驶员遇到事故的风险都将非常高。因此，我们需要确保自动驾驶系统能够始终正常运行，并为驾驶员提供最大程度的安全保护。

以驾驶辅助系统为例，如果误报率很低，系统会进行调整以降低错误激活率，并且在激活时须得到驾驶员的信任。这种情况适用于长尾曲线的左侧，只需要处理常见情况，只要系统正常工作，就能获得信任。然而，如果驾驶辅助系统出现错误激活，责任就落在驾驶员身上。相比之下，自动驾驶系统需要完成所有任务的完整场景和覆盖范围，自动化的关键在于如果出现问题，不需要依赖人类驾驶员来修复系统。为了实现完美的自动驾驶，需要进行传感器融合感知和预测。根据未受伤的人类驾驶员每2亿英里出现1次致命事故的数据，自动驾驶系统在给定的时间间隔内有足够的里程数来避免错误。因此，我们需要确保自动驾驶系统几乎完美，以确保其安全性。

每当发生自动驾驶汽车撞车事故时，其责任大多归咎于自动驾驶系统。自动驾驶汽车的安全性受到以下因素的限制：车辆的设计、测试过程的推进程度以及在未经训练的情况下系统采取一定安全措施的能力。即使在处理复杂情况时，自动驾驶汽车仍然需要满足较高的安全要求，这与对人类驾驶员的要求相似。自动驾驶系统必须能够处理现实世界中的异常情况。当然，这并不意味着必须发挥最大能力，而是需要意识到存在一些问题超出其解决范围，并以某种安全的方式做出反应，以防止灾难发生。

因此，重要的是要明白，无论设计运行范围是什么，现实世界都可能呈现各种各样的情况，而自动驾驶系统需要能够处理所有这些情况。机器学习与人类思考不同，它不会对外部环境进行推理，而是对模式进行统计分析，例如对对象进行分类。在某些情况下，这可能导致系统出现错误。

拿一个著名的案例来说，一个基于摄像机的感知系统将汉堡王餐厅的标志识别为停止标志，导致汽车在每个汉堡王标志处都会停下来。这是一个有趣的例子，尽管它并没有导致任何事故，但也证明了这些系统可能会以一种人类未曾预料的方式出现故障，因为它们使用的是容易被游戏化的统计分析。如果现实世界发生的事情被无意中排除在训练数据之外，那么系统就会出现问题。

这里需要强调的一点是，边缘情况并不奇怪或罕见，相反它们是训练数据中重要的异常模式。这些情况对系统安全至关重要，因为它们可能导致意外后果。我们不能依赖直觉来理解感知系统的失效方式。即使是人类驾驶员也会遇到未曾设想的意外，而对机器学习系统来说，人类永远不会考虑到的一些边缘情况可能会成为安全隐患。例如，AI 处理服装颜色时可能会出现偏差。因此，我们必须谨慎对待这些边缘情况，良好的训练数据、安全验证和保障措施会使系统更可靠、更安全。

在智能网联汽车发展的过程中，我们发现可见度高的服装，尤其是黄色服装，对基于摄像头的感知系统造成了一个难题。这是因为训练数据中可能很少包含穿着黄色服装的对象，所以系统对黄色目标的关注不足。在这种情况下，系统也许能够检测到穿着黄衣的对象，但却无法正确分类。这凸显了感知系统缺陷的相关性在不断变化。早期的系统感知能力有限，而现代系统虽然采用多种传感器进行安全功能的感知，但实现准确感知仍然非常困难。从仅关注内部故障的功能安全，到重视 SOTIF 和系统安全，我们看到了安全理念的不断升级。SOTIF 和系统安全不仅需要考虑内部故障，还要关注系统设计中的差异可能导致的未知问题。此外，外部传感器也可能由于噪声、信号丢失等因素而对外界建模不准确。因此，在设计智能汽车时，设计人员必须充分考虑这些问题，通过完善训练数据、多传感器融合、安全验证等方法提高系统的鲁棒性和安全性。

智能网联汽车的安全性在很大程度上受到极端边缘情况的影响。尽管我们可以进行大量的测试，但总会遇到一些出乎意料的情况。为了最大限度地发现这些极端边缘情况，我们需要进行深入的安全分析。同时，我们也必须保持谨慎态度，认识到总会发生一些无法预测的情况。当面临未知的风险时，最好采取安全关闭的措施，而不是继续以潜在危险的方式操作。以沃尔沃的自动驾驶系统为例，该系统由于以地面作为参考点，在评估袋鼠距离时发生了错误。当袋鼠腾空跳跃时，系统错误地将其判定为在离地面更远的天空中的物体；而当袋鼠着陆时，则被错误地认为是比实际更为接近的物体。这揭示了系统在判断非固定物体距离时存在缺陷。对于这类极端边缘情况，我们需要在系统实际应用之前进行风险评估，并预先定义安全的应对策略，而不是让系统持续以可能带来危险的方式运行。通过对未知风险采取谨慎态度和及时的安全响应，我们能够提高智能网联汽车在面对各种意外情况时的适应能力和安全性。

导致边缘情况的另一个重要原因是当前图像识别数据的有限性。机器学习算法就像记忆力强的孩子，能够记住所有训练数据，但在面对未知情况时仍然存在局限。一些微小的变化，例如树叶的遮挡或昆虫位于摄像头前，都可能导致完全不同的输出结果。智能网联汽车行业内一直在探讨"多安全才安全"的问题，我们期待标准化工作能够为这一问题提供框架和解决方案。我们相信，通过采取安全策略而不仅仅依赖技术改进，实现智能网联汽车的安全可靠并非遥不可及。尽管车辆的功能性可能无法满足所有期望，但在有限的场景中通过安全保证逐步实现商业化是可行的。我们必须认识到当前图像识别数据的局限性，采用谨慎的安全策略，并逐步拓展应用场景，以期在未来实现智能网联汽车的安全可靠。

6.1.3 预期功能安全活动流程图

预期功能安全活动流程从定义功能、系统规范和设计开始。在实施层面上,系统应对电子/电气系统要素性能限制的可能危险行为进行危害识别和风险评估,以识别潜在的危害事件。如果证明这些潜在的危害事件不会导致不可接受的危害风险,则不需要改进,且预期功能可被视为无不合理风险。如果表明可能存在不合理的危害风险,则应分析可能的触发条件(例如导致误判某些物体或驾驶员误操作的环境条件)。因此,本章的重点是评估危害行为可能导致的危害事件,并确定验收标准。

当考虑到车辆使用期间可能发生的环境变化时,我们需要特别关注与 SOTIF 相关的问题。为了避免潜在的危害事件或进一步降低由此产生的风险,我们可以采取以下措施:首先,对系统的功能进行修改或限制,以确保其在不同环境下的安全性;其次,将系统的控制权限移交给驾驶员,使其能够更好地应对变化的环境;最后,制定验证和确认策略,以提供证据证明残余风险低于可接受水平,并综合考虑验证和确认的结果,再对残余风险进行评估。如果风险被确定为不可接受,我们可能需要进一步的功能修改、功能限制或将系统的权限移交给驾驶员。

在智能网联汽车功能安全领域,理解安全的统计方法对于考虑模拟和各种风险分析方法至关重要。然而,对于那些对生命安全要求极高的系统,它们的失效率通常极低,远远超出统计方法所能解决的范围。要实现如此低的失效率,需要付出极大的关注和努力,这可能与人们对统计方法的直觉产生矛盾。在进行模拟时,团队通常会审视关键性能指标(KPI),以提高自动化系统的质量。KPI 可以回答一些关键问题,比如:所有功能是否正常工作;在进行软件更改后,功能是否真正得到改善;系统从"工作不太好"变为"工作很好"时,失效率是否有所下降。KPI 和统计性能分析是非常有效的方法,使用统计数据后会发现 3 Sigma 几乎覆盖了高斯分布的所有区域。如果所有零部件都在 6 Sigma 范围内,那么这就是一个真正高质量的系统。

在考虑让事物正常工作和确保其安全工作的区别时,常用的方法是将焦点放在事物应该如何执行正常工作上,而确保安全则更多地关注它不应该执行的危险行为。测试人员的经验表明,错误的行为比正确的行为更为繁多。错误的行为可能以各种形式存在,有些可能很少发生,有些可能非常奇异,但如果这些错误发生的频率足够高,系统的安全性就无法得到保证。这凸显了边缘情况的重要性。在机器学习领域,这些边缘情况源于训练数据中存在的差异和潜在的偏见,这些偏见可能是我们未曾察觉的。它们会引导机器学习系统执行本不应该执行的操作。在很多情况下,这些错误是无意的,可能源自微小的训练数据变化。这就是为什么机器学习系统表面上似乎学到了期望的内容,实际上可能未真正学到预期内容的原因。因此,在开发智能网联汽车功能时,我们需要特别注意这些边缘情况,以确保系统的安全性。除了对正常功能的测试外,还需要进行大量的研究和其他测试,以发现并纠正可能出现的错误行为。这包括对训练数据的仔细审查,以减少潜在的偏见和差异,从而避免系统学到错误的行为。只有通过精心设计、开发和测试,我们才能确保智能网联汽车功能的安全性和可靠性。

这里有一个关于安全的具体例子:假设你正在构建一辆自动驾驶汽车,它需要通过摄像机观察行人。由于我们对行人的特征和预期动作有所了解,我们希望保持与其之间的安全距离。然而,问题在于,当涉及安全性时,我们需要真正明确定义"行人"。但如果你问一个基于机器学习的感知系统:"那个东西是什么?"它可能会回答:"它'看起来'像我在训练数据中见过的所有行人,因此我认为它有 97% 的可能性是一个行人。"然而,请注意,机器学习系统并没有真正告诉你它所看到的对象是不是一个行人,它只是告诉你它类似于已经见过的其他行人。换句话说,机器学习系统可能无法区分那些虽然不像普通行人,但其实可能出现在道路上的人。这给我们带来了更大的安全挑战。

因此,在开发智能网联汽车功能时,我们必须认识到机器学习系统的局限性,并采取适当的措施来弥补这些问题。我们需要更深入地研究高质量和多样性的数据,以确保训练数据覆盖各种边缘情况,包括那些在外观上可能与普通行人不同的人的情况。此外,我们还可以利用其他传感器和技术来增强感知系统的能力,以减少误判的风险。同时,我们还要加强对系统的监控和测试,及时发现并修复潜在的安全问题。只有通过持续的研究和创新,我们才能在智能网联汽车领域取得更好的发展。

6.2 预期功能安全设计

预期功能安全的问题根源之一就是:场景的不可穷举性。

6.2.1 预期功能安全场景的基本概念

预期功能安全在分析时需要基于假设的场景。"场景"是自动驾驶中的重要概念之一,它是连续"情景"的发展,每一个场景都由一个初始的情景开始。在短暂的序列情景中,车辆的驾驶行为以及运动目标可能是具体的,相比于情景,场景是一个确定的时间片段。如图 6-5 所示,场景可以看作是一部动作小短片,由车辆的驾驶行为和活动将一系列的情景连接起来。

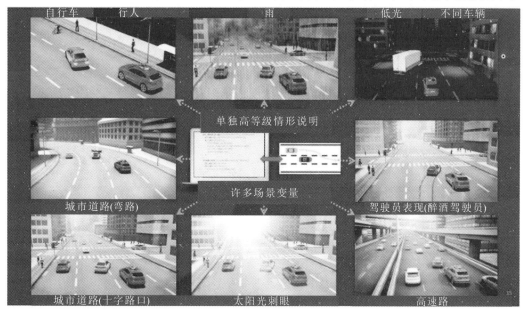

图 6-5　场景图示

情景(scene)是周围环境的快照,包括场景静态要素(景物)和动态要素、场景参与者和观察者的状态,以及所有要素之间的关系。场景观察者可以是情景中的一个具有感知功能的要素,也可以是从整体上观察整个情景的要素。情景中的某一要素可以同时是场景参与者和观察者。场景动态要素是指情景中正在移动或者有移动能力的要素,而场景静态要素(景物)则包括所有物理空间内的静止要素。由于在真实世界中采集数据生成的情景是从单个或多个视角获取的,并不全面准确,所以需要通过仿真才可获取客观、准确的全部情景的信息。

情境(situation)指在一个特定时间点选择特定的行为模式所需要的全部环境信息,其中包括所有与行为相关的条件、选择和决定。情境是基于短暂或永久目标以及车辆自身驾驶能力而对情景信息的选择与补充。因此,情境是从某一要素视角出发的主观描述。

情景、情境与场景之间有着紧密联系。情景可以看作是采集全部场景信息的原始数据,而情境可以看作是从情景中抽取的与主车驾驶行为相关的场景,而场景则通常用于车辆的功能验证,由一连串的情境组成。

若干相关场景组成"用例"。用例是对潜在场景的说明,它包括关于系统的以下信息:一个或多个场景、功能范围、期望行为、系统边界以及对环境和人类活动的假设。这些场景中可能包含危害事件的触发条件,在特定用例中进行分析极为重要。为使他人对系统有更详细的了解,每个用例都需要有详细的说明,这就是用例描述。预期功能安全中的用例描述通常不包括该用例所有相关场景的详细列表,而是对这些场景的更抽象的描述。

触发条件(包括环境、人机界面误用)是指场景的特定条件,其作为后续系统反应的引发者,可能导致系统出现危害事件。例如,在高速公路上运行时,车辆的自动紧急制动系统(autonomous emergency braking system, AEBS)错误地将路标识别为引导车辆,导致在 x 处制动 y 秒。在本例中,触发条件是在高速公路上运行时路标不明确。需要注意,触发条件包括合理可预见的误操作。例如,模式混乱(当功能被停用时,驾驶员认为功能已被激活)也属于触发条件。

6.2.2 预期功能安全场景的分类

预期功能安全从两个维度来评价相关用例的场景,一个是场景是否已知,另一个是场景是否安全。以此将场景分为四个区域,分别为已知安全场景(区域 1)、已知不安全场景(区域 2)、未知不安全场景(区域 3)、未知安全场景(区域 4),场景的分类如表 6-4 所示,场景分类演变图如图 6-6 所示。

表 6-4 场景的分类

分类项	不安全(hazardous)	安全(not hazardous)
已知(known)	区域 2	区域 1
未知(unknown)	区域 3	区域 4

场景分类演变图中每个区域的大小代表了不同场景所占的比例,有些区域即使很小,也可能隐含风险。例如,在区域 3 中只要有一个触发条件未被发现,就可能构成风险。区域 2 和 3 的大小代表了残余风险的等级。

6 智能网联汽车预期功能安全

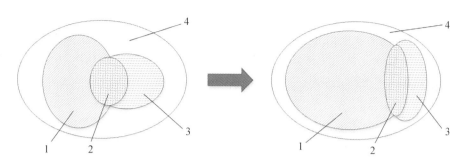

图 6-6 场景分类演变图

给定的用例包括已知和未知的场景,分析每个用例的场景可以减少未知场景。预期功能安全的最终目标是尽可能缩小已知不安全场景(区域 2)和未知不安全场景(区域 3)在所有场景中所占的比例,并尽可能地增加已知安全场景(区域 1)的比例,即确保场景控制在安全范围内,使产生的残余风险是可接受的。

对于区域 2,预期功能安全的基本设想是:通过安全分析识别出不安全场景,针对不安全场景制定应对策略,再对已知场景搭建实时仿真环境或者设计实车测试,根据测试结果来优化设计,使已知不安全场景出现的概率足够低。这和功能安全的 V 模型开发理念一致。此时,可以使用定性故障树分析、危险与可操作性分析、失效模式与影响分析、系统理论过程分析(systems-theoretic process analysis,STPA)和事件树分析等方法来改进预期功能安全。

对于区域 3,可运用行业最佳实践(即已经在别处产生显著效果并且能够适用于此处的优秀实践)或其他方法(如设计度量、系统分析或专业实验)进行评估,使未知不安全场景出现的概率足够低。

后续小节将对系统和组件(传感器、算法和执行器)在区域 2 和区域 3 的残余风险进行评估。

预期功能安全不能消除所有的不安全场景,但是可以通过一定的管理流程或技术手段对系统功能进行完善,并通过验证和确认的策略提供足够的保证,保证残余风险降低到可接受范围。

为了建立完善且合理的预期功能安全测试场景库,实现对智能网联汽车预期功能安全系统有效且快速的测试,2021 年,由中国智能网联汽车产业创新联盟预期功能安全工作组发起,清华大学与国汽(北京)智能网联汽车研究院有限公司牵头编制的《智能网联汽车预期功能安全场景库建设报告》正式发布。这份报告聚焦了智能驾驶预期功能安全虚拟仿真场景的研究与设计,为预期功能安全的测试内容和测试用例的设计提供了参考,可用于系统设计运行范围边界的量化描述,向实现预期功能安全的最终目标跨出了一大步。

6.2.3 预期功能安全规范与设计

预期功能安全规范与设计是针对启动预期功能安全相关活动所设定的一套标准,包括功能规范、系统规范以及系统架构设计等方面的信息,其中包含所有已知性能限制及其对策的详尽列表。在预期功能安全相关活动开始之前,一些限制和对策就已经被了解并记录,而另一些则是预期功能安全相关活动的结果。系统的设计应确保在适用的情况下,采取对策来减轻已知性能限制对整个系统的影响。性能限制可通过(但不限于)冗余设计、多样性技术、互补要素(例如具有不同视野的两个摄像机)、功能限制或其他措施来解决。规范与设计促进了对系统、子系统及其功能和性能目标的充分理解,以便更好地执行后续阶段的活动。

1. 功能规范

在功能规范中,需要关注(但不限于)以下几个方面。

(1) 对预期功能和子功能的描述,包括:

① 设计运行范围和预期功能被激活、停用、非激活的用例;

② 中级决策逻辑的描述(如路径规划、驾驶策略);

③ 实现预期功能的系统、子系统、要素和组件;

④ 车辆动力学性能的权威水平和自动化程度(如驾驶策略和路径预测)。

(2) 已安装的传感器、控制器、执行器或预期功能(如地图、照相机、雷达)所使用的其他输入装置和部件的性能指标(如目标车辆的探测范围)。

(3) 合理可预见的误操作场景。

(4) 预期功能取决于与以下各项的交互或相互联系:

① ego 车辆(配合自动驾驶测试的车辆)的远程或本地驱动程序(如人机界面),以及如何使用它来减少已知的合理可预见的误操作;

② 乘客、行人、骑行者和其他道路使用者;

③ 相关的环境条件,如温度、湿度、光照、能见度、其他干扰条件等;

④ 道路基础设施,如交通标志等;

⑤ 云端数据,如车用无线通信技术(vehicle-to-everything, V2X),V2X 是智能汽车和智能交通的支撑技术之一,包含车辆与车辆(V2V)、车辆与基础设施(V2I)、车辆与行人(vehicle-to-pedestrian, V2P)、车辆与外部网络(vehicle-to-network, V2N)等各种应用通信场景。

2. 系统规范

在系统规范中,需要关注(但不限于)以下几个方面。

(1) 需要关注如下的假设:

① 关于预期功能如何使用其他元素的输入假设;

② 关于其他元素如何使用预期功能的输出假设。

(2) 需要关注系统和子系统的限制及其对策。

(3) 需要关注支持对策的系统架构。

(4) 需要关注警告和降级概念。

① 警告策略。例如,在高级驾驶辅助系统中,交通标志识别系统(traffic sign recognition, TSR)通过摄像头识别限速标志牌,当车辆超过限速值时,仪表盘图标闪烁及蜂鸣器报警会提醒驾驶员注意当前车速,避免超速违章情况的发生。

② 动态驾驶任务支援:接管/支援条件。从自动控制过渡到驾驶员或其他系统控制的方案及其相关用例。

③ 最小风险条件方案。

④ 驾驶员监控系统及其对支援策略的运行影响。

(5) 需要关注、支持预期功能的数据采集信息：
① 关注数据采集的目标和要求；
② 支持数据采集所需的架构、机制和实施方案。

3. 系统架构设计

在系统架构设计中，设计包括对系统限制的考虑，这些限制可能导致高置信度的子系统错误输出的出现（低置信度的错误可能会被设计忽略），并可能导致潜在的危险行为。限制包括错误的分类、错误的测量、错误的跟踪、错误的探测、重影、不正确的目标选择、不正确的运动学估计、区域遮挡等。系统架构设计需要综合考虑各个组件、技术和系统的限制，确保实现系统的鲁棒性。

以上规范化的流程使预期功能安全在系统层面做到功能设计完备。例如，高速公路车道线检测算法可能会由于车道上的碎片出现车道偏离的情况，而其他自动驾驶功能可以减轻车道偏离造成的危害，如使用 GPS 确认车道线，或通过前面车辆的轨迹合理化车辆轨迹，或通过避碰算法与其他车辆保持分离。

预期功能安全确定了新的潜在功能不足和触发条件，并确定了改进预期功能安全的措施，因此规范与设计作为反馈回路的一部分需要进行更新。这也确保了之前迭代的所有信息都会被捕捉，并且为下一次迭代做好准备。预期功能安全相关活动的每次迭代都依赖于最新的规范，同时也反映了以前迭代中的所有信息。所有开发方（OEM、Tier1、Tier N）之间的合作便于发现系统更多的限制，我们可以在所有开发阶段解决这些限制或制定对策。

为了使预期功能安全相关活动顺利进行，其所有工作结果都需要和本节中的规范与设计相关联，以保证可追溯性、完整性，同时为下一次预期功能安全迭代做好准备。

6.3 预期功能安全的危害识别和风险评估

6.3.1 概述

现有的 ISO 21448 为车辆预期功能安全分析及改进提供了流程指导，包括危害识别（得到整车级危害事件）、风险评估（评估危害事件风险程度）和触发事件识别（识别危害事件触发条件）三部分，其核心为危害识别和风险评估。

预期功能安全的危害识别和风险评估，即识别可能造成汽车危害的风险和因素，分析危害事件的严重度（severity，S）和可控性（controllability，C），确定验证和确认标准。对预期功能可能存在的危险行为进行危害识别和风险评估不需要考虑原因，只需评估可能的危害事件，并定义要满足的验证和确认标准。

与功能安全不同，在分析预期功能安全相关危害时，不会针对危险事件直接确定 ASIL。严重度（S）、暴露度（E）和可控性（C）的参数可用于调整验证工作，其中 E 可用于选择验证场景，C 可用于评估预期功能安全风险是否可控。

风险评估有助于识别出还需要后续分析的危害事件。S 和 C 评分时，要考虑功能定义（场景下的维度限制，人的参与）。危险行为描述需要用可测量的参数，如速度偏离值、对障碍物的最小距离值。人接管的延迟、不能接管等情况需要被风险评估。驾驶员接管时间的定义和具体的驾驶员接管时间会影响到 C 的评分。

6.3.2 危害识别

面对不同领域的安全相关系统,目前已有多种安全分析方法。预期功能安全标准要求在危害识别和风险评估的过程中对影响安全的功能需求进行分析和验证。汽车功能安全标准以及预期功能安全标准中有故障树分析、失效模式与影响分析、危险与可操作性分析、系统理论过程分析等方法。通常利用故障树分析和系统理论过程分析识别危险行为的原因;利用失效模式与影响分析识别预期功能的规范不足和性能限制。由于智能网联汽车预期功能安全相关潜在危害事件的整车级影响和功能安全的系统失效可能是相同的,所以预期功能安全的危害识别过程和功能安全的相似。

以自动紧急制动系统为例,通过考虑驾驶员与系统的交互作用,包括可预见的误操作,可以识别其他危险。对于自动紧急制动系统,错误的检测可能会导致汽车的完全制动。同样的危险可以在危害识别和风险评估中从功能安全的角度进行分析。对于预期功能安全,只分析预期功能的危险(在指定的减速范围内制动),而对于功能安全,则分析所有可能导致系统失效的减速值。

在预期功能安全的开发初期,可结合以上一种或多种安全分析方法全面识别所定义的预期功能的相关危害,作为危害识别的输入。上述方法在原理和分析思路上均存在差异性,因而在面对不同分析对象时表现出不同的适用性和有效性。在自动驾驶领域,自动驾驶汽车功能的实现依赖于与外部环境的交互,基于事件链模型的传统危害识别方法无法适用于这类开放系统。基于控制理论的系统理论过程分析方法逐渐应用于自动驾驶汽车危害识别。

系统理论过程分析是基于事故因果拓展模型的危害分析技术,与传统故障树分析、失效模式与影响分析、事故树分析、危险与可操作性分析等方法的评估对比,系统理论过程分析可以发现所有的事故危害原因,同时可以发现传统方法没有发现的软件相关故障和非故障的场景。系统理论过程分析是自上而下的分析流程,最先运用在航空航天领域。

在进行系统理论过程分析时,我们首先需要明确定义分析的目的,以确保分析的有效性和针对性。接着,还需要建立系统的控制结构,确保所有控制器、传感器和执行器在系统中明确定位,以便有效监控和调控。在此基础上进行不安全控制行为的识别,分析可能导致这些行为的场景,深入挖掘潜在危险。如图 6-7 所示,针对系统级危险,我们必须确立明确的安全约束,以限制潜在危险的发生和扩展。此外,建立系统的分层控制结构是必要的,以确保能有效管理每个控制层次,同时各控制层次都能响应系统的运行状态。在辨识不恰当的控制时,我们需要详细分析并细化安全约束,确保每个控制行为都符合预期的安全要求和标准。最后,通过深入分析导致不恰当控制的原因,我们可以找到并消除潜在的系统漏洞和安全隐患,从而提升系统的整体安全性和可靠性。这个流程可输出多重用途,如导出系统架构、生成可执行的要求、识别设计的建议、识别所需要的缓和与保护措施、定义测试用例并生成测试方法、设计更加有效的安全管理系统。

目前有研究者尝试将系统理论过程分析引入汽车安全分析领域,比如自适应巡航等单系

6 智能网联汽车预期功能安全

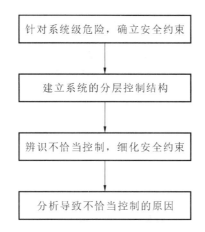

图 6-7 系统理论过程分析的分析流程

统分析及整车的操作安全性分析(包括可用性、可靠性等安全分析)。然而该方法依然存在问题,若其直接应用于高等级自动驾驶上,则缺乏自动驾驶汽车事故数据,控制结构无法体现不同功能下的车辆状态差异,另外在分析原因时缺乏系统的方法。由于系统理论过程分析方法的局限,所以需要引入"结合状态机的拓展系统理论过程分析"方法,引入状态机模型对系统理论过程分析进行扩展,以识别整车级预期功能安全危害事件。

系统安全分析可集成到整个预期功能安全开发与验证的过程中,从而使预期功能安全的成本显著降低,有效性显著提高,并且有望减少损失。

6.3.3 风险评估

风险评估有助于识别需要进一步分析的不安全场景。这将会导致功能和系统规范的更新,例如通过增加进一步的对策来应对功能不足。在功能安全中,通常利用暴露度、严重度、可控性对 ASIL 进行定义,从而进行风险评估。对于预期功能安全,还需要考虑触发条件、动态驾驶任务接管、人机共驾产生的责任问题等因素。对单个危害事件的评估可针对特定的预期功能安全相关危害进行。例如,限制制动干预幅度可降低紧急制动引起的追尾事故的严重度。幅度限值可以看作是一种增加可控性的安全措施,或是对预期行为的修改。在风险评估时,限幅被视为预期行为的一部分。相反,与执行限幅有关的失效将是其他安全标准的主题,例如功能安全标准。

在给定的场景中,需要考虑危害事件的严重度和可控性,以确定是否会造成可信的危害。严重度和可控性评估考虑了功能规范和潜在性能限制。如果可控性被认为是"一般可控"或严重度是"轻微伤害",则认为伤害是不可信的。如果一个危害事件可以造成可信的危害,则被认为与预期功能安全相关。相应的危害事件用可测量的参数,如速度偏差和与其他物体的最小距离来描述。对于危害事件的分类,可以考虑相关人员对控制危害的反应。例如,在一个高级驾驶辅助系统不支持的环境条件下,汽车需要恢复为驾驶员控制。驾驶员的接管时间造成的延迟,包括达到足够的态势感知和恢复所需的时间,会影响可控性评价,并可能成为预期功能安全相关分析的主题。

表 6-5 展示了一个自动紧急制动系统和预期功能安全相关危害事件的潜在后果评估的例子。

表 6-5　危害事件示例

危害事件	潜在后果	严重度(S)		可控性(C)	
		评级	注意	评级	注意
汽车在高速公路上运行时,以 x m/s² 的加速度意外激活自动紧急制动达 y s	跟车追尾	S>0	有效影响速度: $v \geq x$ m/s	C>0	尾随的车辆可能无法刹车以避免碰撞

注:在确定验收标准时,可考虑对特定情况的暴露度,但不是风险评估的决定性参数。

6.3.4　触发条件识别

对智能汽车的预期功能安全进行危害识别和风险评估,以识别潜在危害事件。若这些潜在危害事件存在不合理的风险,则须分析可能的触发条件。

可以建立一种系统性的方法,对触发条件进行分析。目前主要通过基于知识的分析方法,这种方法主要从类似项目和现场经验中获得知识。分析的目的是确定规范的不足、性能的限制(包括传感器、算法、执行器的限制)和可能的一个已知不安全场景(包含触发条件)。这些分析可以增加对系统潜在功能不足的了解,提高对未知触发条件的识别能力。分析可采用归纳法、演绎法,可以定性、定量或同时进行。定量目标可以定义到系统组件级,同时推导出预期功能安全验收标准,以支持验证和确认过程中的定量分析。定量分析可通过广泛的模拟来支持,如使用蒙特卡罗方法(又称统计模拟方法)。蒙特卡罗是一类随机方法的统称。这类方法的特点是可以在随机采样上计算得到近似结果,随着采样的增多,得到的结果是正确结果的概率逐渐增大,但若放弃随机采样,而采用类似全采样这样的确定性方法,在获得真正的结果之前,无法知道目前得到的结果是不是真正的结果。

识别和评估潜在功能不足(规范不足、性能限制)和触发条件的方法如表 6-6 所示。

表 6-6　识别和评估潜在功能不足和触发条件的方法

序号	方法
A	需求分析
B	分析设计运行范围、用例和场景
C	事故统计分析
D	边界值分析,其中包括考虑转角情况和边缘情况。转角情况指的是系统能力范围内每个参数值都存在两个或多个的情况,此时我们通常会测试系统在极端或罕见条件下的表现,确保其能够稳健地运行。而边缘情况则关注极端值或即使有一个或多个参数变化也可能发生的情况,此时我们通过分析和验证这些边界和极端条件,可以揭示系统的潜在功能不足,并确保系统在各种情况下都能够安全、有效地运行

续表

序号	方法
E	函数依赖性分析
F	常见触发条件分析。一个单一的触发条件会引发若干性能限制或规范不足,例如暴雨可能影响雷达、摄像机等不同传感器的性能
G	从现场经验和教训中分析已知的潜在触发条件,例如对市场上的可比系统、先前系统和项目以及客户索赔的分析
H	系统架构分析(包括冗余分析)
I	传感器设计和已知潜在限制的分析,包括技术限制(例如摄像机成像仪或雷达天线设计限制导致的角度分辨率)以及安装上的限制(例如传感器未覆盖车辆周围的整个视场导致的盲区)
J	算法及其决策路径分析
K	系统和部件的老化分析,半导体的老化效应通常根据功能安全考虑
L	外部和内部接口分析,例如车辆与车辆、车辆与基础设施、空中地图
M	安全分析方法的使用。安全分析方法可用于识别和评估潜在触发条件及其对危害的依赖性(如FTA、ETA、FMEA、HAZOP)
N	详细环境模型的使用
O	执行器设计和已知潜在限制的分析
P	已知事故场景分析

系统和组件的性能限制或规范不足可能导致多种触发条件。此外,已知的环境条件和合理可预见的误操作会暴露出系统和组件的若干性能限制或规范不足。可以在危险行为、触发条件和系统/组件级性能限制或规范不足之间建立和保持可追溯性。可以考虑分析与算法相关的潜在功能不足和触发条件,分析与传感器和执行器有关的潜在功能不足和触发条件,以及对合理可预见的误操作进行分析。

1. 与算法有关的潜在功能不足和触发条件

分析可考虑以下因素。
(1) 环境和位置。
(2) 道路基础设施。
(3) 城市或农村基础设施。
(4) 高速公路基础设施。
(5) 驾驶员或用户行为(包括合理可预见的误操作)。
(6) 其他驾驶员或道路使用者的预期行为。
(7) 驾驶场景(如建筑工地、事故、有紧急通道的交通堵塞、开错方向的车辆等场景)。
(8) 算法限制(如无法处理的可能场景或非确定性行为)。

2. 与传感器和执行器有关的潜在功能不足和触发条件

考虑的传感器包括惯性传感器、摄像机、雷达等。

分析可考虑以下因素。

(1) 天气条件。例如雨雪天气会影响雷达的性能。

(2) 机械干扰。例如,传感器在车辆上振动而产生的噪声。

(3) 传感器上有污垢。

(4) 电磁干扰,表示电子产品工作时对周边外界环境的电磁干扰,包括空间辐射无线干扰和传导有线干扰。

(5) 来自其他车辆或其他来源(如雷达或激光雷达)的干扰。

(6) 声音干扰。

(7) 眩光。例如车辆前方的朝阳会影响摄像机的性能。

(8) 低质量的反射。

(9) 精度。例如无法对准会影响许多不同类型的传感器。

(10) 范围。

(11) 响应时间。

(12) 耐用性。

(13) 执行器的权限。

3. 对合理可预见的误操作的分析

合理可预见的误操作可根据其与危害的因果关系加以区分。对预期功能的直接误操作可引发危险行为,而对预期功能的间接误操作则会使危险行为导致的危害事件可控性降低或严重性增加(例如对功能限制的误解会导致司机注意力不集中)。在识别和评估危害事件时,预期功能和合理可预见的误操作要与规范不足或性能限制导致的危险行为一起考虑。间接误操作的原因有:缺乏对相关人员的了解;错误的用户期望,例如向驾驶员提供的信息不足或不正确。

可使用如下方法对合理可预见的误操作进行分析。

(1) 从实地经验和教训中分析已知的场景误操作。

(2) 对测试人员进行研究。

(3) 用例和场景分析。

(4) 系统与用户交互分析。例如,驾驶员的警觉性、系统理解能力或操作模式的混乱。

对包含已识别的触发条件的场景进行评估(例如通过专家判断),以确定预期功能安全是否被认为是可以实现的。再对这些已知场景进行验证,以对其可接受性进行最终评估。在评估期间考虑的假设可以包括系统和组件的预期行为或用户的假设行为。对预期功能安全而言,系统对已识别的触发条件的响应被视作是可接受的,不需要进一步的功能修改。系统对触发条件的响应为可接受的前提是导致危害事件的系统残余风险被视为低于危害识别和风险评估中规定的验收标准。未知的场景会增加特定车辆的不合理风险,此时系统对触发条件的响应可能是不可接受的。

6.4 预期功能安全修改

对预期功能安全(SOTIF)而言,系统对不可接受的触发条件的响应是需要进一步的功能修改的。功能修改的目的在于改进 SOTIF,即需要确定和分配"避免、减少或减轻"SOTIF 相关风险的措施,解决已识别和评估的触发条件,同时根据确定和分配的改进措施,更新 SOTIF 规范和设计的信息。功能修改是通过 SOTIF 迭代过程进行的,需要对系统进行分析,以确定现有功能是否受到影响,并通过回归测试重新测试这些功能。这可确保功能修改不会对现有功能造成潜在的危害。有了适当的理论基础,就可以缩小回归测试的范围。

根据与 SOTIF 相关的风险程度(通过识别和评估的触发条件来确定),措施可分为"避免""减少""减轻"三个级别。"避免"措施旨在消除触发条件发生的可能性,或在触发条件确实发生时消除其造成的损害。"减少"措施旨在定量地降低触发条件发生的概率,或者在触发条件确实发生的情况下定量地减少其造成的损害。"减轻"措施旨在从质量上降低触发条件发生的概率,或在触发条件确实发生时从质量上减少其造成的损害。

下面将从修改系统、限制功能、移交系统权限、减少或减轻误操作四个方面描述可能的改进措施。

1. 修改系统

为避免或降低 SOTIF 相关风险而进行的系统修改包括但不限于以下内容。

(1) 提高传感器性能或精度:

① 传感器算法修改;

② 改进传感器技术,如提高传感器测量的分辨率;

③ 传感器干扰探测,触发适当的报警和降级策略;

④ 识别非设计运行范围,即识别已知不支持的环境条件,选择合适的传感器使用策略;

⑤ 传感器类型多样化,如增加额外的传感元件,使用适当的模式扩大覆盖范围。

⑥ 改进传感器的校准和安装,例如:用传感器定位,以便更好地覆盖某些可能出现功能不足的角落;对传感器进行包装,以避免或减少干扰至可接受的水平。

(2) 改进执行器技术,如提高精度、扩大或限制输出范围、缩短响应时间、提高耐久性、提高仲裁权威能力,以及提高执行器性能。

(3) 修改算法,提高识别和决策算法的性能与精度。例如:可以考虑模型中的附加输入信息;运行更精确的算法(如从线性模型切换到非线性模型)或使用机器学习算法;增强计算能力以加快图像处理速度。

(4) 提高可测试性,即提高对系统和组件行为的理解,从而加快系统开发速度,促进验证和确认。

2. 限制功能

可对预期功能进行限制,以减少或减轻 SOTIF 相关风险。限制功能包括但不限于以下内容。

(1) 对预期功能的特定用例进行限制。例如:当车道探测设备不能清楚地探测到车道时,降低车道保持辅助功能,以避免产生非预期的转向干预;限制设计运行范围,包括环境、地理或时间限制;限制或约束驾驶策略,以确保策略的安全性。

(2) 对预期功能的特定用例的权限进行限制。例如,午后阳光反射光线使摄像机失明,可使用雷达和其他传感器,在限制权限的情况下继续操作。

(3) 对于特定用例,取消预期功能的权限。例如,所有感知传感器被暴风雪遮住,驾驶员被要求接管控制权。

3. 移交系统权限

将系统的权限移交给驾驶员可以提高不安全场景下的可控性。移交系统权限包括但不限于以下内容。

(1) 修改人机界面。例如,人机界面清楚地将交接请求传达给驾驶员,并为驾驶员提供必要的信息,以实现适当的态势感知并协助执行此任务。

(2) 修改用户通知和动态驾驶任务。例如,系统探测到视线受限时(如泥浆造成距离传感器的探测范围缩小),会降低车速,并且通过人机界面通知驾驶员接管驾驶任务。如果在指定的时间范围内驾驶员没有执行接管任务,系统将把车速降为零。

(3) 结合以往人机界面研究所得出的经验。

4. 减少或减轻误操作

减少或减轻合理可预见的误操作影响包括但不限于以下内容。

(1) 客户教育,例如利用用户手册、营销、销售演示等方法进行客户教育。

(2) 改善人机界面,例如人机界面可以告知驾驶员正确的操作。

(3) 实施驾驶员监控和报警系统,例如驾驶员松开方向盘时,系统会发出警告。

6.5　预期功能安全的验证和确认

6.5.1　概述

对智能网联汽车进行验证和确认,验证车辆是否充分行使了预期功能,是否存在不合理风险,是否满足验收标准。验证和确认是分析汽车设计是否符合 SOTIF 的重要一环。验证和确认策略(包括验证目标)需要考虑对已知和未知不安全场景的评估、生成证据的程序以及必要的证据(如分析结果、测试报告、专门调查)。制定验证和确认策略(包括最终策略的实施),以提供证据证明残余风险在可接受范围内。相应的验证和确认测试用例可以从评估已知不安全场景和未知不安全场景中得到。最终需要根据验证和确认的结果,对残余风险进行评估。如果残余风险被确定为不可接受,则可能需要进一步的功能修改。

与潜在危害事件(不包括功能安全所述的故障)的风险有关的系统验证和确认策略包括集成和测试,涉及范围如下:

(1) 传感器提供准确环境信息的能力;

(2) 传感器处理算法、准确模拟环境的能力;

(3) 决策算法的能力,包括安全处理性能限制和规范不足,以及根据环境模型和系统架构做出适当的决策;

(4) 系统或功能的鲁棒性;

(5) 预期功能的危害事件不存在不合理的风险;

(6) 人机界面防止合理可预见的误操作的能力;

(7) 后备移交方案的有效性。

6.5.2 验收标准

定义接受触发条件的标准(前提是修改预期功能不能充分降低危害风险)。如果通过对预期功能的修改和对危害事件的重新评估,可以达到 S1 或 C1,那么就没有必要对其余触发条件规定进一步的验收标准(见图 6-8)。

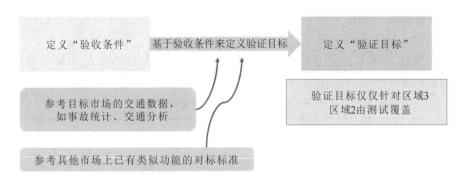

图 6-8 验收标准

根据指定的验收标准选择适当的验证和确认策略。验证策略包括已知触发条件,验收标准针对未知触发条件。

验收标准需要考虑:是否适用于政府和行业法规,以及是否可以证明 SOTIF 的可信度。根据指定的验收标准选择适当的验证策略。在规定这些标准时可以参考:目标市场的交通数据(例如事故统计、交通分析),以及其他市场上已有类似功能的对标标准。基本原理可以是风险容忍度原则,如法国常用的风险水平大体相当(globalement au moins aussi bon,GAMAB)原则,遵循这一原则,任何新系统的残余风险(与安全相关)不高于具有类似功能和危险的现有系统。在考虑到新系统的所有危害事件的情况下,将这种风险容忍度原则应用于总体残余风险,可以进行相关的风险权衡。例如,即使某一特定危害事件的残余风险增加了,也可以解除该系统的危险,但条件是,这种危险可以通过一种或多种其他残余风险的减少来抵消。基本原理也可以是最低合理可行(as low as reasonably practicable,ALARP)原则,这是目前我国使用最多的原则。ALARP 风险管理框架可以提供一个有用的风险降低原则,特别是在开发和引进目前没有"更好做法"的新技术方面。默认零风险状态是不可能的,ALARP 原则旨在通过权衡风险与进一步降低风险所需的牺牲来将风险降低到合理可行的水平。基本原理也可以是最小内源性死亡率(minimum endogenous mortality,MEM)原则。内源性死亡率表示的是一个人在新设备部署范围内因事故重伤或者死亡的概率。它排除因为疾病引起的死亡,但是它包括在工作中或者马路上遇到的意外死亡。

6.5.3 集成和测试规范

定义验证和确认策略来验证目标的实现以及实现方法。验证和确认策略可以涵盖电子/电气系统要素和被认为与实现 SOTIF 有关的其他技术要素。验证和确认策略包括模型在环、软件在环、硬件在环或其他仿真,以及测试轨迹实验、专用分析、长期耐久性测试、显式人机交互测试等其他方法。

定义验证目标是为了提供证据,证明在预期功能的使用过程中,验收标准在一定程度上得到了满足。根据所选择的验证策略,运用多种方式确定验证目标。验证目标的定义应具有统计置信度,即经验数据支持触发条件不会施加不合理风险的假设。评估验证和确认策略有助于考虑触发条件参数的可变性。

只有在存在追随车辆的情况下,意外制动才会导致追尾碰撞。在指定验证目标时,可以考虑到后车的风险。验证和确认策略会考虑校准和配置数据,以实现 SOTIF。

考虑到集成级别,可以使用适当的方法组合导出验证和确认策略(例如集成测试用例、分析)的方法,如表 6-7 所示。

表 6-7 导出验证和确认策略的方法

序号	方法
A	需求分析
B	外部和内部接口分析,例如车辆与车辆、车辆与基础设施、空中地图
C	等价类的生成与分析
D	边界值分析,其中包括考虑转角情况和边缘情况。转角情况指的是系统能力范围内每个参数值都存在两个或多个的情况,此时我们通常会测试系统在极端或罕见条件下的表现,确保其能够稳健地运行。而边缘情况则关注极端值或即使有一个或多个参数变化也可能发生的情况,此时我们通过分析和验证这些边界和极端条件,可以揭示系统的潜在功能不足,并确保系统在各种情况下都能够安全、有效地运行
E	基于知识或经验的错误预测
F	函数依赖性分析
G	相关失效常见极限条件、顺序和来源的分析
H	环境条件和运行用例分析,包括系统或其潜在危害事件的已知来源要素
I	从现场经验和教训中分析已知的潜在触发条件,例如对市场上的可比系统、先前系统和项目以及客户索赔的分析
J	系统架构分析(包括冗余分析)
K	传感器设计和已知潜在限制的分析,包括技术限制(例如摄像机成像仪或雷达天线设计限制导致的角度分辨率)以及安装上的限制(例如传感器未覆盖车辆周围的整个视场导致的盲区)

续表

序号	方法
L	算法及其决策路径分析
M	系统和部件的老化分析,半导体的老化效应通常根据功能安全考虑
N	常见触发条件分析。一个单一的触发条件会引发若干性能限制或规范不足,例如暴雨可能影响雷达、摄像机等不同传感器的性能
O	绩效目标分析,性能目标可以在不同的抽象级别上指定,例如传感器水平(雷达范围、摄像机角度分辨率)以及系统水平(物体检测的假阳性率)
P	对危险分析中的可测量参数进行分析
Q	SOTIF对现有系统的相关性分析
R	使用收集到的测试用例和场景的数据库,例如使用其他行业标准化或研究活动的成果

6.5.4 已知不安全场景的验证

提供以下证据,确保验证报告能证明已知不安全场景的风险较低:
(1) 系统和组件在已知不安全场景和合理可预见的误操作下的行为符合预期;
(2) 测试或分析等方式充分覆盖了已知场景。
现从传感器验证、决策算法验证、执行验证和集成系统验证四方面详细介绍。

1. 传感器验证

如表6-8所示,可以采用各种方法来验证传感器在预期用途上正确的功能表现、时间限制、精度和鲁棒性。

表6-8 传感器验证方法

序号	方法
A	独立传感器特性验证(如范围、精度、分辨率、时间限制、带宽、信噪比)。这还包括在传感器装配期间进行的生产线末端测试(如雷达天线和雷达天线罩之间的对准或相机成像仪与相机镜头的对准)
B	基于需求的测试(如对象分类、传感器数据融合、态势分析、功能、传感器数据的可变性)
C	注入触发潜在危害事件的输入。在某些情况下,可以通过模拟级的错误注入来模拟传感器的潜在危害事件,并给出误差模型来反映被测现象的基本原理。这些模拟的结果可以与触发条件分析的结果相结合
D	考虑到已识别的触发条件,对选定的SOTIF相关用例和场景进行在环测试(SIL/HIL/MIL)
E	考虑到已确定的触发条件,对选定的SOTIF相关用例和场景进行车辆级测试。使用确定的传感器型号来测试环境(SIL/HIL/MIL/车辆)
F	不同环境条件下的传感器测试(如寒冷、潮湿、光照、能见度条件、干扰条件)

续表

序号	方法
G	验证传感器老化效应(如加速寿命试验)。在已知特定传感器老化故障模型的情况下,可以在仿真中验证传感器的老化效应
H	车载传感系统特性验证。一方面包括不同传感器在不同工作条件下的操作情况(例如,某一传感器技术能力的不足,或是雾/挡风玻璃的反射率影响摄像头,或保险杠/标志的油漆形状和类型影响雷达),另一方面包括传感器位置的公差
I	评估现场使用该传感器或此类传感器的经验,包括现场监测

2. 决策算法验证

决策算法是智能网联汽车功能链中的核心组成部分,涵盖了分类、传感器数据融合、态势分析和行动决策等多个方面。如表 6-9 所示,验证决策算法的能力包括在需要时作出反应的能力以及避免不必要动作的能力。对于不同的验证活动,可以将问题分配给不同的部分进行处理,例如,对象分类可以被视为传感器验证的一部分,也可以作为决策算法验证的一部分。在这种情况下,可以采用多种验证方法,以确保系统在各个方面都能够稳健运行。

表 6-9 决策算法验证

序号	方法
A	验证输入数据是否受到其他来源干扰的鲁棒性,例如白噪声、音频频率、信噪比降低(如通过噪声注入测试)
B	基于需求的测试(如对象分类、传感器数据融合、态势分析、功能、传感器数据的可变性)
C	验证建筑性能,包括独立性(如适用)
D	考虑到已识别的触发条件,对选定的 SOTIF 相关用例和场景进行在环测试(SIL/HIL/MIL)
E	考虑到已识别的触发条件,对选定的 SOTIF 相关用例和场景进行车辆级测试
F	向系统注入可能引发危险行为的输入
G	对于测试用例的推导,可以使用组合测试的方法

3. 执行验证

可采用表 6-10 所示的方法验证执行器的预期用途和合理可预见的误操作。

表 6-10 执行验证

序号	方法
A	基于需求的测试(如精度、分辨率、时间限制、带宽)
B	在车辆环境中集成时,验证执行器特性
C	不同的环境条件下的执行器测试(如寒冷、潮湿、光照、能见度条件、干扰条件)

续表

序号	方法
D	不同预警条件下的执行器测试(如从中等负荷到最大负荷的变化)
E	验证执行器老化效应(如加速寿命测试)
F	考虑到已识别的触发条件,对选定的SOTIF相关用例和场景进行在环测试(SIL/HIL/MIL)
G	考虑到已识别的触发条件,对选定的SOTIF相关用例和场景进行车辆测试

执行不是SOTIF的核心部分。如果所有测试都与功能安全的测试一致,并且没有相关的具体测试,则这部分验证是不必要的。

4. 集成系统验证

可采用表6-11所示的方法验证集成系统在车辆中的鲁棒性和可控性。

表6-11 集成系统验证

序号	方法
A	对信噪比降低的鲁棒性进行验证(如通过噪声注入测试)
B	在车辆集成环境中基于需求的测试(如绩效目标和行为特征、可测量参数、范围、精度、分辨率、时间限制、带宽)
C	考虑到已识别的触发条件,对选定的SOTIF相关用例和场景进行在环测试(SIL/HIL/MIL)
D	不同环境条件下的系统测试(如寒冷、潮湿、光照、能见度条件、干扰条件)
E	验证系统的老化效应(如加速寿命测试)
F	随机输入测试。随机输入测试包括错误模式,例如:在图像传感器添加翻转图像或更改图像补丁的情况下;在雷达传感器添加重影目标以模拟多路径返回的情况下;在雷达传感器由于多车雷达干扰而添加重影目标或丢失探测目标的情况下
G	考虑到已识别的触发条件,对选定的SOTIF相关用例和场景进行车辆级测试
H	可控性测试(包括可合理预见的误操作)
I	内部和外部接口分析,例如车辆与车辆、车辆与基础设施、空中地图

6.5.5 未知不安全场景的验证

本小节的目的是提供证据以证明在实际操作过程中遇到未知不安全场景的可能性极小,可能性大小由验证目标定义。为达到这一目的,要结合验证和确认策略、定义用例的验证结果、功能概念(包括传感器、执行器和决策算法规范)、系统设计规范、验收标准、车辆设计以及触发条件列表。

在现实生活中可能会遇到未知的场景,场景中会存在残余风险,这些风险可能会导致车辆在完成系统集成后触发危害事件,可采用表6-12所示的各种方法评估现实生活中的残余风险。

表 6-12 评估残余风险的方法

序号	方法
A	对信噪比下降的鲁棒性进行验证(如通过噪声注入测试)
B	验证建筑性能,包括独立性(如适用)
C	随机测试用例的在环测试(源自技术分析和错误预测)
D	随机输入测试。随机输入测试包括错误模式,例如:图像传感器添加翻转图像、更改图像补丁的情况下;在雷达传感器添加重影目标以模拟多路径返回的情况下;在雷达传感器由于多车雷达干扰而添加重影目标或丢失探测目标的情况下
E	考虑到已识别的触发条件,对选定的测试用例进行车辆级测试(源自技术分析和错误预测)
F	长期车辆测试
G	车队测试
H	来自现场经验的测试
I	边界值分析,其中包括考虑转角情况和边缘情况。转角情况指的是系统能力范围内每个参数值都存在两个或多个的情况,此时我们通常会测试系统在极端或罕见条件下的表现,确保其能够稳健地运行。而边缘情况则关注极端值或即使有一个或多个参数变化也可能发生的情况,此时我们通过分析和验证这些边界和极端条件,可以揭示系统的潜在功能不足,并确保系统在各种情况下都能够安全、有效地运行
J	与现有系统的比较
K	与选定场景的现有系统(K模拟)的比较
L	合理可预见的误操作测试
M	对某一场景在特定条件下的功能进行敏感性分析。如果该条件的微小变化可能导致车辆级上的显著不同行为,则该功能被视为与场景特定条件相关的敏感功能
N	分析/模拟所有相关的用例参数。在所有相关的用例参数上生成和使用等价类,有助于处理大量的用例组合

对于所使用的每一种方法(见表 6-12),应选择合适的开发工作(如累计测试长度、分析深度),提供所选工作的基本原理。这可以包括场景的数量或分布、实验次数或模拟时间。对于所有选定的方法,需要提供其基本原理以确保该方法足以确定未知不安全场景中潜在的关键场景。这可以通过使用具有代表性的输入或关注具有挑战性(罕见)的操作环境、特定用例、情景或场景来实现。

车辆测试长度的确定(如长期车辆测试、车队测试)可以考虑先前车辆方案的知识、驾驶员的可控性或选定测试路线的关键性。当使用带有错误注入的随机输入测试时,仿真的场景数量可以与代表目标地域市场的测试长度和内容相关联。例如,在使用仿真技术评估图像识别算法时,选择累计测试时长为 x 小时的 y 种不同场景。根据交通数据中具有挑战性的场景和驾驶用例的分布情况,调整场景的分布。对算法及其决策路径进行分析,确定算法对现实生活中触发因素的敏感性,包括具有最敏感算法特征的场景,如强调有挑战性的场景或代表其统计相关性的场景。还可以考虑调整参数在实际用例中的发生概率,以确定适当的车辆测试长度。

6.6 本章小结

(1) 预期功能安全是功能安全的补充,用于处理非系统故障导致的安全风险。它关注系统功能的局限性和人员误操作导致的安全问题。

(2) 预期功能安全的核心是危害识别、风险评估和触发条件识别。这三步分析有助于找出功能不足或误操作导致的潜在危险,以便采取措施进行风险控制。

(3) 对于不可接受的风险,需要通过修改系统、限制功能、移交系统控制权限等方式进行改进,以降低风险。

(4) 验证和确认策略以及对应验收标准是评估预期功能的重要环节。针对已知和未知不安全场景制定验证方案,确保风险控制在可接受范围内。

(5) 预期功能安全需要车企与供应商之间的通力合作,通过不断迭代完善功能设计,缩小未知不安全场景范围,提高系统的鲁棒性和安全性。

(6) 预期功能安全的方法论有助于提高汽车自动化的安全性,是实现自动驾驶的重要环节,需要行业各方共同努力。

课后习题

习题1:请简要概述预期功能安全的核心思想。
习题2:预期功能安全与功能安全有哪些区别?
习题3:请简述预期功能安全的验证和确认策略。
习题4:请说明汽车自动驾驶面临的主要预期功能安全风险。

参考文献

[1] CLARKE P. Functional Safety from Scratch[M]Amsterdam:Elsevier,2023.

[2] KRAMPE J,JUNGE M. Deriving functional safety(ISO 26262)S-parameters for vulnerable road users from national crash data[J]. Accident Analysis & Prevention,2021,150:105884.

[3] DA ANUNCIAÇÃO P F,DE LEMOS DINIS V M,PEñALVER A J B,et al. Functional safety as a critical success factor to industry 4.0[J]. Procedia Computer Science,2022,204:45-53.

[4] KOCHANTHARA S,ROOD N,SABERI A K,et al. A functional safety assessment method for cooperative automotive architecture[J]. The Journal of Systems & Software,2021,179:110991.

[5] 郭凌崧,戴磊,舒勇. 不同标准法规体系下的摩托车功能安全之间相关性研究[J]. 小型内燃机与摩托车,2022,51(1):84-88.

[6] 尚世亮,李波. 车辆电控系统预期功能安全技术研究[J]. 中国标准化,2016,481(10):58-62.

[7] 郭少丹. 陈音:在祖国的大地上造一台"聪明的车"[N]. 中国经营报,2022-08-01(A05).

[8] 白志浩,黄锐锋,陈晓阁,等. 纯电动汽车防触电功能安全概念设计和验证[J]. 车辆与动力技术,2023,170(2):50-55.

[9] 国家市场监督管理总局,国家标准化管理委员会. 道路车辆 功能安全 第1部分:术语:GB/T 34590.1—2022[S]. 北京:中国标准出版社,2022.

[10] 国家市场监督管理总局,国家标准化管理委员会. 道路车辆 功能安全 第2部分:功能安全管理:GB/T 34590.2—2022[S]. 北京:中国标准出版社,2022:48.

[11] 国家市场监督管理总局,国家标准化管理委员会. 道路车辆 功能安全 第3部分:概念阶段:GB/T 34590.3—2022[S]. 北京:中国标准出版社,2022:32.

[12] 国家市场监督管理总局,国家标准化管理委员会. 道路车辆 功能安全 第4部分:产品开发:系统层面:GB/T 34590.4—2022[S]. 北京:中国标准出版社,2022:36.

[13] 国家市场监督管理总局,国家标准化管理委员会. 道路车辆 功能安全 第5部分:产品开发:硬件层面:GB/T 34590.5—2022[S]. 北京:中国标准出版社,2022:80.

[14] 国家市场监督管理总局,国家标准化管理委员会. 道路车辆 功能安全 第6部分:产品开发:软件层面:GB/T 34590.6—2022[S]. 北京:中国标准出版社,2022:60.

[15] 国家市场监督管理总局,国家标准化管理委员会. 道路车辆 功能安全 第8部分:支持过程:GB/T 34590.8—2022[S]. 北京:中国标准出版社,2022:64.

[16] 国家市场监督管理总局,国家标准化管理委员会. 道路车辆 功能安全 第10部分:指南:GB/T 34590.10—2022[S]. 北京:中国标准出版社,2022:76.

[17] 国家市场监督管理总局,国家标准化管理委员会.道路车辆 功能安全 第11部分:半导体应用指南:GB/T 34590.11—2022[S].北京:中国标准出版社,2022:156.

[18] 国家市场监督管理总局,国家标准化管理委员会.道路车辆 功能安全 第12部分:摩托车的适用性:GB/T 34590.12—2022[S].北京:中国标准出版社,2022:44.

[19] 国家市场监督管理总局,国家标准化管理委员会.电磁兼容 通用标准 第7部分:工业场所中用于执行安全相关系统功能(功能安全)设备的抗扰度要求:GB/T 17799.7—2022[S].北京:中国标准出版社,2022.

[20] 帅冰,刘瑶,杨柳.功能安全评估整体流程综述[J].仪器仪表标准化与计量,2023,231(3):1-3,12.

[21] 穆大芸,朱伟伟,闫肖冬,等.基于Aspice与ISO 26262标准融合的汽车软件开发过程研究[J].汽车电器,2022,407(7):24-26,29.

[22] 郭魁元,吴飞燕,张通,等.基于FuSa和SOTIF的L2级驾驶辅助系统整车测试方法研究[J].中国汽车,2020,345(12):21-24,60.

[23] 吴坷,李超,杜佳,等.基于ISO 26262的高速辅助驾驶的功能安全概念设计[J].汽车科技,2022,288(2):70-81.

[24] 薇拉·格布哈特,格哈德·M.里格尔,于尔根·默托克,等.基于ISO 26262的功能安全[M].北京:机械工业出版社,2021.

[25] 郭建,王高翀,赵涌鑫,等.基于ISO 26262的汽车电子功能安全:方法与应用[M].北京:机械工业出版社,2021.

[26] 纪宏岩,崔书超,孙灿,等.基于ISO 26262的道路车辆功能安全开发流程解读[J].汽车电器,2016,335(7):57-59.

[27] 李争鹏.基于ISO 26262的驱动电机系统功能安全概念设计及测试[J].汽车实用技术,2022,47(23):160-164.

[28] 崔振,赵一凡,孟祥虎.基于PreScan的智能网联测试环境搭建与仿真[J].物联网技术,2023,13(1):71-72,76.

[29] 姜建满,范贤根,崔玉顺.基于贝叶斯网络的自动驾驶感知系统预期功能安全的分析研究[J].时代汽车,2022,389(17):190-192.

[30] 林晓琳,徐东超,朱游龙,等.基于功能安全的轨道车辆网络控制系统设计研究[J].工业控制计算机,2022,35(5):23-24,26.

[31] 尚世亮,童菲,郭梦鸽,等.基于驾驶员信心度的SOTIF评价模型建立与试验[J].机械设计与研究,2020,36(2):119-123.

[32] 陈浩,王红,李维汉,等.基于行车安全场理论的预期功能安全场景风险评估[J].汽车工程,2022,44(11):1636-1646.

[33] 熊璐,贾通,陈君毅,等.基于有限状态机的预期功能安全危害识别方法[J].同济大学学报(自然科学版),2023,51(4):616-622.

[34] 王慧然.基于预期功能安全的自动驾驶汽车换道控制关键技术研究[D].合肥:合肥工业大学,2021.

[35] 孙川,冯斌,许述财,等.面向预期功能安全的NOP巡航车速控制性能优化方法[J].重

庆理工大学学报（自然科学版），2023（11）：1-13.
[36] 程洁，郑凯，秦嘉，等. 面向智能车辆的 EMB 系统功能安全分析及应用设计[J]. 汽车安全与节能学报，2023，14（1）：69-79.
[37] 罗崎瑞，张道文，周华，等. 面向智能汽车预期功能安全的驾驶场景评价[J]. 中国安全科学学报，2022，32（8）：140-145.
[38] 赵鑫，李明勋. 汽车电子功能安全实战应用[M]. 上海：同济大学出版社，2021.
[39] 凯·博格斯特. 汽车电子系统电磁兼容与功能安全[M]. 北京：机械工业出版社，2020.
[40] 付莹莹，孙德龙，王胜放，等. 汽车功能安全发展趋势[J]. 重型汽车，2022，189（3）：42-43.
[41] 米罗斯拉夫·斯塔隆. 汽车软件架构[M]. 北京：机械工业出版社，2020.
[42] 法比安·沃尔夫. 汽车软件开发实践[M]. 北京：机械工业出版社，2021.
[43] 段顺昌，白先旭，石琴，等. 汽车自动紧急制动系统控制策略的预期功能安全设计[J]. 汽车工程，2022，44（9）：1305-1317，1338.
[44] 郭菲菲，赵永飞，付金勇，等. 全自动泊车辅助系统的预期功能安全开发研究[C]//中国汽车工程协会. 2020 中国汽车工程学会年会论文集（4），2020：7.
[45] 邵文博，李骏，张玉新，等. 智能汽车预期功能安全保障关键技术[J]. 汽车工程，2022，44（9）：1289-1304.
[46] 翟强，程洪，黄瑞，等. 智能汽车中人工智能算法应用及其安全综述[J]. 电子科技大学学报，2020，49（4）：490-498，510.
[47] 邬江兴. 智能网联汽车内生安全问题与对策[J]. 重庆邮电大学学报（自然科学版），2023，35（3）：383-390.
[48] 李骏，王长君，程洪. 智能网联汽车预期功能安全测试评价关键技术[M]. 北京：机械工业出版社，2022.
[49] 李波，付越，王兆，等. 中国功能安全（Functional Safety）和预期功能安全（SOTIF）技术和标准体系研究及进展[J]. 中国汽车，2020，340（7）：34-39.
[50] 李骏. 中国预期功能安全的挑战与解决方案[J]. 智能网联汽车，2021，18（5）：12-13.
[51] 张云，李茹，焦伟赟，等. 自动驾驶功能安全标准化研究[J]. 中国标准化，2020，571（11）：109-112.
[52] 刘法旺，李艳文. 自动驾驶系统功能安全与预期功能安全研究[J]. 工业技术创新，2021，8（3）：62-68.
[53] 刘洋. 自动驾驶系统软件的功能安全认证标准及实践[J]. 质量探索，2022，19（3）：40-47.
[54] 李波，尚世亮，郭梦鸽，等. 自动驾驶预期功能安全（SOTIF）接受准则的建立[J]. 汽车技术，2020，543（12）：1-5.